は　し　が　き

　平成元年の消費税導入から、30数年が経ちました。当初3％の税率が、その後5％、8％、10％と引き上げられました。1％の引上げで2兆円の税収増といわれ、現在の消費税および地方消費税の税収は20兆円を超えています。国税収入の合計額がおおよそ60兆円ですから、消費税収はその3分の1を占めます。今後のさらなる税率引上げで、そのウエイトがますます高まっていくのは必至です。

　現在のところ、消費税のおおよその申告件数は、法人事業者が200万、個人事業者が120万で、そのうち簡易課税を選択しているのは、法人が30％、個人が60％となっています。

　過去30数年間に、税率の引上げ、免税点の引下げ、簡易課税制度の適用上限の引下げ等、あれこれ改正がありました。それに伴い届出や申告書類の種類が増加し、制度が複雑化してきています。

　所得税や法人税と違って、消費税は事業が赤字でもかかってきます。また、納税額を算定する上で、正確な帳簿記録が欠かせません。計算の仕組みも徐々に複雑となり、とくに中小・零細事業者にとっては、資金繰りや事務処理面での負担が増大してきています。

　本書では、消費税計算のイロハと申告書の書き方を説明しています。初めて課税事業者となる方、あるいは、これまで簡易課税だったのを原則課税に変更する方など、必要に迫られて初めて税金の本を読む人でも、拒絶反応を起こさず最後までお読みいただけるように、全編を会話形式でつづりました。なお、本書の改訂にあたっては、令和5年10月施行のインボイス制度に関する記述を大幅に加筆しました。読者の皆様のご研鑽を祈念いたします。

　最後に、本書の出版にあたっては清文社出版開発室長の宇田川真一郎氏に大変お世話になりました。心よりお礼申し上げます。

　令和4年9月

鈴木　基史

目次

I 消費税のあらまし

II　消費税の計算

1　売上高の計上時期 36

2　仕入税額控除 38

控除 ／ 計算式の分子と分母に注意 ／ 個別対応方式と一括比例配分方式 ／ 95％未満だと納税額がふくらむ ／ 個別対応方式で節税 ／ 一括比例配分方式は不利 ／ 両方式の選択は自由 ／ 株式売却額は５％だけ計上 ／ 課税売上割合に準ずる割合が使える ／ 土地売却額は無視？ ／ その年中に届出と承認 ／ 調整対象固定資産の取扱いがある ／ 事務所用を居住用に転用すれば税額控除の取り戻し ／ 100万円以上の固定資産につき３年間で調整

帳簿と領収書を保存 ／ やむを得ない理由があれば領収書なしでもＯＫ ／ 帳簿には４つのことを記載 ／ 領収書の記載事項も法定化

3　納税義務の免除

1,000万円以下の事業者は免除 ／ 個人事業者は令和３年が基準期間 ／ 基準期間が１年未満のときどうする ／ 免税期間は税込み金額で判定 ／ 納税義務があるかないか基準期間の売上高いかん ／ 開業後２年間は消費税がかからない？ ／ 前年上半期の課税売上げが1,000万円超なら課税 ／ 給与額で判定することもできる ／ 資本金1,000万円以上の法人は初年度から納税 ／ ３期目からは通常どおりの判定 ／ 特定新規設立法人は免税事業者になれない ／ 免税事業者には還付がない ／ 届出すれば課税事業者になれる ／ 課税期間の開始前に届出 ／ 救済策は課税期間の短縮届出書 ／ 短縮届と同時に課税事業者を選択 ／ 選択後は２年間変更できない ／ 調整対象固定資産については３年間継続 ／ 課税回避行為を規制するための措置 ／ ３年後に税額控除の取り消し ／ 令和２年度改正でさらに規制 ／ 外観が居住用であれば税額控除を認めない ／ 輸出業者のための課税期間短縮 ／ 早めに還付を受けるための課税期間短縮

4　簡易課税制度

課税仕入れの知識がいらない ／ 課税売上げ5,000万円以下の事業者に適用 ／ 前期末までに選択届を提出 ／ 選択不適用届を出すまで有効
業種ごとお仕着せの仕入れ割合 ／ 詳しくは日本標準産業分類に従う ／ 課税売上高から納税額を一律に計算 ／ 納税額は課税売上高の１％～６％
テイクアウトは第３種事業 ／ 加重平均でみなし仕入率を計算 ／ 特例計算もある ／ 売上げ75％以上の業種の仕入率で計算 ／ 特例が不利な場合もある ／ ２事業で75％以上のときは別の特例 ／ 工夫しだいでさらに節税が可能 ／ 課税売上げを

Ⅲ　消費税の経理処理

Ⅳ　他税目における消費税の取扱い

2　源泉所得税における消費税の取扱い 118

3　印紙税法の取扱い 120

V　申告と納税

1　確定申告 122

VI　消費税申告書の書き方

Ⅶ　各種届出書の書き方

1　届出書の種類　……264

節税のため特例を上手に利用 ／ 前期末までに提出 ／ 届出日付けは到着主義 ／ 似たような形式のものが多い

2　届出書の記入例　……266

［登場人物］

　江羅井太郎（えらい・たろう）

　　　48歳の税理士。この道25年のベテランで知識・経験とも豊富であるが、教え魔で
　せっかちなのが玉にキズ。

　伊呂波一郎（いろは・いちろう）

　　　27歳。元銀行員で、顧客の相談を受けているうち税金問題の面白さにのめりこみ、
　江羅井会計事務所に転職して1年半になる。現在いろんな税金を基礎から勉強中。

　真庭爽香（まにわ・さやか）

　　　22歳。江羅井会計事務所に入所して2年。趣味は食べ歩き。仕事に関しては税務
　署を税務所と間違えるようなミスが今でもちらほら。

（注）　本書は、令和4年10月1日現在の法令等により記述しています。

消費税のあらまし

1 消費税とは

消費税は間接税

一郎 最近、消費税の勉強を始めたんだけど、結構ややこしい税金だなあ。

爽香 あら、消費税なんて、お買い物するとき10％かかるだけのことなんでしょう？

一郎 いや、そうでもないんだよ。仕入税額控除とか、簡易課税とか……。

爽香 なーに、それ？

一郎 買い物する消費者にとっては、値段が10％上乗せされるだけのことだけど、売る側にすれば、国へ税金をいくら納めるか、計算が結構ややこしいんだよ。

爽香 ふーん、お客さんから10％受け取って、それをそのまま納めればいいんじゃないの？

一郎 いや、それだと損してしまう。事業者は仕入れ分の消費税を負担してるんだから……ねえ、先生。

先生 うむ。ちょうどいい機会だから、二人とも今日は消費税のことを勉強しておこうか。

　まず、消費税は所得税や法人税とは、税金としての種類が違う――これ分かるね、伊呂波くん。

一郎 はい。所得税は「直接税」で、消費税は「間接税」です。

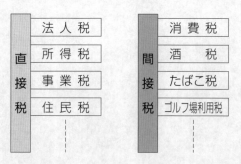

直接税		間接税	
	法 人 税		消 費 税
	所 得 税		酒 税
	事 業 税		たばこ税
	住 民 税		ゴルフ場利用税

**事業者が
代わりに納める
間接税**

先生　そうだね。所得税は自分の所得（もうけ）に対して、直接自分に
　　　税金がかかる。ところが消費税って、納める者にとっては自分自身の
　　　税金じゃないんだね。分かるかな？

爽香　ええ、お客さんから預ってる税金ですよね。

先生　そう。消費者にすれば、自分が負担する税金を事業者に代わりに
　　　納めてもらう、これが間接税だね。間接税って、ほかにどんなものが
　　　あるかな？

一郎　ええと――酒税、たばこ税、ゴルフ場利用税、入湯税……。

先生　うむ、よく勉強してるね。爽香くん、お酒にどのぐらい税金がか
　　　かってるか知ってる？

爽香　うーん、けっこう高いって聞いてますけど……。

先生　なんと、ビールだと、小売価格200円の350mℓ缶に含まれる酒税が
　　　70円、さらに消費税が20円で――4割強が税金なんだね。

爽香　へーえ、そんなに！　わたし、もう少しお酒控えなくっちゃ……。

**知らない間に
税金徴収**

先生　日本酒や爽香くんの好きなワインだと約1割ってところかな。で
　　　もタバコはもっとひどくて、一箱540円の商品で税金が5割強の285円。

爽香　うーん、彼氏にタバコやめるよう言っときます。

先生　酒税のほうは国税のみだけど、たばこ税なんて国、都道府県、市
　　　町村がそれぞれ徴収していて、まさに税金分捕り合戦の主戦場って感
　　　じだね。

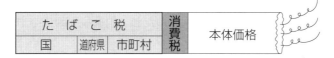

一郎　先生、お酒やタバコには、別に消費税もかかってるんですよね。

先生　そうそう、消費税がさらに上乗せになってるね。

爽香　あら、だけどタバコって、自動販売機で買うとき、メビウスなら
　　　540円のまま売ってますよ。10％余分になんて払わないわ。

先生　"内税"なんだね、それは。540円の中に10％分の約50円が含まれ
　　　てるんだよ。

爽香　ふーん、知らなかったわ。それにしても、税金とりすぎじゃない
　　　かしら！

一郎　ゴルフや温泉にしても、人の娯楽につけ込んで、間接税ってうま
　　　いこと考えてありますね。

直接税ではもはや増税できない

先生　間接税ならみんなの気づかない間に徴収できる、というのがミソなんだね。税金の歴史をみると、昭和の初めは間接税が6割以上占めてたけれど、戦後大幅に直接税に移行して、所得税や法人税中心の税制になったんだね。

一郎　国税三法って、あと相続税ですよね。

先生　そうそう、相続税や贈与税も、もちろん直接税だね。そうした直接税のウエートが年々高まって、昭和の終わりには7割以上になった。みんなの痛税感が高まって、もはやこれ以上増税なんかできない。そこで登場したのが「消費税」なんだよ。

爽香　なんだか、スター誕生みたい。

先生　まさに税金界のホープだね、消費税は。期待の星だよ。外国をみても、アメリカは直接税中心だけれど、ヨーロッパなんて、たいていの国で間接税のほうがウエートが高いんだね。その中心は「付加価値税」——ちょうど日本の消費税にあたる税金だよ。

一郎　ヨーロッパの付加価値税って、高いらしいですね。

先生　うむ、10％どころじゃないよ。20％前後が普通で、スウェーデンやデンマークなんて25％だね。日本もそこまでいくかどうか分からないけど、将来的には税率がだんだん上がっていくだろうね。

平成元年に消費税導入

爽香　消費税って、いつできたんですか？

先生　平成元年だよ。元年4月から、まず3％でスタート。その後、平成9年に5％、26年4月に8％、そして令和元年10月から10％に引き上げられたんだね。消費税が導入されて直接税のウエートが、最近は6割弱に下がったらしい。

一郎　それでも6割ですか。

先生　消費税導入の見返りに、所得税や法人税は減税するということで、そうした税金の税率がかなり下がってはきたものの、消費税の税率が10％でとどまってるうちは、その程度なんだね。

爽香　わたし、いやだわ。消費税が上がったら、食べ歩きの回数減らさなきゃならない……。

4

<table>
<tr><td>2</td><td># 消費税のしくみ</td></tr>
</table>

**預り消費税を
国に納める**

先生　ま、それはそれとして——さっき伊呂波くんが言ってた、仕入れ分の消費税を控除するという話に戻ろうか。たとえば、商品がメーカーから卸売業者、小売業者、消費者へと流れるとするね。

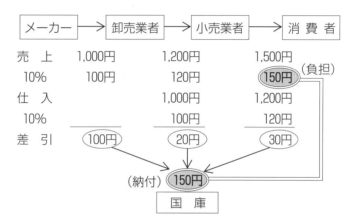

　　最終的に、消費者は小売業者から1,500円で購入するとして、そこに消費税が10％で150円上乗せされる。

爽香　1,650円で買うのね。

先生　消費者にとってはそれだけのことだけれど、次に、小売業者が消費者から"預った"税金を、代わりに国や地方に納めなければならない、という話が出てくるね。

爽香　150円納めるんですね。

**立て替えた
消費税を控除**

先生　いや、そうじゃないよ。小売業者はその商品を卸売業者から1,200円で仕入れたとして、そこには120円の消費税が上乗せになってるから……。

一郎　150円からそれを引きますね。

先生　うむ。その120円って、小売業者にとっては"立替払い"だからね。

爽香　立替え？

先生　そう。お客さんに売るためにその商品を仕入れた。そこにかかってる割増しのお金なんだから、本来、それはお客さん自身が負担すべ

きだね。

爽香　ふーん。

先生　結局、小売業者は150円−120円＝30円の消費税を国に納めることになる。

> 売上高×10% − 仕入高×10% ＝ 納める消費税

流通の各段階で分散して納税

爽香　でも……それだと120円分の税金はどこへ行くんですか？　消費者が払ってるのに国に納められない。

先生　お、鋭い質問だね。どう？　伊呂波くん。

一郎　はい。それは、流通の前段階の卸売業者やメーカーが納めることになりますね。

爽香　？？

先生　今度は、卸売業者が納める税金を考えようか。卸売業者は小売業者から120円の消費税を預ってるよね。

爽香　ええ、そうですね。

先生　ところが一方で、メーカーから仕入れるとき100円を立替払い……。

爽香　ふーん、じゃあ納めるのは差し引き20円だけ？

流通段階を合計すれば消費者負担の全額が国へ入る

一郎　さらにさかのぼってメーカーも、仕入れと売上げの差額分の消費税を国に納める。そうやって全部の流通段階で国庫に納められる税額を足していけば、合計で150円になるんですね。

先生　そういうこと。メーカーにも原料や材料の供給のほか、１次加工、２次加工……といろいろあるけど、理屈上、全部トータルすれば150円が国庫に入るはずだね。

爽香　うーん、そういえばそうね。

現実にはすべて国庫に入らない

先生　ただしここで、いわゆる"益税問題"が発生するね。

一郎　免税事業者の問題ですね。

先生　うむ。どういうことかな、伊呂波くん。

一郎　年間売上げが1,000万円以下なら消費税を納めなくていい……。

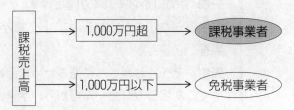

6

先生　メーカーから小売業者までの間にそういう事業者がはさまってると、お客さんから預った消費税が国庫に納められない。最終消費者の負担したお金がその事業者の手元に残ってしまう、という現象が起きるね。

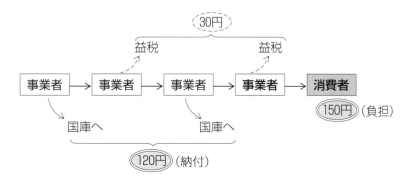

爽香　あら、そんなのズルいわ。どうして全部納めさせないんですか？

**事務処理が
面倒なので
お目こぼし**

先生　納める税額を計算して申告する、というのは手間がかかるからね。零細事業者にとっては負担になるから、お目こぼしなんだね。

爽香　ふーん。

先生　1,000万円の売上げなら10％で100万円——そこから立替え分の税金を引けば10万、20万の金額だからまあいいか、ってことだね。

一郎　以前は売上げ3,000万円以下まで免税だったんですね。

先生　そう。平成元年の導入時は3,000万円基準でスタートしたけど、消費者に益税問題への不満がたまってきて、それから事業者のほうも事務処理に慣れてきただろうからということで、平成15年度の改正で免税点が1,000万円に引き下げられたんだよ。

爽香　3,000万円ってことは……何十万円も残るんだから、それはちょっと許せないわね。

**簡易課税で
益税が発生**

先生　それから伊呂波くん、簡易課税による益税もあるね。

一郎　あ、はい、そうです。みなし仕入率ですね。

爽香　なあに、それ？

先生　詳しくはまた後で勉強するけど、消費税の計算で大変なのは仕入高の集計なんだね。

爽香　あら。そんなの決算書を見れば分かるじゃないですか？

先生　いや、そんなに簡単にはいかないね。消費税の計算でいう仕入れは、商品仕入れだけじゃないんだよ。各種経費の支払い、固定資産の購入……といろんなものが仕入れの概念に入ってくる。

爽香　ふーん。

先生 そこで業種ごとの売上げに対する仕入れの割合を、卸売業は90％、小売業は80％といったぐあいに、一律決めつけてるのが「みなし仕入率」でね——これを使えば消費税の金額が簡単に計算できる。

> 売上高×10% − 売上高×みなし仕入率×10%
> 　　　= 売上高×（1−みなし仕入率）×10%
> 　　　= 納める消費税

一郎 売上高の集計はそんなに難しくないですからね。

先生 たとえば、小売業者はみなし仕入率が80％だけど、実際の仕入率が70％、つまりマージンが30％だとすれば、本当は30％分の消費税を納めなければならないのに、簡易課税制度を使えば20％分の消費税で済むんだね。その差10％分は事業者の手元に残る。

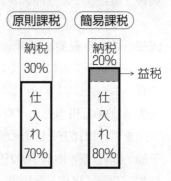

爽香 あ、そうか。でも、そんなのダメよ。

先生 そこでこの制度が使えるのは、年間売上げが5,000万円以下の事業者だけ、ということになっているんだよ。

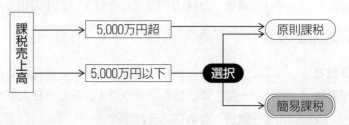

一郎 以前は2億円以下でしたね。

先生 そう。最初は5億円までOKだったんだけど、それだと益税の金額が大きすぎるので、5億円→4億円→2億円→5,000万円と徐々に引き下げられてきたんだよ。

3 消費税の手続き

**法人は期末から
2か月以内に
申告と納税**

爽香　先生、消費税っていつ納めるんですか？

先生　法人と個人で違うけど、まず法人の場合は原則として、決算期末から2か月以内に申告して納税も行う。

一郎　法人税と同じ時期ですね。

先生　まあそうだね。それと令和3年3月期から、法人税と同様に消費税でも、申告期限の1か月延長ができるようになったよ。

一郎　あ、そうか。

爽香　なあに、それ？

一郎　届出をすれば、3か月後に申告してもいいことになってる。

先生　法人税にはもともとそういう取扱いがあったんだけど、消費税もそうなったんだよ。

爽香　ふーん、そうなんですか。

**個人は
3月末が期限**

先生　それから個人の場合は、毎年3月31日が申告と納税の期限になってるね。

爽香　3月15日じゃないんですか？

先生　所得税はそうだね。でも消費税は3月末——もちろん、所得税の申告書と一緒に3月15日までに提出してもかまわないよ。

一郎　先生、どうして3月末なんですか？

先生　消費税を導入する時、新しい税金だから気を利かして、所得税より半月だけ遅くしたんだよ。でも実務的には、かえってややこしいね。

**所得税と
同時申告が一般的**

一郎　うちの事務所のお客さんはみんな、所得税と一緒に申告してますね。

先生　所得税の申告をする時点で消費税も計算できてるんだから、その申告書だけ後で提出だなんてわずらわしいからね。たいていの人は一緒に出してるんじゃないかな。

爽香　先生、すみませんでした……。

先生　ん？　どうしたの？

爽香　この間、申告書郵送するとき宛名書き、まちがえちゃって。

先生　ああ、"税務所"か。正しくは"税務署"だよね。

一郎　難田さんがびっくりしてたよ。ほんとに会計事務所の職員なのかって……なんだかんだ言ってたなあ。

爽香　……。

各種の届出制度

先生　ま、それはそうと――伊呂波くん、消費税では申告以外にも、いろいろ届出の制度があるね。

一郎　ええと、課税事業者の届出、簡易課税の届出、課税期間短縮の届出……とかいろいろありますね。

先生　詳しくはまた後で勉強するけど、消費税にはいろんな特例があってね――その特例を受けるには、しかるべき時期までに、しかるべく届出をしなければならないんだよ。

一郎　ややこしいんですよね、これがまた。

先生　あまり、ややこしい、ややこしいと言ってると、爽香くんがやる気なくすけど……たしかにこの届出に関しては、出すべき時期に出し忘れて特例が受けられず、節税できなかったというケースが多々あるね。まあ、後でじっくり勉強しよう。

4 消費税の用語

(1) 基準期間とは

2年前の期間

先生 さて、消費税の計算をする際、特殊な用語がいろいろ出てくるから、ここでまとめておこうね。伊呂波くん、どんな言葉が出てくるかな？

一郎 ええと——基準期間、課税売上高、課税仕入高……。

先生 そうだね。順番にいこうか。まず、「基準期間」って何かな？

一郎 はい。2年前の期間です。

先生 うむ。今年の分の消費税を計算する際、今年が課税期間で、その2年前の期間が基準期間だね。

〈個人事業者〉

令和2年	令和3年	令和4年	令和5年
	基準期間		課税期間

前々年

〈法人（3月決算）〉

令2.4.1～令3.3.31	令3.4.1～令4.3.31	令4.4.1～令5.3.31
基準期間		課税期間

前々事業年度

爽香 2年前がどうかしたんですか？

免税や簡易課税の判定に使う

先生 さっき説明した免税事業者（1,000万円以下）や簡易課税の特例（5,000万円以下）に該当するかどうか、それは2年前の期間の売上高で判定するんだよ。

爽香 ふーん、どうして今年のを使わないんですか？

先生 年間売上高が判明するのは、その年が終ってからだね。それでは今年の消費税がどうなるか、翌年にならなきゃ分からない。だから期間のスタート時点で免税かどうか、簡易課税でいけるかどうか、ハッキリさせようということでそういう扱いになってるんだね。

一郎 なるほど、そういうことでしたか。

先生 ついでの話だけど、平成23年度の改正で"免税"扱いに関して変更があって——２年前の基準期間が1,000万円以下でも、前年の上半期が1,000万円を超えていたら、今年は課税事業者になるという扱いが導入されたんだよ。ま、このことは、後で詳しく説明しようね。

爽香 なんだか、ややこしそう……。

個人の場合は前々年

先生 それから２年前ということに関して、個人の場合は話が簡単だね。消費税も所得税と同じく暦年課税で、毎年１月１日から12月31日までが課税期間だから、基準期間は"前々年"ということで何も問題はない。ところが、法人の場合はどうかな、伊呂波くん。

一郎 前々期、でしょう？

先生 １年決算の場合はそうだね。でも、そうでなければ……。

一郎 あ、そうか。半年決算だったら、どうなるんだろう。

法人の場合は複雑

先生 基準期間を条文どおり正確にいえば、「その事業年度開始の日の２年前の日の前日から同日以後１年を経過する日までの間に開始した各事業年度を合わせた期間」ということになる。

一郎 ？？

先生 半年決算の会社を考えてみようか。たとえば、令和５年９月期の消費税を計算する際、基準期間はどの期間なのか。

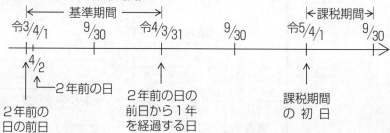

〈半年決算法人の基準期間〉

一郎 ええと、事業年度開始の日が令和５年４月１日で、その２年前は令和３年４月１日……。

先生 いや、２年前は４月２日だよ。その前日が４月１日。

一郎 あ、そうか。そこから１年経過する日は——令和４年３月31日？

先生 そうだね。その１年間の中で開始する事業年度といえば、令和３年９月期と令和４年３月期だよね。

一郎 ええ。ということは、令和３年４月１日から令和４年３月31日の１年間が基準期間なんですか？

先生 そういうこと。

爽香 ああ……わたし頭が痛くなってきた。

先生　まあ、こういうややこしい話はめったに出てこないから安心して。

爽香　そんなのしょっちゅう出てきたらたまらないわ。

先生　通常は1年決算だから、基準期間は "前々期" と理解しておけばいいよ。

(2)　課税売上高とは

消費税を含まない金額

先生　じゃあ次に、「課税売上高」って何だろうね、伊呂波くん。

一郎　消費税のかかる売上げ、ですか？

先生　まあ、そういうことかな。売上げでも消費税のかかるもの、かからないものがあるからね。ところで爽香くん、この課税売上高には、消費税を含んでるか含んでないか、どっちだと思う。

爽香　さあ、どちらかしら。

先生　含まない、税抜きの金額だよ。これに10％の税率をかけて税額を計算する元になる金額なんだから……税金を含んでたらおかしいよね。

爽香　そういえばそうね。

非課税の売上げもある

先生　さて伊呂波くん、消費税のかからない売上げって、たとえばどんなのだろうね。

一郎　非課税の売上げは、ええと、土地の売却や地代、住宅の家賃、受取利息……などですね。

先生　うむ。まだまだあるけど、これもまた後で説明しよう。あと、気をつけるべきは、簿記会計でいう売上げとは概念が違う、という点だね。

一郎　決算書に上がってる売上げだけじゃないんですよね、消費税でいう売上げは。

簿記会計の売上高より範囲が広い

先生　会社で作る損益計算書でいけば、"営業外損益" や "特別損益" の部に計上された項目も入ってくるね。しかも、決算書の数字そのままじゃない。

一郎　はあ？　どういうことですか？

先生　たとえば建物を売って、売却益が100万円上がってるとしようか。消費税の課税売上高はこの100万円じゃないよね。

一郎　……。

先生　簿価1,000万円の建物を1,100万円で売って、100万円の売却益が計上されているとしたら……。

一郎 あ、そうか。1,100万円が課税売上高ですね。

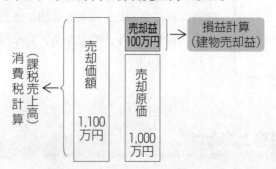

先生 そうだね。売却時点で相手から受け取る消費税は、1,100万円×10％＝110万円であって、100万円×10％＝10万円じゃないからね。

爽香 ふーん、そうなの。

売却損も
課税売上げ？

先生 さらにいえば、売却損の科目からも課税売上高が発生するよ。

爽香 え、どうして？

先生 古くなった機械を処分したとき——たとえば、簿価100万円のものをスクラップ価格の10万円で処分すれば、90万円の売却損が出る。このときどうなるかな？

爽香 なるほど。10万円に消費税がかかるのね。

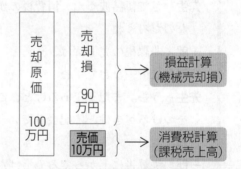

先生 実務で気をつけるべきは、車の買い替えだね。古い車を下取りしてもらって、支払いはそれを相殺した金額でするのが普通だけれど、そのときも下取り価格が課税売上げになるからね。消費税の計算で、もれないように気をつけて。

爽香 うーん。消費税の話って、聞けばきくほど奥が深いのね。

(3)　課税仕入高とは

**通常は
領収書などで判断**

先生　課税売上げに対する、課税仕入れについても簡単に説明しておこうか。

　まず、これも課税売上高と同じく税抜きの金額だね。で、消費税の納税額は「課税売上高×10％－課税仕入高×10％＝納付税額」の計算で求めるから、納める税金を減らすためにどこまでこれを控除できるか、大事な話なんだよ。

一郎　請求書や領収書で判断するだけじゃダメですか？

先生　普通はそれでいいだろうね。消費税を上乗せしてるということは、先方ではその分、課税売上げ扱いしてるだろうから……。でも、実務的には判断に迷うケースもときどきあってね。

一郎　そうですね。僕も処理していて、先生にご相談することがよくあります。

**相手方で
課税売上げなら
課税仕入れ**

先生　みんな節税のため課税仕入れにしたがるけれど、忘れてならないのは、当方で課税仕入れになるからには、売り手側では課税売上げに該当するという整合性だね。先方は消費税を納めない、当方は課税仕入れで控除するでは、税務署も黙っちゃいないからね。

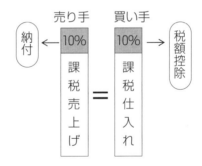

一郎　そりゃそうでしょう。そんなのいいとこ取りですよ。

**簿記会計の
仕入高より
範囲が広い**

先生　それから、課税売上げと同じように、ここでいう仕入れも簿記会計のものより範囲が広い、という点には注意を要するね。

一郎　商品や原材料の仕入れだけじゃないですものね。販売費や一般管理費も入るし……固定資産を買ったときも仕入れなんだから。

爽香　あら、わたしも少しは簿記の勉強してるから分かるけど、固定資産って減価償却で費用になるんでしょう？

一郎　いや、消費税では買った年に全額仕入れ扱い——ですよね、先生。

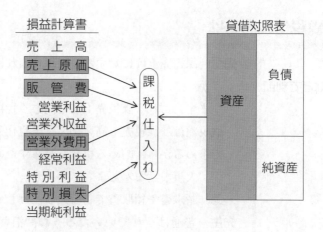

損益計算書

売　上　高
売上原価
販　管　費
営業利益
営業外収益
営業外費用
経常利益
特　別　利　益
特　別　損　失
当期純利益

課税仕入れ

貸借対照表

資産

負債

純資産

**売上高より
仕入高が
大きければ還付**

先生　簿記会計ではいったん資産に計上して、そのあと償却計算で徐々に費用に振り替えるけれど、消費税には減価償却という概念はないんだよ。伊呂波くんの言うように、初年度に全額仕入れとして控除できるから、大きな買い物をした年は消費税がマイナスになる場合も珍しくないね。

爽香　マイナス？

先生　納税額がマイナスということは還付だね。仕入れの際に立替払いした税金が大きすぎるから、申告すれば戻ってくるケースで、よくある話だよ。

一郎　そうですね。還付申告もときどき出てきますよね。

売 上 高 ×１０％		売上高×10％	還付税額
仕入高×10％	納付税額	仕 入 高 ×１０％	

**すべての
経費項目が
課税仕入れ
ではない**

先生　あと気をつけるべきは経費項目で、販売費や一般管理費の全部が、課税仕入高というわけじゃないからね。

一郎　人件費なんて控除できませんね。

先生　要は、相手方で課税売上げにならないもの――金利、地代、保険料、租税公課、法定福利費……こういうものは課税仕入れにならないからね。

爽香　いろいろ、覚えなきゃならないわ。

先生　仕入税額の控除に関しては、平成23年度に大きな改正（"95％ルール"の見直し）があったんだけど、これは後で詳しく説明するね。

5　消費税の課税対象

(1)　課税対象のあらまし

輸入品にも
消費税がかかる

先生　では、もう少し細かい話に入っていくね。まず、消費税が課税されるケースを大別すれば、①国内において事業者が行った資産の譲渡等、②保税地域から引き取られる外国貨物——この２つだね。

一郎　②は、実務であまり出てきませんね。

先生　うむ。要は輸入する際に消費税がかかるということなんだけど、申告は税務署ではなく、輸入のつど税関に対して行うことになっていて……わたしもよくは知らないけど、そんなに難しい話ではないようだね。ま、ここではこの②の話は省略して、以下①についてだけ勉強しよう。

爽香　はい。覚えること、ちょっとでも少ないほうが助かるわ。

非課税と不課税の
違いは？

先生　話を国内取引にしぼって……消費税を考える際、まずは「課税」「非課税」「不課税」「免税」「免除」——この違いを理解する必要がある。

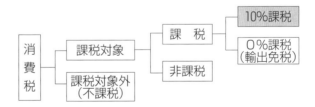

爽香　？？

先生　伊呂波くん、課税と非課税の違いは分かるね。

一郎　はあ……消費税がかかるか、かからないかですか？

先生　いや、そういう言い方をするなら、不課税や免税、免除も消費税はかからないよ。

一郎　うーん、そうですねえ。どう言えばいいんだろう……。

先生　まず、消費税の課税対象となるのは、消費税法で定める４つの要件を満たすものなんだね。

一郎　ええ、事業として行うとか、対価を得て行うってやつですね。

先生　そう。あとで説明するけど、その要件を1つでも満たさないものには消費税はかからず、それが「不課税」だよ。

一郎　"課税対象外"と呼んでますね。

先生　それに対して「非課税」というのは、4つの要件を全部満たしている、だけど何らかの理由で課税対象から外してるものだよ。法律に限定列挙で定められているね。

一郎　うーん、不課税と非課税って、微妙に違うんですね。

先生　不課税に関して、こういうものには消費税がかからない、なんてこと法律には何も書かれていない。そもそも消費税法で定めているのは、何に消費税がかかって、そのうちこういうものを非課税扱いする、ということだけなんだから。

一郎　なるほど。給料は不課税ですけど、給料に消費税がかからない、なんて書いてませんね。

先生　そうだね。要件を満たさないんだから当然、消費税はかからない。ところが非課税のほうは、本来は課税対象になるものだから、課税対象から除くということを、わざわざ法律に書く必要がある。不課税と非課税は、そういう違いだね。

〈不課税項目の例示〉

給与、保険金、共済金、配当金、寄付金、補助金、奨励金、助成金、祝い金、見舞金、損害賠償金、立退料、保証金、敷金、資産の廃棄・滅失・盗難、会費、組合費 etc.

爽香　なんだかよく分からないけど……どうせどちらもかからないんだったら、どうでもいい話じゃないの？

先生　いや、そうじゃない。仕入税額控除といって、仕入れ分の税金をどこまで差し引くかという計算の際に、この区別が必要になってくる。だから、2つをはっきり区別しておく必要があるんだよ。

一郎　ああ、課税売上割合を計算するときの話ですね。

爽香　？？

先生　まあ、それもまた後でゆっくり説明するね。じゃあ次に、免税と免除、これはどう違うのかな、伊呂波くん。

一郎　ええと、売上げが1,000万円以下なら免税事業者ですね。

先生　うむ。それは正確にいえば、納税の"免除"だね。

一郎　はあー、免除ですか。じゃあ、免税って何だろう？

先生　課税対象の売上げがあっても、税金がかからないケースがもうひとつあるんだよ。

一郎　うーん、そんなのあったかなあ？

先生　輸出免税だよ。

小規模事業者	⟶ 納税の"免除"
輸 出 業 者	⟶ "免税"売上げ

一郎　あ、そうか。輸出品には消費税はかからないんだ。

爽香　あら、どうしてですか？

**輸出品には
消費税を
転嫁できない**

先生　消費税法って日本の法律なんだから、外国に適用できないよね。つまり外国に商品を売るとき、そこに10％上乗せして価格転嫁しようとしても、そんなの応じてくれない。そうなると、輸出業者は自腹を切って税金を納めることになってしまうでしょ。

爽香　うーん──消費税を払ってもらえないから納税しない、ではダメなんですか？

先生　いや、その場合は"内税"扱いだね。売価1,000円で100円の消費税をもらわなかったら、1,000円の中に消費税が含まれているという扱いになるね。

爽香　100円がですか？

先生　いやその場合は$1,000円 \times \dfrac{10}{110} = 91円$という計算で、消費税額は91円になるね。

爽香　ふーん。

**輸出品は
0％課税**

先生　とにかくそういう理由で、輸出取引には消費税をかけないことになっていて、これが"輸出免税"なんだね。

一郎　非課税や不課税のものと同じように、課税売上げから除くんですね。

先生　いや、非課税取引と違って、これは課税対象の売上げだよ。

一郎　え？　税金はかからないんでしょう？

先生　0％の税率で計算する、したがって結果的に税金はかからない、という扱いなんだね。

一郎　ふーん──やはりどこかで、その区別が必要になってくるんですか？

先生　たとえば、さっき出てきた課税売上割合の計算だね。

免税と免除は違う

一郎　なるほど。ところで先生、免税と免除の違いですけど……いままで、1,000万円以下で税金納めなくていいのが免税だと思ってましたけど、そうではないんですね。

先生　一般に免税事業者という言い方をするから、それでも間違いではないんだろうけど、正確にはそれは"免除"だよ。

爽香　それもやっぱり区別しておかないと、正確に税金計算できないんですか？

先生　消費税の申告書類に「免税売上額」を書く欄があって、そこには輸出免税の売上高を書かなきゃならない、といった具合だね。

　　　課税、非課税、不課税、免税、免除——この違いは分かったかな。

爽香　まあ、なんとか……。

(2) 課税取引の要件

4つの要件をすべて満たせば課税対象

先生　では次の話に移って——通常の場合、消費税がかかるかどうかは、次の要件に照らして判断するね。

　① 国内において行う取引であること

　② 事業者が事業として行う取引であること

　③ 対価を得て行われる取引であること

　④ 資産の譲渡、資産の貸付けまたは役務の提供であること

　以上の4要件をすべて満たす取引が課税対象となる。順番に見ていこうね。

① 国内取引の判定

国内で資産の譲渡等があれば課税

先生　まず、さっき言ったように、外国には日本の税法を適用できないから、国内で行われた取引だけが対象になるということだけれど、ここで問題は、国内と国外の双方にまたがる取引をどうみるかだね。

一郎　またがるというと……どんな取引ですか？

先生　たとえば、外国に支店があって、そこで保管してる商品を売った。売り先は日本の会社で契約は日本国内で行った、という場合どうだろうね。

一郎　うーん、両方とも日本の会社だし、契約したのも国内なんだから……国内取引かなあ。

資産の 所在場所で判定	**先生**　そういう見方もあるけど、消費税法では国内かどうかは、こういう基準で判定することになっている。 　　　　・資産の譲渡・貸付けの場合……その資産が所在していた場所 　　　　・役務の提供の場合………………役務の提供が行われた場所 **一郎**　ということは、商品が外国にあったから国外取引、ですか？ **先生**　そう。相手が日本の会社かどうかとか、契約した場所がどこかは関係ないね。単に、その商品がどこにあったかだけ考えればいいんだよ。 **一郎**　なるほど。

②　事業者および事業の判定

法人は すべて事業者	**先生**　では次に、事業者が事業として行うという要件の話に移って――まず"事業者"って何だろうね、伊呂波くん。 **一郎**　それは……事業をしている人、でしょう。 **先生**　消費税の取扱いで、法人は公共法人や公益法人も含め、すべて事業者扱いだから問題なし。個人の場合は少しややこしいね。 　　　　たとえば八百屋さん、魚屋さん……こういうのは問題なく事業者で、医者、弁護士、税理士といったのも事業者。では、伊呂波くんのようなサラリーマンはどうだろう？ **一郎**　え、そりゃ違うでしょう。
サラリーマンは 事業者ではない	**先生**　うむ、サラリーマンは事業者じゃないね。もし事業者だったら、給料や賃金にも消費税がかかる。 **一郎**　ということは、給料が10％アップになる……？ **爽香**　え、そうなの。わたし事業者になりたい！ **先生**　でも、残念ながらそうはいかない。サラリーマンが働くのは課税対象外の不課税取引なんだよ。 **爽香**　なあんだ。 **一郎**　だけど、どうしてだろう。会社に対して労力を提供して、その対価として給料を受け取るんだから、消費税の要件を満たしてると思うんだけどなあ。 **先生**　八百屋さんとサラリーマンはどこが違うか――どうかな伊呂波くん。

雇用契約による役務提供は事業にあらず

一郎 うーん、事業所得と給与所得の違い……。

先生 自己の計算において独立して事業を行う者——これが事業者の定義だよ。フリーランスの人はともかくサラリーマンの場合、雇用契約に基づいて会社や個人事業主のために働くわけだから、これにあてはまらない。まあ結果として、事業所得と給与所得の違いということになるけどね。

一郎 なるほど、そもそも事業者ではないから不課税、ということですか。

先生 そう。費用項目の中で通常、一番大きいのは給料や賃金だろうけど、これが仕入税額控除できないのは、そういう理由からだね。

　では次に、"事業として行う"という要件、これはどういうことだろうね。

反復、継続、独立して行うのが事業

一郎 うーん、これもきちんとした定義があるのですか?

先生 資産の譲渡等を対価を得て反復、継続、独立して行う——こういう定義になっていて、法人が行う取引はすべてこれに該当する、という扱いだね。

一郎 個人の場合はどうなんですか?

先生 個人事業者は、事業者と消費者の立場を兼ねてるからね、一つひとつこの定義で考えなければならない。

一郎 ふーん、やっかいですねえ。

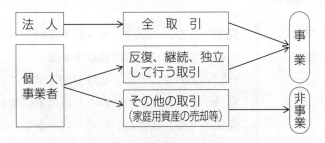

先生 たとえば、個人の事業者が事業用の機械や建物を売却する場合、これはどうだろう。

一郎 うーん、事業の一環だから課税対象……ですか?

事業に付随する取引も課税

先生 そうだね。反復、継続ではないけれど、機械はもとより、店舗や事務所に使っていた建物を売った場合も、課税扱いなんだね。

一郎 先生、自宅を売った場合はいいんでしょう?

先生 あ、もちろんそうだよ。それは商売とはまったく関係ないからね。じゃあ、こういうのはどうだろう——自宅を売ってそのお金を事業用資金に充てた場合。

一郎　うーん、そうだなあ……商売に使うお金を作るために売ったのな
　　　ら、課税取引かなあ。

先生　いや、売ること自体は事業に付随した行為じゃないからOK——
　　　消費税はかからない。

一郎　ああ、そうなんですか。

③　対価性の判定

無償取引は不課税

先生　じゃあ次の話で、"対価を得て行う"という要件——これはどうか
　　　な。

一郎　ええと、商品を渡して対価を受け取る、ということですね。

先生　うむ。商品に限らず、資産や役務を提供して反対給付としての対
　　　価を得る取引、ということだね。

一郎　贈与は違いますよね。

先生　そうそう。たとえば、試供品や見本品を無償提供しても課税対象
　　　外だね。それから、寄付金や補助金も課税対象外の不課税取引——お
　　　祝い金や見舞金、損害賠償金などをもらっても消費税はかからない。
　　　だから逆に、そういうお金を渡しても仕入税額控除はできないよ。

一郎　なるほど。

役員への贈与は
課税対象

先生　ただ、贈与の中でひとつ例外があって、自社の役員に贈与したと
　　　きは課税対象になるから気をつけて。

一郎　おや、そうなんですか。

先生　対価がゼロの場合だけでなく、時価より著しく低い金額のときも
　　　ダメなんだよ。

一郎　ふーん、著しく低いといいますと……？

先生　時価の50％未満、という扱いになってるね。それからこの役員へ
　　　の贈与の取扱いは、物を渡した場合だけだからね。

一郎　といいますと？

先生　貸付けや役務の提供はタダでもかまわない。

一郎　あ、そうなんですか。

先生　さらにいえば、たとえば永年勤続表彰の記念品を非課税で渡す場
　　　合など、一般の従業員と同じ扱いをしてる場合は、これまたOKだよ。

一郎　なるほど。

保険金や配当も
不課税

先生　それからこの対価性の基準に照らせば、生命保険や損害保険の保
　　　険金、株式配当も不課税なんだよ。

一郎　ふーん、どうしてですか？

先生　保険金って、保険事故が発生したから支払われるもので、保険会社に対して何かした、ということじゃないよね。

一郎　なるほど、対価性がないですね。

先生　それから配当金にしても、株主権に基づいて支払われるもので対価性はないね。つまり、株主がその会社に対して物を渡したとか、貸し付けたとかいうことじゃないんだから。

**利息は
不課税ではなく
非課税**

一郎　なるほど、そういうことですか……でも先生、利息のほうは不課税じゃないですよね。

先生　うむ、いい質問だ。利息には対価性があるよ。銀行などに資金を預けて（貸し付けて）、その見返りで受け取るものだからね。ただし非課税扱いになってるので、結果的に消費税はかからない。

一郎　あ、そうかあ。

爽香　あの──不課税、非課税の区別って、そんなに大切なことなんですか？

先生　一番大きな違いは、その売上げを上げるのにかかった仕入れ分の消費税を、そのまま引けるかどうかという点だね。

爽香　というと……？

**不課税なら
仕入税額控除が
全額可能**

先生　不課税売上げに対応する仕入税額は全額控除できる。ところが非課税のときは、控除できない場合がある、という違いだね。

一郎　課税売上割合が95％未満のときですね。

爽香　？？

先生　まあ、その話は後回し。まずは課税取引の要件の話で、最後に資産の譲渡の範囲のことを説明しておくね。

④　資産の譲渡等の範囲

**非課税分を除き
すべての資産が
課税対象**

先生　消費税の課税対象は「資産の譲渡」、「資産の貸付け」、「役務の提供」のいずれかに該当する取引だったね。

一郎　はい。

先生　まず"資産"とは、譲渡や貸付けの対象となるいっさいの資産をいうから、棚卸資産や固定資産はもとより、特許権や商標権など無形の権利もすべて含まれる。

一郎　でも、それだったら、現金や預金も資産ですけど……。

先生　そういうのは非課税取引の中に一項目、支払手段の譲渡は非課税

とする、というのがあるね。

一郎　なるほど。まずは課税対象に含めてから非課税扱いで除く、というやり方ですね。

交換や代物弁済も譲渡扱い

先生　つぎに、"譲渡"というのは売買だけじゃないよ。交換、代物弁済、現物出資、負担付き贈与などいろんなものが入るからね。

爽香　代物弁済って何ですか？

先生　たとえば、借金が返せないから代わりに不動産を渡す、といった取引。表面上お金は動かないけど、不動産を売ってそのお金で借金を返すのと同じだからね。

爽香　まあ、そういえばそうね。

一郎　先生、交換もお金が動かないのに譲渡ですか？

先生　手持ち資産を売って、そのお金で相手から資産を買う——これが税務でいう交換なんだよ。金銭の授受がなくてもまずは売却がある、と見るんだね。

一郎　なるほど。

みなし譲渡扱いが2つ

先生　あと、厳密には譲渡じゃないけれど、譲渡扱いしているものが2つあるよ。

①　法人が役員に資産を贈与した場合
②　個人事業者が事業用の商品等を自家消費した場合

一郎　①は、前に説明していただきましたね。

先生　うむ。両方とも無償取引だから本来、消費税はかからないはずだけど、実質上、最終段階の消費があったものとみて"みなし譲渡"の扱いをしてるんだよ。

　②の扱いを受けるのは、たとえば飲食店を経営していて、店の商品を家族で飲み食いするといったケースが典型だけど、商品のような棚卸資産だけでなく、事業用の固定資産も対象になるね。

一郎　じゃあ、店の車を遊びに使った場合とか……。

先生　いや、そういうのは店と奥をはっきり区別できないし……たまたま家事で使ったという程度ならセーフだよ。

一郎　ああ、よかった。

6 非課税取引

先生 では次に、「非課税取引」の説明に移ろうか。消費税法では15種類のものを非課税扱いしているね。

〈課税対象になじまないもの〉
① 土地の譲渡、貸付け（一時的使用を除く）
② 社債、株式などの譲渡、支払手段の譲渡
③ 利子、保証料、保険料
④ 郵便切手、印紙などの譲渡
⑤ 商品券、プリペイドカードなどの譲渡
⑥ 住民票、戸籍抄本などの行政手数料
⑦ 国際郵便為替、外国為替

〈社会政策的配慮によるもの〉
⑧ 社会保険医療
⑨ 第1種および第2種の社会福祉事業、更生保護事業、介護サービス
⑩ 助産費用
⑪ 埋葬料、火葬料
⑫ 一定の身体障害者用物品の譲渡、貸付け
⑬ 一定の学校授業料、入学検定料、入学金、施設設備費など
⑭ 検定済み教科書などの譲渡
⑮ 住宅の貸付け（一時的使用を除く）

爽香 わたし、こんなにたくさん覚えられない……。

先生 いや、覚えなくても、実務で出てくる話は限られるよ。主だったものを見ておこうか。

（1）　土地の譲渡、貸付け

**消費概念に
なじまないので
非課税**

先生　まず、非課税の代表例が土地がらみの取引。土地を売ったり貸し付けたり……これが非課税なのはなぜだろうね、伊呂波くん。

一郎　さあ——建物は課税なのに土地は非課税なんですよね、どうしてかなあ？

先生　土地って、使って減るものじゃない。つまり消費されるものじゃないね。消費に対して課税するのが消費税だから土地取引は非課税、ということだよ。

一郎　あ、そういうことだったんですか。

先生　売買代金だけでなく、土地の貸し借りに伴う権利金や地代にも、消費税はかからないね。

**施設のある
駐車場は
課税扱い**

一郎　先生、ガレージ代には消費税がかかるんでしたね。

先生　うむ。まったくの青空駐車は非課税だけど、アスファルト舗装やフェンスをめぐらした駐車場だと、土地の貸付けというよりも施設の貸付けだから課税対象、という理屈だね。ほかにテニスコートや野球場としての貸付けも同じ扱いだよ。

**一時的な
土地使用料は
課税扱い**

一郎　土地をそのまま貸すか、手を加えるかの違いと考えておけばいいですか。

先生　まあ、そういうことだね。ただし例外があって、土地のままの貸付けでも一時的なものは非課税にならないからね。

一郎　一時的といいますと？

先生　具体的には、貸付期間が時間や日、週など1か月未満なら課税、となってるね。

一郎　じゃあ、時間貸しの駐車場はダメですね。

先生　うむ、設備があればもともと課税扱いだし、青空駐車の場合でも1か月未満の貸付けなら非課税にはならないんだよ。ついでにいえば、青空駐車で1か月以上の場合でも、管理人を置くとこれまた課税扱い。

一郎　おや、設備がなくてもですか。

先生　管理をするとなると、単なる土地の貸付けではなく、役務の提供になるからね。

一郎　なるほど、そういうことですか。

土地・建物を セットで売れば 譲渡代金を区分	**先生** あと、土地関係でもうひとつ気をつけるべきは、土地と建物をセットで売ったり貸したりする場合だね。 **一郎** といいますと？ **先生** 土地と違って建物の取引は課税扱いだよね。 **一郎** はい、そうです。 **先生** じゃあ、たとえば土地と建物をセットで1億円で売買したとき、これは課税か非課税か……。 **一郎** それは——土地代と建物代に分けるんでしょう。 **先生** そうだね。譲渡代金を合理的に区分して土地代部分だけ非課税、ということになるね。じゃあ次に、セットで貸し付けた場合はどうなるだろう。
土地・建物 セットの貸付けは 全額が課税対象	**一郎** ええと……売買と同じように、区分すればいいのでは？ **先生** いや、そうはいかない。この場合は、賃貸料の全額が課税扱いなんだよ。

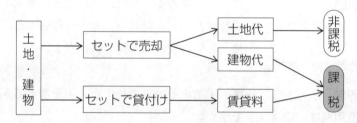

一郎 へーえ、どうしてなんですか？
先生 建物を貸すとき、その敷地は当然くっついてるからね。敷地の使用は建物の借受けに付随するものとみて、賃貸料は全額が家賃という取扱いになってるよ。
一郎 契約書で、地代××円、家賃××円と内訳を書いてもダメですか。
先生 ダメだね。総額に消費税がかかる。
一郎 そうなんですか。

（2） 有価証券や支払手段の譲渡

株式や債券の 譲渡は非課税	**先生** 次に、有価証券や支払手段の譲渡も非課税、となってるね。 **一郎** 有価証券って、株式や債券のことですね。 **先生** そう。国債、地方債、社債、株式、出資金、証券投資信託、金銭信託といったところだね。 　　それから、有価証券に類するものとして貸付金や売掛金……こうい

うものを売っても消費税はかからない。

爽香　どうして非課税なんですか？

先生　消費の対象となるものではなく、こういう譲渡は単なる資本の移転、という見方だね。

爽香　ふーん。

先生　それから、支払手段というのは紙幣に硬貨、それに小切手や手形も含まれる。だから手形の割引き代金も非課税なんだね。

ゴルフ会員権は有価証券ではない

一郎　先生、ゴルフ会員権も有価証券だから非課税ですね。

先生　いや、ゴルフ会員権は消費税法では、有価証券の範囲に含まれていないから課税扱いだよ。

一郎　じゃあ、ゴルフ会員権を売ったときは消費税がかかる？

先生　法人の場合はね。個人なら会員権業者は課税だけれど、一般の事業者にとっては生活用財産の譲渡だから課税対象外でいいんだよ。

一郎　なるほど、そういうことですか。

先生　その代わり、会員権業者以外の個人がゴルフ会員権を買っても、仕入税額控除はできないね。

一郎　あ、そりゃそうですね。

(3)　利子、保険料等

金融取引は消費税になじまない

先生　消費税になじまないものといえば、利子や保険料もそうだね。

一郎　銀行から受け取る預金利息には消費税は乗っかってないですね。

先生　預金だけでなく、貸付金や債券の利息も非課税だよ。金融取引って資金の流れに関する取引だから、物やサービスの流れに課税する消費税の課税対象になじみにくいんだね。手形の割引料も実質上の金利だから、やはり非課税だよ。

保険取引は相互扶助

一郎　保険料が非課税なのはどうしてですか？

先生　保険加入者の相互扶助という特殊な性格の取引だということで、そういう扱いにしてるんだね。

一郎　事故が起きたときの保険金は不課税ですよね。

先生　そう。保険料にはまだしも、保険会社から保険サービスを受けるための対価という性格があるけど、保険金のほうはまさに相互扶助で対価性はない、という見方だね。

一郎　なるほど。

（4） 切手、印紙、商品券等

切手を買っても非課税

先生 郵便切手や印紙などが非課税なのは、また別の理由からだね。

一郎 といいますと？

先生 たとえば、切手を貼って郵便物を出す、そのとき"通信費"の科目で処理するだろうけど、これは課税取引だから仕入れ分の税額控除ができる。

一郎 あれ？　切手は非課税なんでしょう？

先生 切手の譲渡はね。

一郎 ？？

先生 切手自体は現金と同じなんだよ。だからそれを郵便局で買っても、その時点では非課税。郵便局の側にも消費税の納税義務は生じない。

一郎 はあ……。

使用された時点で課税対象

先生 ところが、その後それを使って郵便というサービスを受ける時点で、消費税の課税問題が生じるんだね。

一郎 じゃあ、郵便局は消費税を納めなきゃならない？

先生 そうだよ。郵便局にとっては役務の提供で課税売上げなんだから。

爽香 あら、でもはがきや切手代って63円とか84円で、そこに消費税がかかるのですか？

先生 内税なんだよ。63円、84円の中に10％が含まれている。

爽香 へーえ、そうだったの。

先生 同じようなことが商品券についてもいえるね。

商品券で買い物する時に課税

一郎 商品券を買うときには仕入税額控除できないけど、それを誰かに贈れば"交際費"で課税取引になるんですね。

先生 いや、贈答は不課税だから……その商品券を贈られた者がそれでなにか買い物する時、それが課税仕入れになる時点だね。

一郎 あ、そうか。

先生 "物品切手"といって、商品券のほかにビール券、図書券、旅行券、それから鉄道乗車券のカードなども、実際に物品やサービスに引

き換えた時点で課税されることになってるよ。

(5)　その他課税対象になじまないもの

登記・登録等の手数料は非課税

先生　ほかに消費税の課税対象になじまないものとして、

① 　国・地方公共団体等の手数料

② 　外国郵便為替、外国郵便振替等

の2つがあるね。

一郎　手数料って役務の提供だから、すべて課税対象じゃないんですか。

先生　理屈の上ではそうなんだけれど、登記や登録などで行政が徴収する手数料は強制的なもので、税金に似た性格をもってるからね。

一郎　ふーん。じゃあ、仕入税額控除もできないんですね。

外国郵便為替は条約により課税できない

先生　それからもうひとつ、郵便為替にはいかなる税金もかけてはダメと、国際条約で決められていて、外国為替なども非課税とされている。まあ、実務ではあまり問題にならない話だけどね。

(6)　医療、福祉、教育

社会保険診療は非課税

先生　次に、課税対象になじまなくはないけれど、社会政策的な配慮から非課税とされているものがいくつかあるよ。

一郎　医療や教育ですね。

先生　うむ、それと社会福祉事業かな。そういうのも役務の提供だから、理屈からいえば10％上乗せ——だけど、さすがそれは気がひけるんだね。

爽香　そりゃそうよ。わたしなんてレストランでお会計するとき、いつも10％が目ざわりだわ。

先生　まあ、そういうこと言い出したら切りがないけど……医療は生命、健康の維持に直接かかわるものだからね、非課税扱いだよ。

自由診療や薬局で買う薬は課税対象

一郎　歯医者の自由診療なんてダメですよね。

先生　そうそう、非課税なのは社会保険の診療だけ。人間ドックや美容整形もダメだし、入院したときのいわゆる差額ベッド代も課税対象だよ。

一郎　薬代はどうなんですか。

先生　病院で処方箋を書いてもらったものはOKだけど、自分で薬局で買う薬には消費税が乗っかるね。

| 入学金、授業料、教科書代などは非課税 | 一郎　学校教育も非課税ですね。 |
| | 先生　そうだね。学校教育法に規定する学校、という制限がついてるけれど、入学金や授業料のほか、教科書代にも消費税はかからない。それから受験料、これも国家試験などの試験手数料が非課税だから、それに合わせて非課税扱いされてるね。 |

(7)　住宅の貸付け

地代と同じ扱い

先生　非課税の話で最後に"住宅の貸付け"——これは実務で大切だよ、しっかり聞いておいて。

一郎　はい。

先生　建物の貸付けはもともと非課税ではなかったんだけど、地代が非課税だから家賃も……ということで、居住用のものに限って非課税扱いされているんだよ。

一郎　事務所用には消費税がつきますね。

先生　不動産所得の人で問題になるけど、家賃に消費税をつけるかどうか、まずは賃貸契約がどうなってるかだね。

一郎　事務所として貸す契約だと非課税にならない。

契約が居住用なら非課税

先生　事務所に限らず貸工場や倉庫など、居住用以外で貸すときは課税だよ。

一郎　あ、そうですね。

先生　住宅用のマンションでも、事務所として使う場合もあるからね。

一郎　契約違反で入居者が勝手に事務所として使ったときは……？

先生　勝手にそうしたのなら仕方ない。家主もグルになってる場合はともかく、契約が居住用になっていれば非課税。もちろんその場合、借り手側も仕入税額控除はできないね。

一郎　あ、そりゃそうですよね。

社宅も非課税

先生　法人に貸す場合、普通は事務所などで使うことが多いけど、社宅として貸す場合もあるだろうね。

一郎　その場合は非課税ですね。

先生　うむ。だから一棟の賃貸マンションで、課税と非課税の部屋が入り交じってる、というケースも珍しくないね。

一郎　先生、店舗併用住宅なんてどうなるんですか？

先生　あくまで住宅部分のみ非課税だから、一括貸しの場合は家賃を合理的に区分しなきゃならない。あと、地代の場合と同じく、1か月未満の一時的な貸付けの場合は住宅用でも課税扱いだよ。

　　　じゃあ最後に、課税・非課税の判定表を掲げておくね。

科　　　　目	判　定
商品売上高	○
製品売上高	○
加工収入	○
運賃収入	○
受取手数料	○
請負収入	○
輸出売上高	免
完成工事高	○
土地売上高	非
地代収入	非
家賃収入（居住用）	非
家賃収入（その他）	○
ガレージ収入	○
共益費収入（居住用）	非
共益費収入（その他）	○
補助金収入	不
売上戻り	○
売上値引	○
売上割戻し	○
受取利息	非
受取配当金	不
受取保険金	不
土地売却益	非
建物売却益(注)	○
株式売却益	非
為替差益	不
還付加算金	不

（○…課税取引　非…非課税取引）
（不…不課税取引　免…免税取引）

（注）売却代金の総額が課税対象

消費税の計算

1　売上高の計上時期

法人税、所得税の取扱いに従う

先生　売上げに課税する消費税にとって、各課税期間の売上高がいくらか、ということは非常に大事な問題なんだね。

一郎　法人税でも、収益の期間帰属というのが問題になりますね。

爽香　なあに、それ？

先生　この売上げは当期に計上すべきか、あるいは翌期回しにするべきか、という話だね。たとえば、期末近くに掛けで売って翌期に現金回収した場合、これはどちらの期間で売上げ計上するか。いいかえれば、消費税を今年納めるか、翌年でいいのかということだよ。

爽香　ふーん、そういうのにルールがあるんですか。

先生　法人税や所得税には詳細なルールがあってね、消費税もほぼ全面的にそれに従うことになってるよ。

爽香　どう決まってるの？

商品引渡しの時点で売上げ計上

先生　ひとことで言えば"実現"の時点で売上げ計上、ということだね。

一郎　実現主義の原則ですね。

先生　もともとは簿記会計の考え方で、現金主義ではなく実現主義——つまり、お金が入った時ではなく、入金が確定した時点で売上げ計上しなければならない、とされているんだよ。

爽香　入金が確定した、というと……。

先生　商品の引渡しが済めば、当然相手方に代金を請求できるはず。だから代金が未収でも「売掛金」や「未収金」として売上げ計上する処理が正しいね。

一郎　引渡基準っていうんですね。

先生　うむ。逆に、入金が先にあっても商品引渡し前なら、それは「前受金」として処理して、その代金はまだ売上高には計上しないんだよ。

爽香　ふーん、入金のあるなしは無視して、商品の引渡しで売上げ計上するのね。

先生　そういうこと。ただしこの引渡基準の例外として、こういう特例が設けられているよ。

①　委託販売（売上計算書到達日基準）

②　長期大規模工事（工事進行基準）

③　リース取引（延払基準）

④　小規模事業者の現金主義

所得300万円
以下なら
現金主義ＯＫ

一郎　おや先生、現金主義も認められているんですか？

先生　法人はダメだけど、所得税法にそういう特例があってね。消費税もそれに従っているんだよ。

一郎　"小規模事業者"って、どういう人ですか？

先生　事業所得や不動産所得が300万円以下の青色申告者で、この特例を受けることを税務署にあらかじめ届け出ている人だよ。

一郎　じゃあ、売上げが1,000万円そこそこの個人事業者だったら、それでいけるかもしれませんね。

先生　まあ、そうかな。

爽香　それだったら売掛金とか前受金とか、ややこしい処理をしなくていいのね。

先生　常に、入金時に売上げ計上すればいいから簡単だね。ただしその場合、仕入れも現金主義だからね。買掛金や未払金の処理はできないよ。

一郎　あ、そうですね。

2 | 仕入税額控除

(1) 税額控除の種類

**消費税の
税額控除は
３つある**

先生 納めるべき消費税の金額は、こういう算式で計算するんだよ。

$$課税売上高 × 10\% − 税額控除額 = 納付税額$$

一郎 "税額控除" って仕入れの10％のことなんでしょう？

先生 いや、仕入税額控除のほかにも、消費税から控除されるものがあるんだよ。

　　① 仕入税額控除

　　② 返還等対価に係る税額の控除

　　③ 貸倒れに係る税額の控除

一郎 ふーん、②や③ってどういうものですか？

**費用処理した
返品や値引きは
税額控除**

先生 まず、「返還等対価に係る税額」というのは、売上げの返品、値引き、割戻しがあったとき、それに対する消費税のことだね。

一郎 "返還" というのは、売上げの取消しですか。

先生 そうだね。もともと売上げ計上の際に10％がかかっていて、それを取り消すわけだから。

一郎 でも先生、返品とか値引きの金額は売上高から控除してるから、「課税売上高×10％」の金額がその分減ってるでしょう。それなのに、また控除していいんですか？

先生 お、鋭い質問だね。この税額控除は、返品や値引きを費用処理している場合の話なんだよ。売上げのマイナスで処理してるときは、控除がダブるから税額控除はできないね。

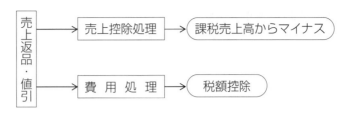

一郎　うん、そうでしょうね。

貸倒れの発生で税額控除

先生　もうひとつの「貸倒れに係る税額」は、"貸倒損失"の処理をしたとき、そこに含まれてる消費税額のことだよ。

一郎　貸倒引当金は違うんですか？

先生　いや、引当金は関係なし。売掛金の回収不能が確定して、過去の売上げを取り消すというときの話だね。

一郎　対象になるのは売掛金の貸倒れだけですか？

先生　うむ。過去に課税売上げで計上した債権の貸倒れだね。貸付金はもちろんダメだよ。

一郎　なるほど。でも、法人税で貸倒損失のこと勉強しましたけど、税務ではなかなか貸倒れ処理を認めないですね。

先生　そう、単に費用処理したというだけではダメ。破産、会社更生、民事再生といった状態にならないと、この税額控除はできないよ。

爽香　やれやれ……法人税のことも勉強しなきゃならないみたい。

免税売上げに対する税額控除はなし

先生　まあね。だけど、貸倒れってそうそう出てこない話だから、あまりとらわれることないよ。

一郎　出くわしたときに勉強すればいいか。

先生　そうそう。こういう控除があるということだけ、頭の片隅に入れておけばいいよ。

　あと、もうひとつだけ説明しておくと、売上げの返品、値引きや貸倒れの税額控除は、もともとの売上げに対して消費税を納めている、というのが前提だよ。

一郎　といいますと？

先生　免税事業者の時代の掛売上げに対して今年、貸倒れが起きた。こういう場合は税額控除はなし。

一郎　あ、そうか。いいとこ取りになるからなあ。

（2）　仕入税額控除とは

**消費税計算の
かなめ**

先生　じゃあ、いまから「仕入税額控除」のことをじっくり勉強するね。

一郎　これって、難しいんですよねえ。

爽香　緊張するわー。

先生　大丈夫だよ、十分理解できるから。最初に説明したように、消費
　　　税は生産、流通の各段階で二重、三重に課税されることのないよう、
　　　課税売上げにかかる消費税から課税仕入れ分の消費税を控除して、税
　　　額が累積されないしくみがとられているんだね。

一郎　全部の流通段階で納める税金の合計額が、最終消費者の負担する
　　　税額に等しい、ということですね。

**消費税法でいう
仕入れは
範囲が広い**

先生　この課税仕入れというのは、消費税が課税される仕入れ取引のこ
　　　とだから、商品や原材料の仕入れだけでなく、賃借料や運送費など経
　　　費として計上している項目、さらには、建物や機械など固定資産の購
　　　入も含んだ幅広い概念なんだね。

一郎　損益計算書でいえば、「販売費及び一般管理費」や「営業外費用」
　　　も入るのですね。

先生　うむ。損益計算書どころか、貸借対照表の項目まで含まれるんだ
　　　よ。

一郎　減価償却はしないんですよね。

先生　前にも説明したけど、消費税法には減価償却で徐々に費用化、と
　　　いう考え方はないんだね。建物や機械を購入したとき、そこにかかっ
　　　ている10％の消費税は購入した年度に全額、税額控除で差し引くこと
　　　ができる。

**売上原価の
金額は関係なし**

一郎　先生、棚卸しについては税額控除はないですよね。

先生　うむ。たとえばこういう決算書で考えてみようか。

売 上 高		1,000万円
売上原価		
期首商品棚卸高	100万円	
当期商品仕入高	800万円	
期末商品棚卸高	▲150万円	750万円
売上総利益		250万円

　　　この場合、税額控除の対象となるのはどの数字かな。

一郎　ええと、仕入高の800万円です。

先生　そうだね。費用としては、「売上原価」の750万円という数字だけ

れど、消費税法でいう仕入れは、あくまで「当期商品仕入高」の800万円なんだね。

一郎　棚卸高の100万円や150万円は、消費税の計算に関係ないんですね。

免税事業者の時の在庫に対して税額控除

先生　でも、ひとつ例外があるよ。棚卸高が当期の税額控除に関係する場合が。

一郎　え、そんなのあるんですか？

先生　去年まで免税事業者だった人が、今年、課税事業者になった場合だね。

一郎　はあ、どういうことです？

先生　さっきの決算書でいけば、期首の棚卸高（100万円）が当期の仕入税額控除の対象になる。

一郎　？？

先生　その商品はおそらく今年売れて、ことし10％の消費税がかかることになるね。

一郎　ええ、そうでしょうね。

先生　それに対応する仕入れ分の税額控除が、去年は免税事業者だったからできないとなると、ちぐはぐでしょ。

一郎　ああ、なるほど。そういうことですか。

免税事業者になる直前在庫の税額控除はダメ

先生　もうひとつ、期末の棚卸高（先の例で150万円）が、当期の税額控除に関係する場合もあるよ。

一郎　はて、どんな場合かな？

先生　いまと反対に、これまで課税事業者だった人が免税になる場合。

一郎　去年まで課税で今年が免税、ですか？

先生　いやそうじゃない。今年が免税事業者だったら、そもそも今年は消費税の計算なんていらないんだからね。

一郎　あ、そうか。

先生　今年は課税で、来年が免税事業者になる人だよ。

爽香　そんなの、いまから分かるんですか？

先生　なに言ってるの。基準期間で判断するんでしょ。

爽香　あ、そうか。2年前の売上高で決まるんだった。

一郎　先生、分かりました。今年仕入れた商品が期末に残ると、売るのは来年。そのとき売上げに消費税はかからないんだから、その在庫分の税額控除はできない——こういう理屈ですね。

先生　そういうこと。

多額の仕入れが
あれば消費税の
還付

一郎 仕入税額を控除して納税額がマイナスになったら、還付されます
よね。

先生 ああ、そうだね。損益計算書で利益が出ていても、設備投資など
で大きな税額控除があれば消費税は還付、というケースも珍しくない
よ。

爽香 へーえ、黒字決算なのに税金が戻るの？

先生 固定資産に関しては損益計算書の計算とはぜんぜん違うから、そ
ういう現象も起こりうるね。建物を買ったときなんて、その典型だよ。

事務所用
マンションの購入
で大きな還付

一郎 顧問先の矢田さんが、一棟売りの収益マンションを買ったときに
大きな還付があって、やった！って叫んでましたものね。

先生 うむ。あれは事務所用のマンションだからよかったんだね。もし
住宅用なら……。

一郎 そうか。住宅用は非課税だから、税額控除できない。

先生 そうだね。受取り家賃に消費税がかからないのはいいけど、最初
の段階で建物代の10％が戻らないから——非課税扱いも、よし悪しだ
ね。

一郎 ほんとですねえ。

課税仕入れ金額を
どう計算する？

先生 さて、仕入税額控除の金額をどう計算するかだけど……本来のや
り方は、一つひとつの取引ごとに、課税、非課税、不課税を判断して
経理処理するやり方だね。

一郎 税抜き経理ですね。

先生 うむ。経理処理のことはまた後で詳しく説明するとして、このや
り方はたいへん手間がかかるから、中小企業や個人事業主には難しい
かもしれない。

一郎 となると、税込み経理だ。

先生 そうだね。その場合、期末に１年分をまとめて、課税仕入れの金
額を計算することになる。

一郎 勘定科目で判断するんでしょう？

先生 まずはそういうことかな。でも、ことはそれほど簡単じゃないよ。

一郎　といいますと？

先生　勘定科目によって課税、非課税、不課税がはっきり判断できるものもあるけど、それらが入り交じってる科目もあるからね。

一郎　たとえばどんなのです？

先生　交際費なんてどうだろう。接待の飲食代は課税だけれど、冠婚葬祭で渡すお金は対価性がないから不課税だね。それから贈答の場合、商品券やビール券を買ってきて渡せば非課税で、何か商品を買って渡せば課税だよね。

一郎　なるほど、ケースバイケースですね。

先生　賃借料の科目にしても、リース料や事務所の家賃は課税、地代や住宅用家賃は非課税、といった具合だね。

一郎　うーん、難しいんですねえ。

先生　めやすとして、科目ごとの課税・非課税・不課税の判定表を掲げておくね。

（○…課税取引、非…非課税取引、不…不課税取引、免…免税取引）

科　目	判　定	備　考
商品仕入高	○	
原材料仕入高	○	
役員給与	不（○）	現物給与は課税
給料手当	不（○）	現物給与は課税
法定福利費	非	
福利厚生費	○（不）	祝金・見舞金・香典は不課税
外注加工費	○	
荷造運賃	○（免）	国外向け運賃は免税
旅費交通費	○（免）	海外出張旅費は免税
賃借料	○（非）	地代・家賃（居住用）は非課税
通信費	○（免）	国際電話・郵便料金は免税
消耗品費	○	
事務用品費	○	
広告宣伝費	○	
水道光熱費	○	

支払報酬	○	
支払手数料	○	
接待交際費	○（非）（不）	商品券・ビール券等の購入は非課税、祝金・見舞金・香典は不課税
寄付金	不（○）	寄贈品の購入は課税
会費	不（○）	ゴルフクラブ等の会費は課税
保険料	非	
租税公課	不	
修繕費	○	
支払利息割引料	非	
保証料	非	
棚卸減耗損	不	
棚卸評価損	不	
減価償却費	不	
貸倒損失	○	課税売上分（売掛金等）に限る
引当金繰入額	不	
現金過不足	不	
為替差損	不	
土地売却損	非	
建物売却損	○	売却代金の総額が課税売上げ
株式売却損	非	
株式評価損	不	

（3） 仕入税額控除の計算方法

仕入税額を
全額控除できない
こともある

先生 伊呂波くん、課税仕入れ分の消費税でも、税額控除できない場合があるのは知ってるね。

一郎 ええと、課税売上割合が95％未満のとき……。

先生 そうだね、よく勉強してる。

爽香 先生、わたし何のことか分かりませんけど。

先生 ああ、ほったらかしにしてゴメン。じゃあ、具体例で考えようか。たとえば、あるお医者さんの損益計算書がこうだったとしよう。

　　　　収入金額　　8,000万円
　　　　必要経費　　5,000万円
　　　　所得金額　　3,000万円

爽香　たくさん儲かってるのね、うらやましいわ。

先生　まあ、たとえばだよ。さてそこで、この人に消費税がいくらかかるか……どうかな。

爽香　ええと——8,000万円（売上高）×10％－5,000万円（仕入高）×10％＝300万円、なんでしょう？

**課税売上げと
課税仕入れを計算**

先生　あのねえ、いままで何を聞いてたの。消費税の売上げ、仕入れは損益計算と違うって、ずっと説明してきたでしょう。

爽香　あ、そうでした、ごめんなさい。でも、ということは……。

先生　課税売上げと課税仕入れがいくらなのかを確かめなきゃ。

爽香　そうそう……いくらなんですか？

先生　たとえば、こうだとしようか。

　　　　課税売上高　　　1,000万円
　　　　課税仕入高　　　3,000万円
　　　　差　引　　　▲2,000万円

　　　この場合、納める消費税はいくらかな。

爽香　あ、これなら大丈夫。1,000万円×10％－3,000万円×10％＝▲200万円——ふーん、儲かってるのに200万円も戻ってくるのか、いいなあお医者さんって。

**自由診療のみ
課税売上げ**

先生　ところが、そうはいかない。

爽香　え、違うんですか。電卓のたたき間違いかしら。

先生　そうじゃなくて——この人、課税売上高がやけに少ないけど、どうしてだと思う。

爽香　さあー……あ、非課税売上げ！

先生　そうそう。社会保険診療は非課税なんだね。8,000万円の大半が社会保険で、1,000万円だけ自由診療の報酬。それから必要経費のほうも、5,000万円のうち2,000万円は人件費とかで不課税や非課税——3,000万円だけが課税仕入れなんだよ。

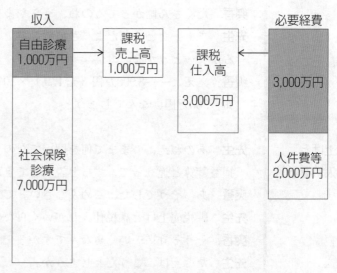

収入　　　　　　　　　　　　　　　　　必要経費

自由診療
1,000万円　→　課税
　　　　　　　売上高　　　課税
　　　　　　　1,000万円　仕入高　←　3,000万円
　　　　　　　　　　　　　3,000万円

社会保険
診療　　　　　　　　　　　　　　　　人件費等
7,000万円　　　　　　　　　　　　　2,000万円

爽香　なるほど、それで納税額がマイナスになるのね……でも、マイナスだったら還付なんでしょう？

課税売上割合分
だけ税額控除

先生　さあそこで、さっき伊呂波くんが言ってた「課税売上割合」の話になるんだよ。

爽香　課税売上割合って？

先生　$\dfrac{課税売上高}{総売上高}$＝課税売上割合、だよ。

爽香　ふーん、じゃあ、1,000万円÷8,000万円＝0.125ですか。

先生　そう、そこでこの場合、仕入税額控除は全額でなく、この割合分しか認められない。

　　3,000万円×0.125＝375万円

となると、納める税金はいくらになるかな？

爽香　ええと――1,000万円×10％－375万円×10％＝62万5,000円ですか。

先生　そうだね。売上げの大半が非課税なのに、仕入れ分の税額控除が全額というのは理屈が通らないからね。

爽香　なるほど、よく考えてあるのね。

課税売上割合
95％を境に
取扱いが異なる

先生　ところで伊呂波くん、さっきの課税売上割合が95％うんぬんの話を、爽香くんに説明してあげて。

一郎　はい。課税売上割合が95％以上なら、仕入れの消費税を全額控除できるけど、95％未満だったら按分計算しなければならないんだよ。
でも、この取扱いが10年ほど前の改正で、一部変わったんですね。

先生　そうだね、どういうふうに変わったのかな。

一郎　ええと、その年の課税売上高が5億円を超えるときは、必ず按分

計算しないといけなくなったんですよね。5億円以下なら、それまでどおり全額控除できる。

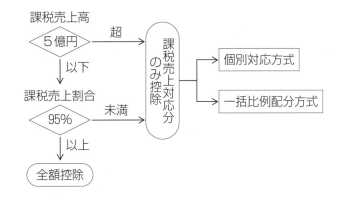

課税売上高
5億円以下で
課税売上割合が
95%以上なら
全額控除

先生 そのとおり。平成24年4月1日以後に開始する課税期間から、そういう取扱いになっているね。あとで説明するけど、按分計算ってけっこう面倒なんだよ。そこで中小企業に配慮して、課税売上高が5億円以下なら、それまでどおりの扱いが残されているんだね。

一郎 先生、どうしてそういうややこしい取扱いに変わったのですか？

先生 益税問題だね。大企業で、たとえば課税仕入高が1,000億円あるとしようか。その会社の課税売上割合が95%のとき、按分計算をしないと5億円もの益税になるね。

　　益税額＝1,000億円×10％×（100％－95％）＝5億円

一郎 ということは、取扱いの変更で納税額がそれだけ増える……。

爽香 すごいわね。

先生 うむ。日本全国でちりも積もれば、かなりの税収増になるんだろうね。

一郎 そうでしょうねえ。

計算式の
分子と分母に
注意

先生 ところで、課税売上割合を計算する際に、注意すべきことが2つあるよ。

　① 分母（総売上高）には、非課税売上高を含むが、不課税売上高は含まない。

　② 分子と分母に、輸出取引による免税売上高を含む。

$$\frac{課税売上高＋免税売上高}{課税売上高＋非課税売上高＋免税売上高}$$

一郎 そうか。ここで非課税、不課税、免税の区別が必要なんですね。

先生 それぞれの売上高を分子、分母に入れるか入れないかで、割合が95％以上になるかどうか、微妙な場合もあるからね。これは要注意だ

よ。

一郎 はい。

先生 さて、仕入税額控除の按分計算の話を、もう少し詳しくしておこう。計算方法に、2通りのやり方があるんだよ。

一郎 「個別対応方式」と「一括比例配分方式」の2つですね。

先生 うむ、こういう違いだね。

〈個別対応方式〉

課税仕入れ分のすべての消費税を、

　(a) 課税売上げにのみ対応するもの

　(b) 非課税売上げにのみ対応するもの

　(c) 課税売上げと非課税売上げに共通するもの

の3つに区分して、次の算式で計算するやり方

> (a)の税額＋(c)の税額×課税売上割合＝控除税額

〈一括比例配分方式〉

次の算式で計算するやり方

> 課税仕入れ分の消費税額×課税売上割合＝控除税額

一郎 さっきのお医者さんの計算は、一括比例配分方式ですね。

先生 そう、このやり方のほうが計算は簡単だね。でも一般に、個別対応方式が有利だよ。

一郎 おや、そうですか。どうしてです？

先生 たとえば年商が1億円（課税売上高）の会社で、別に土地の譲渡が6,000万円（非課税売上高）あったとしようか。課税仕入高は8,000万円として——この場合、一括比例配分方式で計算すれば、納付税額はいくらになるかな。

課税売上高	10,000万円
非課税売上高	6,000万円
総売上高	16,000万円
課税仕入高	8,000万円

一郎 ええと、課税売上割合が $\dfrac{1億円}{1億6,000万円}=0.625$ だから……1億円（課税売上高）×10％－8,000万円（課税仕入高）×0.625×10％＝500万円、ですか。

先生 そうだね。土地の売上げがなければ、1億円×10％－8,000万円×10％＝200万円の納税で済むのに、ずいぶんと税額がふくらんでしま

うね。

（土地売却なし）

課税売上高	1億円

課税仕入高8,000万円	2,000万円

×10％＝200万円 ⟶ 納付

（土地売却あり）

非課税売上高6,000万円	課税売上高	1億円

課　税　仕　入　高		5,000万円
3,000万円	5,000万円 (8,000×0.625)	

×10％＝500万円 ⟶ 納付

一郎　ええ。でも課税売上割合が95％未満だから仕方ないんでしょう。

個別対応方式で節税

先生　もし、個別対応方式で計算したらどうなるだろうね。

一郎　え？　どうなるんですか？

先生　課税仕入高（8,000万円）に対する消費税は、8,000万円×10％＝800万円で、これを3つに区分するんだったね。

一郎　ええと——どうするんだろう？

先生　ポイントは、非課税売上げに対応する課税仕入れがいくらあるかだよ。

一郎　？？

先生　要するに、土地を売るのに直接かかった経費のことだけど——そんなのほとんどないんじゃないかな。

一郎　ええ、そういえばそうですね。仲介手数料とか、登記の費用とか……たいした金額ではないですね。

一括比例配分方式は不利

先生　一括比例配分方式の計算でいけば、非課税売上げの割合が$\frac{6,000万円}{1億6,000万円}=0.375$だから、土地売却に対応する課税仕入れは、8,000万円×0.375＝3,000万円。実際には、土地売却の直接経費がこんなにはかからないよね。

一郎　そうか！　分かりました。一括比例配分方式だと、すべての経費を同じ割合で課税と非課税に按分してしまうから不利なんですね。

先生　よく登場する非課税売上げは、土地や有価証券の売却、住宅家賃、受取利息などだけど、こういう売上げを上げるのに要する経費って、通常あまりないんだね。だから、個別対応方式で計算するほうが、一般的に節税になるね。

課税売上げ対応	共通対応	非課税 売上げ対応
仕入税額控除		控除不能

〈一括比例配分〉

課税売上割合で按分	
仕入税額控除	控除不能

両方式の選択は自由

一郎 じゃあ、個別対応方式で計算すればいいんだ。どちらを選択してもいいんでしょう？

先生 うむ。むしろ原則は個別対応方式で、一括比例配分方式は例外。それと、一括比例配分方式を選択したときは、以後2年間は変更できないことになってるから要注意だよ。

一郎 先生、個別対応の計算って、具体的にどうするんですか？

先生 課税仕入れの項目をひとつずつ、課税売上げ対応分、非課税売上げ対応分、共通分に区分しなければならない。たとえば、課税売上げ対応分だけ抜き出して残りをすべて共通分扱い、こんなラフなやり方ではダメなんだよ。

一郎 ふーん、面倒なんですねえ。

先生 それができないなら、一括比例配分方式で計算せざるを得ないね。

一郎 なるほど。

株式売却額は5％だけ計上

先生 少し話を戻して、課税売上割合の計算のことなんだけど……。

一郎 大きい方が有利ですよね。

先生 節税のため何とか大きくなるように計算したいところだけれど、ネックになるのが、土地と株式の売却なんだね。

一郎 はあ。

先生 どちらも非課税項目だけど通常、取引する金額が大きいんだね。たまたまこんなのが入ると分母がふくらんで、課税売上割合がうんと小さくなってしまう。

一郎 そうですよねえ。

先生 そこでまず、株式など有価証券の売却に関しては、課税売上割合の計算をするとき、売却額の5％相当額だけ分母に入れればいい、ということになってるよ。

一郎 へーえ、そうなんですか。

課税売上割合に準ずる割合が使える

先生　それから土地の売却のほうは、場合によっては、なかったものとして計算することもできる。

一郎　え、そんなことできるんですか。

先生　「課税売上割合に準ずる割合」というのがあって、通常のやり方だと不合理な場合に、別の方法で計算することが認められているよ。

一郎　ふーん、不合理な場合といいますと？

先生　たまたま土地を売ったという場合だね。本業の実体には変更がない場合で、具体的には、過去３年間の課税売上割合の最高・最低の差が５％以内、というのが条件だよ。

土地売却額は無視？

一郎　はあ。で、その場合、どういう計算になるのですか？

先生　前期の課税売上割合か、あるいは過去３年間を通算した課税売上割合で計算できる。

一郎　じゃあ、土地の売却はなかったものとして計算できるんですね。

先生　そういうこと。

一郎　へーえ、すごいこと節税になりますね。

その年中に届出と承認

先生　ただし伊呂波くん、このやり方でやろうと思ったら、事前に税務署に届出をして承認を受けておかなきゃならないよ。

一郎　おや、そうなんですか。いつまでに？

先生　土地を売ったその年の期末までに承認を受けなければならない。承認がおりるのに１～２か月はかかるから、早めに届け出ないとね。

一郎　なるほど、急がなきゃ。

調整対象固定資産の取扱いがある

先生　では、仕入税額控除の計算で最後に、すこしややこしい話をしておくね。

爽香　まだ、あるんですか……。

先生　まあ、実務であまり出てこないケースだけど、こういうのも頭の片隅に入れておこう。「調整対象固定資産」って聞いたことあるかな、伊呂波くん。

一郎　ええと——課税売上割合があとで著しく変わった場合……。

先生　そうそう、それだよ。高額の固定資産を買って大きな税額控除——課税売上高が５億円以下として、その年は課税売上割合が95％以上あるから、全額控除で大きな節税ができた。ところが、その翌年から課税売上割合が激減。その場合、最初の税額控除を過大とみて、後の年度で取り戻し……ざっとこういう話だね。

爽香 あとになってから税金を納めることになるの？ ひどいわ、そんなの。

先生 固定資産は長い年月使うからね。消費税では減価償却の概念がないから、代わりにこういう取扱いが設けられているんだよ。

［設例１］

令和４年中に仕入れた調整対象固定資産の仕入税額が100万円ありました。

同年以後３年間の課税売上割合の状況は次のとおりです。

	４年	５年	６年	計
課税売上高	2,900万円	3,100万円	3,300万円	9,300万円
総売上高	3,000万円	9,200万円	9,500万円	21,700万円
課税売上割合	96%	33%	34%	42%

［計算］

次のそれぞれのケースで①・②のいずれにも該当するとき、調整計算しなければなりません。

〈著しく増加した場合〉

① $\dfrac{\text{通算の課税売上割合}-\text{仕入れた課税期間の課税売上割合}}{\text{仕入れた課税期間の課税売上割合}}\geqq 50\%$

② 通算の課税売上割合－仕入れた課税期間の課税売上割合≧５％

〈著しく減少した場合〉

① $\dfrac{\text{仕入れた課税期間の課税売上割合}-\text{通算の課税売上割合}}{\text{仕入れた課税期間の課税売上割合}}\geqq 50\%$

② 仕入れた課税期間の課税売上割合－通算の課税売上割合≧５％

この設例では、著しく減少した場合に該当します。

$$\frac{96\%-42\%}{96\%}=56\%\geqq 50\%$$

$$96\%-42\%=54\%\geqq 5\%$$

そこで、令和６年分の仕入税額控除額から次の金額を控除します。

ⓐ 令和４年分の税額控除額：100万円

ⓑ 通算の税額控除額：100万円×42％＝42万円

ⓐ－ⓑ＝58万円

事務所を居住用に
転用すれば税額控
除の取り戻し

一郎 逆に、課税売上割合が増加する場合もありますよね。

先生 そうそう。その場合は、あとの年度の控除税額にプラスされるんだね。同様の取扱いが、課税業務用と非課税業務用の間で転用される

　場合にも設けられているよ。

一郎　何ですか、それ？

先生　事務所用の賃貸ビルを買った。事務所用だから課税売上げ対応で全額税額控除——ところがその後、そのビルを住宅用に変更。そうなると最初の税額控除は、本来はできなかったじゃないか、ということで後の年度で取り戻し。

[設例２]

　令和４年４月10日に事務所用建物を１億3,200万円（うち消費税1,200万円）を購入し、同年分の消費税計算で1,200万円の全額を仕入税額控除に計上しました。

　その後この建物を、令和５年６月20日に住宅用に転用しました。

[計算]

　仕入れた日から３年以内に転用したときは、転用の時期に応じてその期間の税額控除額から控除します。控除しきれないときは、その期間の納付税額に加算します。

　　・１年以内……調整対象税額の全額

　　・２年以内……調整対象税額の$\frac{2}{3}$相当額

　　・３年以内……調整対象税額の$\frac{1}{3}$相当額

　この設例では２年以内に転用しているので、令和５年分の消費税計算で次の金額だけ仕入税額控除額をマイナスします。

　　　1,200万円$\times\frac{2}{3}=$800万円

一郎　なるほど、そういうのもあるのですか。

先生　これも逆に、買った時は非課税業務用で税額控除しなかったけれど、そのあと課税業務用に変更というケースもあって、その場合は控除税額が増えることになる。

一郎　損と得と、両方あるんですね。

100万円以上の固定資産につき３年間で調整

先生　こういう扱いを受けるのは、取得価額が税抜きで100万円以上の固定資産で、その後３年間で調整することになってるから、そういうケースに出くわしたら気をつけることだね。

　この調整対象固定資産に関して、もう一つだけ話があるんだけど……大丈夫かな、爽香くん。

爽香　わたしもう、頭がはちきれそう……。

先生　うーん、困ったね。じゃあこの続きは、またあとで、免税事業者のところ（P.63）で説明しよう。

爽香　お願いしまーす。

⑷　仕入税額控除の要件

帳簿と領収書を保存

先生　じゃあ次に、消費税の計算で仕入税額控除を行うためには条件がある、という話に移ろう。

一郎　帳面にきちんとつけて、領収書を保存しておかなきゃならないんですよね。

先生　うむ。まず、"帳簿" と "証拠書類" の両方を保存することが、要件その1だね。

一郎　先生、証拠書類ってどんなものが必要なんですか？

先生　請求書、領収書、納品書などだね。

一郎　保存期間は5年ですか？

先生　いや、申告期限から7年間保存しなきゃならない。5年目までは必ず両方、6、7年目はどちらか一方だけでもいい、とされているね。

やむを得ない理由があれば領収書なしでもOK

一郎　先生、領収書をもらえないものはどうなるんですか。

爽香　自動販売機で買い物したら、領収書なんてないわ。

先生　そうだね。そこはひとつ取扱いが設けられていて、金額が3万円未満のものは帳簿の記載さえあればいい、となってるよ。

爽香　3万円以上のものは？

先生　領収書を受け取らなかったことにやむを得ない理由があれば、帳面にその理由と仕入先の住所が書かれていればいい、という扱いだね。

帳簿には4つのことを記載

一郎　先生、帳面には何を書かなきゃならないか、決まってましたね。

先生　うむ、4つのことを書かなければならない。

　①　（誰から）相手方の氏名
　②　（いつ）仕入れ年月日
　③　（何を）資産または役務の内容
　④　（いくらで）支払い対価の額

一郎　どれか一つでも書いてなかったら税額控除はなし、ですか。

先生　法律にそういう条文があるから、そういうことだね。年月日（②）と金額（④）は必ず書くだろうから大丈夫だけど、相手先（①）と取引の内容（③）に関しては、横着してどちらか一方しか書かない場合もあるから要注意だね。

一郎　気をつけなきゃ。

領収書の記載事項も法定化

先生　仕入税額控除の適用要件で、あともうひとつ。領収書などの証拠書類についても記載事項が決まっていて、5つのことが書かれていな

きゃならない。

①　（誰が）作成者の氏名

②　（誰に）交付を受ける事業者の氏名

③　（いつ）取引の年月日

④　（何を）資産または役務の内容

⑤　（いくらで）対価の額

一郎　帳簿の記載要件と、ほとんど同じですね。

先生　うむ。②の受取人の氏名以外は同じだね。帳簿にしても領収書にしても、面倒だけどこれだけのことをしなきゃ、仕入税額控除はできないことになってるから気をつけて。

一郎　たいへんだなあ。

（注）令和5年10月1日から、複数税率に対応した仕入税額控除の方式として、インボイス制度（適格請求書等保存方式）が導入されます。仕入税額控除を行うためには、登録事業者から交付を受けたインボイスが必要となります。インボイス制度の詳細は、P.80以下をご覧ください。

3 納税義務の免除

**1,000万円以下の
事業者は免除**

先生 ではテーマを変えて――爽香くん、消費税には免税点がある、という話を前にしたよね。

爽香 ええ。売上げが1,000万円以下なら納めなくていいんでしょう。

先生 1,000万円以下かどうかは、基準期間で判定するんだったね、覚えてる？

爽香 はい。2年前の期間でした。

先生 そう。具体的には個人と法人で、それぞれこんな具合に判定することになるね。

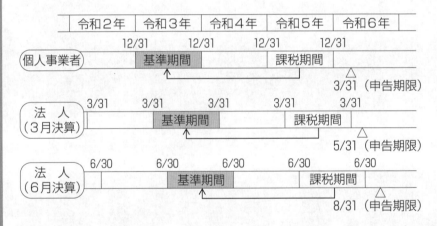

**個人事業者は
令和3年が
基準期間**

爽香 個人だと令和5年に関しては、3年分の売上高が1,000万円以下、ってことね。

先生 正確にいえば、課税売上高が1,000万円以下、だね。

爽香 あ、そうよね。

先生 決して、損益計算書の売上高だけで判断するんじゃないから、気をつけて。

爽香 非課税の売上げなんかを調整しなければならないのね。

**基準期間が
１年未満のとき
どうする**

先生 ところで、基準期間が開業初年度のときは、売上高を年換算しな
きゃならないよ。

一郎 １年間通じて営業してないときですね。やはり１年分の売上げに
換算するんですか。

先生 うむ。法人と個人で取扱いが違うんだけど――まず、法人の場合
は伊呂波くんの言うように、基準期間の売上高を年額に換算しなきゃ
ならない。こういう計算だね。

$$売上高 \times \frac{12月}{月数} = 年間売上高$$
$$（１月未満切上げ）$$

たとえば、６月10日設立の３月決算会社で、初年度の売上高が900万
円なら、

$$900万円 \times \frac{12}{10} = 1,080万円$$

爽香 ふーん、900万円でも消費税がかかってくるのね。

先生 そう。年間売上高が1,000万円以下だけど、免税事業者にはならな
い。

一郎 先生、個人事業者は違うんですか？

先生 うむ。個人の場合は換算せず、その年の売上高そのままで判定す
ればいいんだよ。

一郎 じゃあ、個人は初年度が900万円だったら、３年目は消費税を納め
なくていいんですね。

**免税期間は
税込み金額で
判定**

先生 そういうこと。ところでこの1,000万円って、税込みと税抜きのど
ちらの金額なんだろう。

一郎 そりゃあ、課税売上高だから税抜きでしょう。

先生 いや、そうでもないんだね。基準期間の令和３年が免税事業者の
場合、３年分の売上高は税込みで見るんだよ。

一郎 ？？

先生 免税事業者なら消費税がかかってないんだから、たとえ10％上乗
せでお金をもらっていても、それは消費税とは見ないんだね。

一郎 ふーん、10％を抜き出さないで、1,000万円以下かどうか判断する
のか……。

納税義務が あるかないか 基準期間の 売上高いかん	**爽香** あの、初歩的な質問ですけど……3年が1,000万円を超えてたら、5年の売上げに消費税がかかるんですよね。 **先生** うん、そうだよ。 **爽香** 5年が、たとえ1,000万円以下でも？ **先生** そうだね。消費税を納めなきゃならないかどうか、とにかく2年前の売上高いかんなんだね。 **一郎** 先生、逆に3年が1,000万円以下なら、5年は1,000万円を超えていても納めなくていいですよね。 **先生** うむ、そういうことだね。基準期間が1,000万円以下でさえあれば、その年（課税期間）にたとえ1億円、2億円の売上げが上がろうと、消費税は納めなくていいんだよ。 **爽香** ふーん、なんだか変な感じ……。
開業後2年間は 消費税が かからない？	**先生** まあ、基準期間という概念を設けているから、そういうことになるんだね。 　ところで爽香くん、開業後2年間は消費税がかからないんだけど、どうしてだか分かる？ **爽香** え？　どうしてかしら。 **先生** 開業初年度の2年前というと……。 **爽香** まだお商売していない……あ、そうか！　基準期間の売上高がゼロ。 **先生** そうだね。1年目と2年目は基準期間そのものがない。平成5年目からようやく基準期間が登場して、1,000万円を超えるかどうかの判定が始まるんだね。 **爽香** 2年間も目をつぶってくれるだなんて、消費税って太っ腹なのね。
前年上半期の 課税売上げが 1,000万円超なら 課税	**先生** そうだね。だけど税収不足でそうもいかなくなったのか、平成23年度の改正で、少し取り立てが厳しくなったよ。 **爽香** え、どういうこと？ **先生** 開業初年度はいいとして、2年目の上半期、個人だったら1月から6月までの半年間の課税売上げが1,000万円を超えると、その次の年、つまり3年目は消費税がかかる、というふうに変わったんだよ。 **爽香** ふーん、そうなの。 **一郎** 先生、いつからそうなったのですか？ **先生** 平成25年1月からの適用となっていて、個人だったら、たとえば令和5年分の消費税に関して、その基準年度の3年分が1,000万円以下であっても、前年の4年上半期の課税売上げが1,000万円を超えている

と、5年は消費税を納めなければならなくなった。

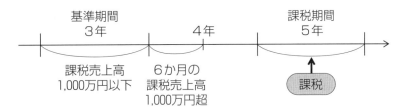

基準期間
3年

4年

課税期間
5年

課税売上高
1,000万円以下

6か月の
課税売上高
1,000万円超

課税

一郎　法人は、いつからなんですか。

先生　平成25年1月1日以後に開始する課税期間からで、25年12月期決算の会社が適用第一号だったね。

一郎　なるほど。

**給与額で
判定することも
できる**

先生　それから、この話には続きがあって、前年上半期の売上高の代わりに"給与額"で判定ができることになっている。

一郎　はあ、どういうことでしょう？

先生　売上高の中から、課税分を選り分ける作業は大変だろうから、その半年間の給与支払額を課税売上高とみていい、という取扱いが設けられているんだよ。

一郎　ほう、そうなんですか。

爽香　あの、課税売上げが1,000万円を超えてるのがはっきりしていても、それでいいの？

先生　いいんだよ。たとえ課税売上高が数千万円あっても、給与額が1,000万円以下だったら、その翌年は免税事業者扱いが認められる。

**資本金1,000万円
以上の法人は
初年度から納税**

一郎　あの、先生、法人の場合は設立の最初の年から、課税事業者なんでしょう？

先生　そうそう——資本金が1,000万円未満なら個人と同じ扱いだけれど、1,000万円以上の法人は、基準期間がなくても開業初年度から消費税がかかってくるね。

　　伊呂波くん、この取扱いのせいで妙なことになる場合があるよ。

一郎　はあ？　どういうことです？

先生　資本金が1,000万円以上の会社を作って、設立後2年間は準備期間でほとんど売上げがなかった。3期目から本格稼動で順調に売上げが上がりだした、というケースだね。どうだろう、伊呂波くん。

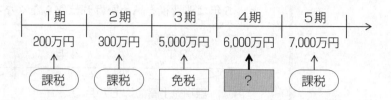

1期	2期	3期	4期	5期
200万円	300万円	5,000万円	6,000万円	7,000万円
課税	課税	免税	？	課税

**3期目からは
通常どおりの
判定**

一郎 うーん、資本金が1,000万円以上だから、1期目から消費税がかかるんでしょう。じゃあ、ずっと納め続けるんじゃないですか？

先生 ところがこの会社、4期目はともかくとして、3期目は納めなくていいんだよ。5期目からはまた納めることになるけどね。

一郎 え、どうして？

先生 基準期間がなくても課税、という取扱いは1期目と2期目だけに適用——3期目からは通常どおり、2期前の売上高で判定するんだよ。

一郎 あ、そうか！ 1期目と2期目は売上げが1,000万円以下だから……。

先生 それから4期目がどうなるかは、その前年（3期目）の上半期の課税売上高いかんだね。

一郎 あ、そうか。3期目の上半期の売上げが1,000万円を超えていたら、課税事業者になってしまうんですね。

先生 4期目が平成24年中に開始している期間なら免税だったんだけど、25年1月1日以後に開始する期間からは、新しい取扱いがそのまま適用となったんだね。

一郎 先生、売上げが1,000万円を超えていても、給与が1,000万円以下なら免税事業者でいいんですよね。

先生 そういうことだね。まあ、こういうことも起こり得る、という話だよ。それから、資本金が1,000万円未満でも免税事業者になれないケースが、もう一つあってね。

爽香 まだ、あるんですかあ——わたしもう、頭がいっぱいだわ。

**特定新規設立法人
は免税事業者に
なれない**

先生 例外規定のお話は、これが最後だよ。もうすこし辛抱してね。
　平成24年度の改正で、年間の課税売上高が5億円を超える会社の子会社には、設立当初の2年間は免税事業者の規定は適用しない、という取扱いができたんだよ。

一郎 資本金が1,000万円未満でも、1年目から消費税を納めなきゃならないのですね。

先生 うむ、「特定新規設立法人」といって、大企業がバックにある会社には、零細事業者としての救済措置は不要、という趣旨だね。

一郎　資本金が1,000万円以上の会社と同じ扱いをする、ということですか。

先生　そういうこと。では最後に、免税事業者も納税義務者になれる、という話をしておこうか。

免税事業者には還付がない

一郎　課税事業者の選択届けの話ですね。

先生　うむ——爽香くん、免税事業者は税金を納めなくていいけど、それって不利な場合があるんだよ。

爽香　？？

先生　納税義務を免除するってことは、税金を納めなくていい代わり、還付もされないという意味なんだね。

爽香　還付？　あ、そうか——仕入れ分の消費税が多すぎたら戻ってくるのね。

先生　そう。建物や機械など大きな買い物をしたとき、売上高×10％−仕入高×10％の計算で、答えがマイナスになったら、本来は還付だよね。

爽香　ええ、そうでしたね。

先生　ところが免税事業者の場合、消費税法の規定が一切適用されないから、納税だけでなく還付の話も関係なし。

爽香　ふーん、とても損だわ、そんなの。

届出すれば課税事業者になれる

先生　だね。そこでひとつ取扱いがあって、基準期間の課税売上高が1,000万円以下でも、手をあげて課税事業者になる道が開かれているんだよ。

爽香　手をあげて？

先生　さっき伊呂波くんが言ってた、「課税事業者選択届出書」（P.269）というのを税務署に提出すれば、還付を受けることができる。

爽香　ああ、よかった。

課税期間の開始前に届出

先生　ただし、実務的に気をつけるべきは、この届出書は課税期間が始まる前に提出しなきゃならない、という点だよ。

爽香　というと……。

先生　たとえば、令和３年が1,000万円以下なので令和５年は免税事業者になるけれど、その年に大きな買い物をして還付を受けたいという場合、令和４年12月31日までに届出書が提出されていなければならない。

爽香　ふーん、その年（令和５年）に入ってからでは遅い？

先生　そう。前年中に、ということだよ。

一郎　先生、それってなかなか難しいですよね。

先生　そうだね。来年どうするか、あらかじめ見通してなきゃならないからね。

爽香　何か救済策はないんですか？

一郎　そりゃあ、ダメだよ。法律でそうなってるんだから。

救済策は課税期間の短縮届出書

先生　いや、何とかならなくもない。

爽香　さすが、大先生！

一郎　え、大丈夫なんですか、そんなこと言って？

先生　ウルトラCをひとつご披露しようかね——課税期間の短縮届けを出すことだよ。

爽香　なあに、それ？

先生　課税期間は通常1年間だけど、例外があったね、伊呂波くん。

一郎　え、ええ——1か月または3か月に短縮できます。

先生　そうだね、それを利用すればいい。

一郎　といいますと？

短縮届と同時に課税事業者を選択

先生　たとえば5年の10月になって大きな買い物をすることになった。その分の消費税の還付を受けるには、前年（4年）中に選択届を出すべきだったけれど出していない。そこで買い物の直前の9月末に、課税期間の「短縮届」（P.273）と一緒に、課税事業者の「選択届」（P.269）を提出する。

一郎　……。

先生　この届出をすれば、課税期間が3か月間、つまり10月～12月に切り替わるんだね。

一郎　なるほど！　課税期間を10月以降に切り替えて課税事業者になれば、還付が受けられる。こりゃあいいや。

選択後は2年間変更できない

爽香　その短縮届も事前に出さなければならないのね。

先生　そう。10月から短縮したければ、9月末までに提出しなきゃならない。それから、課税期間の短縮や課税事業者を選択したとき、その後2年間は元に戻れないから気をつけて。

爽香　元に戻れないって、どういうこと？

先生　課税期間を1年から3か月に切り替えたら、その後2年間は3か月のまま。それから、免税事業者から課税事業者になったら、これまたその後2年間は課税事業者のまま、ということだよ。

一郎　2年間は3か月ごとに申告し続けなければならないんですね。

| 調整対象固定資産については3年間継続 | 先生　そういうこと。ところで、この「2年間継続」については一つ例外があって、"調整対象固定資産"を取得したときは、2年ではなく3年間継続しなければならない。 |

調整対象固定資産については3年間継続

先生　そういうこと。ところで、この「2年間継続」については一つ例外があって、"調整対象固定資産"を取得したときは、2年ではなく3年間継続しなければならない。

爽香　その、調整なんとかかって、前に出てきたわね。

一郎　爽香くんが、さっき（P.53）うんざりしてた話だよ。

爽香　ああ、あれね。3年たったら、また消費税がかかってくるっていう……。

先生　そうそう。あの話に、もう一度戻るね。実は、10数年前に"自販機事件"というのが社会問題化したんだけど、聞いたことあるかな、伊呂波くん？

一郎　うーん、賃貸アパートを建てて、そこに自動販売機を置くことで節税できる、というような話だったかなあ……。でもその後、規制されたんですよね。

先生　そう。平成22年度に改正があって、今はそういうやり方はできなくなった。

爽香　なんだか、おもしろそうなお話ね。

課税回避行為を規制するための措置

先生　アパートを建てて、その建築代金の消費税の還付を受けようとして流行った手法なんだけど——アパートの家賃は居住用で非課税だから、そのままでは還付が受けられない。たとえ課税事業者の選択をしても、課税売上割合が0だったら、仕入税額控除できる金額は出てこないんだね。

爽香　まあ、そうね。

先生　そこで、工事代金を支払う直前に、自動販売機を設置して課税売上げを創り出す。そこでアパート経営の1年目は、家賃収入がまだ入らなくて自販機売上だけが計上されるから、課税売上割合は100％となって、建物仕入れの消費税を全額還付してもらう。

爽香　ふーん。

3年後に税額控除の取り消し

一郎　でも先生、家賃が入りだしたら課税売上割合がうんと小さくなって、さっきの［設例1］（P.52）のように、3年目に税額控除が取り戻されるんでしょう？

先生　放っておくとそうなってしまう。そこでそうなる前に、免税事業者に戻ってしまう。課税事業者を選択した後、2年経ったら取り下げることができるんだったね。

一郎　あ、そうか。3年目の時点では免税事業者だから、取り戻し計算はしなくていいのか……。

先生　でも、そういうやり方はフェアじゃないから、規制されてしまった。つまり、課税事業者の選択届を出している場合で、調整対象固定資産に該当するものを買ったときは、その後３年間は免税事業者に戻れない、という取扱いになったんだよ。

一郎　なるほど、そういうことだったんですか。

令和２年度改正でさらに規制

先生　そういうかたちで脱税話は決着したはずだったんだけど……世の中、いろいろ知恵者がいて、その後また新たな節税スキームが流行りだしてね。

爽香　あら、そうなんですか。どういうお話かしら？

先生　名付けて"金地金売却事件"とでもいうのかな、金の売買で課税売上割合をかさ上げするやり方だよ。金の売却は資産の譲渡で課税取引だから、それを繰り返すことで無理やり課税売上げを捻出するんだね。建物取得の初年度だけでなく、２年目、３年目も家賃収入の20倍以上の金売却収入を計上すれば、課税売上割合は95％以上を維持できるから、３年規制も働かず堂々と仕入税額控除が受けられるという話だよ。

一郎　へーえ、すごいこと考えるんですね。

先生　だけど、これも令和２年度の改正でふたをされた。

一郎　どうなったんですか？

外観が居住用であれば税額控除を認めない

先生　金の売買だけ規制しても、この先また何が出てくるか分からない。そこで外観上、居住用であることが明らかな建物には仕入税額控除を認めない、ということにしたんだよ。

一郎　へーえ、思い切った改正ですね。

先生　これまで、いたちごっこが続いたからね。抜本的に規制をかけたというかたちだね。建物の構造とか、賃貸契約書の文面とか、そういったことでとにかく規制してしまう。

一郎　だけど、見るからに居住用でも、事務所として使う場合もあるんじゃないですか。

先生　そうだね。その場合は貸し付けてから３年間の実績で、居住用でない収入があればそれに応じて控除額を調整する、という余地も残されてはいるね。

一郎　なるほど、そうなんですか。

輸出業者のための課税期間短縮

先生　ところで、課税期間の３か月短縮に話を戻して、この届出は本来、輸出業者向けの制度なんだね。

一郎　輸出業者？

先生　うむ。輸出売上げには消費税がかからない。それでも国内仕入れには課税されてるから、仕入税額控除をすれば輸出業者はたいてい還付になるんだね。

一郎　でも、課税売上げがないから、そのままだと免税事業者になって還付が受けられない？

先生　いや、課税売上高には免税売上げも入るんだよ。輸出売上高に０％の税率をかけるのが輸出免税だと、前に説明したでしょう。

一郎　え？……ああそうでしたね。免税と免除は違う、というお話でした。

先生　輸出売上げだけの事業者でも、年間1,000万円を超える売上げがあれば課税事業者にはなるんだよ。

一郎　あ、そうか。申告はしなきゃならないんだ。

**早めに還付を
受けるための
課税期間短縮**

先生　でも、そのままだと申告は年１回しかできない──ということは、それまで還付が受けられない。

一郎　なるほど。それで毎月とか３か月ごとに申告して、早めに還付を受ける道が開かれてるってわけですか。

先生　まあ、輸出業者に限らず、早く税金を返してもらいたい事業者のために、こういう制度が設けられているんだね。

4 　簡易課税制度

（1）　適用要件

課税仕入れの
知識がいらない

先生　では、次に「簡易課税」の説明に移ろう。これは消費税の計算の
中で飛び切り大切な話だから、二人ともしっかり聞いておくんだよ。

一郎・爽香　はい！

先生　何度もいうけど、消費税の計算でとにかくやっかいなのは、仕入
税額控除なんだね。簿記会計とは違う消費税法特有の仕入れ概念を、
正確に理解しなきゃならない。

一郎　課税、非課税、不課税の区別って、難しいですよね……。

先生　よほど力を入れて勉強しないと、隅々までマスターするのは困難
だね。商売の片手間に帳面付けをしているような人には、その区別は
無理かもしれない。

一郎　ほんとですねえ。ケースバイケースでいろんな取扱いがあって、
僕も仕事するとき神経使います。

先生　さあ、そこで簡易課税の出番だよ。これさえ使えば、難しい仕入
れの話はいっさい考えなくていい。

爽香　私にも使えるかしら？

先生　大丈夫！　業種分類さえ間違えなければ、計算の仕方は10分もあ
れば理解できるよ。

爽香　がんばります！

課税売上げ
5,000万円以下の
事業者に適用

先生　計算の説明に入る前に、この制度を利用するための条件が2つ。
　　①　基準期間の課税売上高が5,000万円以下であること
　　②　この制度の選択届出書（P.271）を事前に税務署に提出している
こと

爽香　ふーん。2年前の売上げが5,000万円を超えているとダメなのね。

	令和3年	令和4年	令和5年	令和6年	令和7年	

個人事業者 : 12/31　基準期間　12/31　5,000万円以下　12/31　12/31　簡易課税適用

法　人（3月決算） : 3/31　3/31　基準期間　3/31　5,000万円以下　3/31　3/31　簡易課税適用

法　人（6月決算） : 6/30　6/30　基準期間　6/30　5,000万円以下　6/30　6/30　簡易課税適用

先生　そう。前にも説明したけど、益税問題があってね——最初は5億円までOKだったけれど、法律改正で限度額が徐々に引き下げられて、今は5,000万円になってるね。

**前期末までに
選択届を提出**

一郎　届出の期限は、課税事業者の選択と同じように前期末まで、なんですね。

先生　そうだね。それから爽香くん、この届出は取り下げの届出をするまで有効だよ。

爽香　はあ。

**選択不適用届を
出すまで有効**

先生　選択届を出したあと、基準期間の課税売上高が5,000万円を超えたら、その年は簡易課税は使えないから、「原則課税」で通常どおり仕入税額控除の計算をしなきゃならない。

爽香　ええ、そうですね。

先生　そのあと、基準期間の売上げがまた5,000万円以下になったとき、最初の簡易課税の選択届が生きているということだよ。

爽香　あ、そうか。提出し直さなくても、簡易課税で計算できるのね。

（2）　みなし仕入率

**業種ごと
お仕着せの
仕入れ割合**

先生　では、計算方法の話に入って——この特例だと、6つの業種ごとに決めた「みなし仕入率」を使うことができる。

事業区分	該当事業	みなし仕入率
第1種事業	卸売業	90%
第2種事業	小売業	80%
第3種事業	製造業等	70%
第4種事業	その他の事業	60%
第5種事業	サービス業等	50%

第6種事業	不動産業	40%

（注1）第3種には、建設業、水道業、農業、林業などを含む。

（注2）第4種は第1種〜第3種、第5種、第6種以外の事業で、たとえば飲食店業などが該当する。

（注3）第5種は、サービス業（飲食店業は第4種）、運輸・通信業、金融・保険業をいう。

詳しくは
日本標準産業分類
に従う

一郎 第4種が"その他"なんですね。

先生 うむ、仕入率がサービス業や不動産業より高いので順番が先になってるけれど、要するに、卸売、小売、メーカー、サービス業、不動産業以外の業種が、ひとくくりで第4種になってるね。

爽香 うちの事務所はどれなんですか？

先生 会計事務所はサービス業だから第5種だよ。

一郎 業種分類の一覧表みたいなのがありましたね。

先生 うむ。総務省が出している「日本標準産業分類」というのがあって、もし判断に迷うケースがあれば、それを参考にすればいい。

　さて本題に戻って、この簡易課税のやり方だと、実際の課税仕入れ分の消費税を計算しなくていいんだね。

課税売上高から
納税額を一律に
計算

一郎 売上高にこの仕入率をかけた金額が、仕入高になるんですね。

先生 前にも説明したけど、こういう計算だね。

課税売上高×10%−（課税売上高×みなし仕入率）×10%＝納付税額

この式を展開するとこうなって、

課税売上高×（1−みなし仕入率）×10%＝納付税額

結局、課税売上高さえ把握できたら、納税額が求まるんだね。

爽香 なるほど、簡単ね。わたしにもできそう……。

先生 じゃあ爽香くん、たとえば小売業で、課税売上高が1,500万円ならどうなるかな？

爽香 ええと——1,500万円×（1−80%）×10%＝300万円×10%＝30万円、ですか？

先生 そう、それでいいんだよ。別の観点からこういう計算もできるね。

　　1,500万円×（1−80%）×10%＝1,500万円×20%×10%
　　＝1,500万円×2%＝30万円

爽香 ええ、そういえばそうね。

納税額は
課税売上高の
１％～６％

先生　この別解の方で、６つの業種をまとめるとこうなるね。

業　　種	計　算　過　程	納付税額
第１種（卸売業）	売上高×10％－（売上高×90％）×10％ ＝売上高×10％×10％	売上高×１％
第２種（小売業）	売上高×10％－（売上高×80％）×10％ ＝売上高×20％×10％	売上高×２％
第３種（製造業等）	売上高×10％－（売上高×70％）×10％ ＝売上高×30％×10％	売上高×３％
第４種（その他）	売上高×10％－（売上高×60％）×10％ ＝売上高×40％×10％	売上高×４％
第５種（サービス業等）	売上高×10％－（売上高×50％）×10％ ＝売上高×50％×10％	売上高×５％
第６種（不動産業）	売上高×10％－（売上高×40％）×10％ ＝売上高×60％×10％	売上高×６％

一郎　なるほど。売上高に対して１％刻みで計算できるんですね。

(3)　兼業の取扱い

テイクアウトは
第３種事業

先生　通常の場合、以上の説明で計算できるんだけど、ついでに少し特殊なケースとして、一人の事業者が２つ以上の事業を兼ねている場合のことにふれておくね。

一郎　ああ、何かややこしい計算式がありましたね。

先生　たとえば外食レストランで、テイクアウト（持ち帰り）もやってるとするね。このとき業種分類は、店内飲食は第４種だけど、テイクアウトの部分は第３種（製造業等）になるんだね。

一郎　おや、そうなんですか。

先生　となると、みなし仕入率として60％と70％のどちらを使うのか、だね。

一郎　はあ、どうなるんです。

加重平均で
みなし仕入率を
計算

先生　こういう計算式でみなし仕入率を求めることになっている。

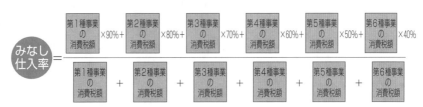

爽香　なんだか難しそう……。

先生　そうでもないよ。要するに、それぞれの売上げに対する消費税の金額をもとに、加重平均でみなし仕入率を計算しているだけだから。具体的に計算してみようか。

[設例１]

業　　　種	課税売上高	消費税額
テイクアウト（第3種 70%）	500万円	40万円
店　内　飲　食（第4種 60%）	1,200万円	120万円
合　　　計	1,700万円	160万円

[計算]

（みなし仕入率）

$$\frac{40万円 \times 70\% + 120万円 \times 60\%}{40万円 + 120万円} = 62.5\%$$

（仕入税額控除の金額）

160万円 × 62.5% = 100万円

（納付すべき消費税額）

160万円 − 100万円 = 60万円

一郎　先生、テイクアウトは軽減税率の８％なんですね。

先生　そうだね。店内飲食は標準税率の10％だけど、飲食料品には軽減税率が適用されるね。軽減税率のことは、あとで詳しく説明するとしよう。

一郎　はい。

特例計算もある

先生　さて、以上が原則的な計算方法だけど、例外的な取扱いが３つあって、その話もついでにしておくね。

爽香　簡単にお願いしまーす。

先生　分かった、わかった。こういう場合の話だよ。

　　　（特例１）　１事業の課税売上高が75％以上の場合
　　　（特例２）　２事業の合計の課税売上高が75％以上の場合
　　　（特例３）　事業ごとの課税売上げを区分経理していない場合

　まず（特例１）は、複数の事業のうち１つの事業の課税売上高が全体の75％以上あるときで、この場合、その事業のみなし仕入率を全体に適用してもいいことになっている。

売上げ75%以上の業種の仕入率で計算

[設例2]

業　種	課税売上高（割合）	消費税額
卸　売　業（第1種 90%）	200万円　（6.6%）	20万円
小　売　業（第2種 80%）	2,500万円（83.4%）	250万円
駐車場業（第6種 40%）	300万円（10.0%）	30万円
合　　計	3,000万円（100%）	300万円

[計算]
　(1)　原則計算

　　　（みなし仕入率）

$$\frac{20万円 \times 90\% + 250万円 \times 80\% + 30万円 \times 40\%}{20万円 + 250万円 + 30万円} = 76.6\%$$

　　　（仕入税額控除の金額）

　　　　300万円×76.6%≒230万円

　(2)　特例計算

　　　（みなし仕入率）

　　　　第2種の売上高が83.4%（75%以上）あるので、全体に第2種の仕入率（80%）を適用

　　　（仕入税額控除の金額）

　　　　300万円×80%＝240万円

爽香　特例計算のほうがたくさん控除できるわね。

先生　そうだね。じゃあ、こういう場合は、どうだろう。

特例が不利な場合もある

[設例3]

業　種	課税売上高（割合）	消費税額
卸　売　業（第1種 90%）	450万円（15.0%）	45万円
小　売　業（第2種 80%）	2,500万円（83.4%）	250万円
駐車場業（第6種 40%）	50万円　（1.6%）	5万円
合　　計	3,000万円（100%）	300万円

[計算]
　(1)　原則計算

　　　（みなし仕入率）

$$\frac{45万円 \times 90\% + 250万円 \times 80\% + 5万円 \times 40\%}{45万円 + 250万円 + 5万円} = 80.8\%$$

　(2)　特例計算

　　　（みなし仕入率）

第2種の売上高が83.4%（75%以上）あるので、全体に第2種の仕入率（80%）を適用

爽香 あら、原則計算のほうが、仕入率が高い……。

先生 そうだね。常に特例が有利とは限らないんだよ。じゃあ、次に（特例2）の話だよ。これも計算例で説明するね。

2事業で
75%以上のときは
別の特例

[設例4]

業　　種	課税売上高（割合）	消費税額
卸　売　業（第1種 90%）	1,500万円　（50%）	150万円
小　売　業（第2種 80%）	1,200万円　（40%）	120万円
駐車場業（第6種 40%）	300万円　（10%）	30万円
合　　計	3,000万円（100%）	300万円

[計算]
(1) 原則計算

（みなし仕入率）

$$\frac{150万円 \times 90\% + 120万円 \times 80\% + 30万円 \times 40\%}{150万円 + 120万円 + 30万円} = 81\%$$

（仕入税額控除の金額）

300万円 × 81% = 243万円

(2) 特例計算

（みなし仕入率）

第1種と第2種の合計の売上高が90%（75%以上）なので、そのうち仕入率の高い第1種にはその仕入率（90%）を適用し、低い第2種の仕入率（80%）を他の事業（第6種）にも適用して加重平均。

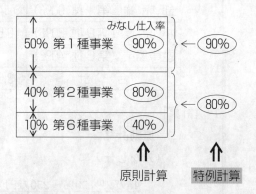

$$\frac{150万円 \times 90\% + 120万円 \times 80\% + 30万円 \times 80\%}{150万円 + 120万円 + 30万円} = 85\%$$

（仕入税額控除の金額）

300万円 × 85% = 255万円

爽香　なるほど。少し複雑だけど、分からなくもないわ。

一郎　第6種の仕入率が、40%から80%に上がる分だけ有利なんですね。

先生　そういうこと。この75%特例の話はけっこうややこしくて……いまの例だと、75%以上になるのは第1種と第2種の合計しかないけど、ケースによって組み合わせが複数あって、どういう使い方をすれば一番トクになるのか、いろいろ検討しなきゃならない場合もあるよ。

爽香　ふーん、ややこしそう。

**工夫しだいで
さらに節税が可能**

先生　伊呂波くん。実は、さっきの［設例2］には、もっとうまい特例の使い方があるんだよ。

一郎　はあ、どういうことですか？

先生　第1種と第2種の合計で、売上高が75%を超えているよね。

一郎　ええ、そうですね。

先生　だったら、1事業で75%以上にこだわらず、2事業が75%以上の場合の特例を使ってみれば、どうなるだろう。

一郎　［設例4］のやり方ですね。高いほうの第1種は90%で計算して、残りは第2種の80%を使うから……

（みなし仕入率）

$$\frac{20万円 \times 90\% + 250万円 \times 80\% + 30万円 \times 80\%}{20万円 + 250万円 + 30万円} = 80.6\%$$

（仕入税額控除の金額）

300万円×80.6% ≒ 242万円

爽香　あら、こちらの方がたくさん控除できるわ。でもいいのかしら、勝手にこんな計算をして……。

先生　いいんだよ。一番有利なやり方を選択できることになってるから。

一郎　ふーん、節税って工夫しだいなんですねえ。

**課税売上げを
区分経理してない
と大損**

先生　現実には、こんなにややこしいケースはまれだけど、ま、頭に入れておいて。さて、本題に戻って、最後に（特例3）の取扱いだけど、これって気をつけなくちゃいけないよ。下手するとすごく損する話なんだから。

一郎　課税売上げを区分経理していない場合、ですか。

先生　うむ。いままで説明してきた兼業の場合の計算は、特例も含めすべて、卸売りや小売りなどの売上高が、それぞれ分かっていればこその話だね。

一郎　え、ええ、そうですね。それぞれの消費税に基づいて計算するんだから……。

先生 もし、その区別をしていなかったら、原則計算も特例計算もできない。

一郎 そうですね。どうするんだろう？

先生 殺生な話だけれど、そのときは全部の事業を、一番低い仕入率で計算しなければならない。

一郎 ということは、さっきの計算例だったら……。

［設例5］

業　　種	課税売上高	消費税額
卸 売 業（第1種 90％）	} 3,000万円	} 300万円
小 売 業（第2種 80％）		
駐車場業（第6種 40％）		

［計算］

（みなし仕入率）

　　最も低いみなし仕入率の40％を適用

（仕入税額控除の金額）

　　300万円×40％＝120万円

一郎 へーえ、120万円しか控除できないんですかあ。

先生 卸売りや小売りもやってるから、本当はもっとあるはずなんだよ。だけど、それぞれの金額が分からなければ仕方ない。こういう計算になってしまうんだね。

一郎 そうかあ、正しい記帳って大切なんですねえ。

5　軽減税率制度

(1)　諸外国の軽減税率制度

複数税率は
諸外国で広く導入

先生　じゃあ、次はわりとトピックスな話題で「軽減税率」の話だよ。

爽香　食料品の消費税は８％で済むんですよね、助かるわあ。

先生　そうだね。令和元年10月に複数税率となって、標準税率が10％、飲食料品と新聞には８％の軽減税率が導入されたんだね。

一郎　先生、外国では複数税率が珍しくないようですね。

先生　うむ、イギリスやオーストラリアでは、食料品の税率はゼロらしいね。ヨーロッパでは複数税率が当たり前らしいよ。

爽香　いいなあ、イギリスかオーストラリアに移住しようかしら。

先生　ただし、食料品には無条件で適用というわけではなくて、どこの国も対象品目を細かく決めていて、高級食材や外食は除外しているようだね。

爽香　日本でも、外食は10％ですね。

対象品目の
線引きはあいまい

先生　イギリスでサンドイッチを買うとき、店内で食べればサービスの消費だから、ゼロ税率ではなく標準税率の20％になるらしい。

爽香　へーえ、値段が２割も違うの、イギリスの人も大変ね。

先生　それから、同じ食料品でもチョコレートはぜいたく品として軽減税率が適用されない。

爽香　あら、そうなんですか。イギリスに移住するの止めるわ。

先生　対象品目の線引きはあいまいで、たとえばフランスでは世界三大珍味のうち、フォアグラとトリュフは5.5％の軽減税率だけど、キャビアは20％の標準税率のまま――どうしてだと思う？

爽香　さあ――なぜかしら。

先生　フォアグラとトリュフは国内生産品で、キャビアは輸入品だからだよ。フランスは農業大国だからね、国内の酪農家を保護してるんだね。

爽香　へーえ、そうなの。

先生　それから、マーガリンが標準税率で、バターは軽減税率。

爽香　あら、反対じゃないの。バターの方がぜいたく品なのに……。

先生　バターは酪農品、マーガリンは工業製品——これも酪農家の保護からきてるんだね。

爽香　ややこしいのね。

⑵　軽減税率の導入

軽減税率適用品目の拡大

先生　今のところ日本で軽減税率が適用されるのは、次の2つだけとされているね。

① 飲食料品の譲渡（酒類、外食サービスを除く）

　対象は食品表示法に規定する食品（酒類を除く）で、外食やケータリングで提供されるものは対象外

② 定期購読契約による新聞の譲渡

　一定の題号を用い、政治、経済、社会、文化等に関する一般社会的事実を掲載し、定期購読契約により週2回以上発行されるもの

一郎　この先、対象品目はもっと増えていくんでしょうか？

先生　さあ、どうかね。ただ、さっき言ったように食料品一つをとっても、軽減税率の対象範囲の線引きには困難を伴うから、もし生活必需品全般に軽減税率を、なんてことを言い出したら、この2つ以外にも書籍、医薬品、公共料金、住宅等々、各業界から軽減税率を求める声が押し寄せて、収拾のつかない事態となるだろうね。

一郎　そうですよねえ、消費税計算もややこしくなるし……。

先生　EUのルールでは、軽減税率を2つまで設けることが認められているらしい。標準税率と2つの軽減税率、そこにゼロ税率と非課税品目を別途定める国も多々あって、そうなると事業者も課税サイドも消費税計算が複雑極まりなくって、そうした国々は単一税率の日本がうらやましくてならない、ということを以前聞いたことがあったね。

一郎　うーん、今からでもやめてほしいなあ。

事業者、課税庁ともに事務負担が増大

先生　軽減税率導入の大義名分は、消費税の逆進性、つまり低所得者ほど所得に占める消費税の割合が高いので、これを緩和するためということだったんだね。

一郎　なるほど、一理あるなあ。

先生　だけど一郎くん、軽減税率を導入して低所得者に配慮、と言えば聞こえはいいけど、所得の高い人ほど高級食材を購入するから、軽減

の絶対額はそちらの方が大きくなるよね。

爽香　そうよね、お金持ちが買うお肉は、われわれ庶民が買うものと違うわよ。

先生　軽減税率が本当に逆進性対策に有効かどうか、大いに疑問だね。それと複数税率だと、仕入税額控除の計算を正確に行なうため、ヨーロッパ型の「インボイス方式」の導入が不可欠で、そうなると事業者の事務負担が増大するし、免税事業者の取引排除といった問題も起きかねない。

一郎　それって、来年から導入されるんですね。大変なんだろうなあ。

先生　インボイス方式の話はまた後でするとして、とにかく食料品の軽減税率導入で、多くの事業者に対象品目の仕分けや、レジの改修・取替え、申告納税事務負担の増大が生じたね。

一郎　税務署も大変だろうなあ。

農家の還付申告が
殺到？

先生　軽減税率の導入で、農家は恒常的に還付申告が可能となるね。

一郎　えーと、売上げが８％で、仕入れは10％だからですか。

先生　そう。農家はたいてい、売上げが1,000万円以下の免税事業者だろうね。そういう人が還付を受けるためには――どうするんだったかな、爽香くん。

爽香　え、わたし？　えーと、何だったかしら。

先生　税務署に届出をして……。

爽香　あ、そうか。手を上げて課税事業者になる、でしたね。

先生　そうそう、課税事業者選択届出書（P.269）を提出して、還付申告をすればいい。農協の指導を受けた農家が、かなりの数、申告するかも知れない。しかしそうなると、税務署側も適用対象の食料品に該当するかどうかの判定、あるいは、膨大な還付申告や事後調査に多くの人手を要する事態となりかねないね。

爽香　そうかあ、税務署さんも大変ね。

（3）　税額計算の特例

中小企業にとって
税率ごとの
区分経理は
たいへん

先生　さて、軽減税率の導入で消費税率が複数になって、事業者は税率の異なるごとに取引を区分経理しなければならなくなった。

一郎　面倒ですねえ。

先生　これまでも、税率アップがあるとしばらくの間、複数の税率が混在することがあったけれど、これからは常に複数税率だからね。

一郎　そうですねえ、大変だなあ。

先生　複数税率の導入で令和元年10月1日から、「区分記載請求書等」という書類を作成し保存することが義務付けられたね。

一郎　あ、そうですね。取引ごとに8％と10％のどちらの税率なのかを記載するのですね。

先生　それに基づいて帳簿に適用税率を記載して、その記録に基づいて消費税の計算をするんだね。

一郎　簡易課税ならいいけど、原則課税だとたいへんですね。

簡易課税でも税率ごとの区分計算が必要

先生　いや、簡易課税でも、複数税率になって計算がややこしくなる場合があるよ。たとえば飲食店で、店内飲食のほかにテイクアウトもやってると、次のように税率が複数になるね。

取引内容	事業区分	適用税率	みなし仕入率
店内飲食	第4種事業	10％（標準）	60％
テイクアウト	第3種事業	8％（軽減）	70％

一郎　うーん、どういう計算になるんだろう……。

［設例］

　　店内飲食売上げ：3,500万円、テイクアウト売上げ：500万円

［計算］

　　店内飲食売上げ：3,500万円×10％－3,500万円×10％×60％

　　　　　　　　＝140万円……①

　　テイクアウト売上げ：500万円×8％－500万円×8％×70％

　　　　　　　　＝12万円……②

　　①＋②＝152万円（消費税額）

一郎　そうかあ、けっこう複雑ですねえ。軽減税率が入って、大企業はまだしも中小企業はなかなか大変ですね。

売上税額に簡便計算が認められる

先生　そうだね。そこで区分経理が困難な中小企業（基準期間の課税売上高が5,000万円以下）には、経過措置が設けられているよ。

　　売上税額の計算に関して、令和元年10月1日から令和5年9月30日までの4年間、次のいずれかの割合を軽減税率の売上げとして計算することができる。

　　①　仕入割合基準

$$\frac{軽減税率対象品目の仕入高（税込み）}{全課税品目の仕入高（税込み）}$$

(注) 卸売業・小売業で簡易課税制度を選択していない事業者に
限る。

② 10営業日基準

通常の事業を行なう連続10営業日に関し、

軽減税率対象品目の売上高（税込み）の合計額
全課税品目の売上高（税込み）の合計額

③ 50％基準

単純に売上高の半額を軽減税率の対象とみるやり方

(注) 軽減税率対象品目の課税売上割合がおおむね50％以上の事
業者に限る。

一郎　これなら簡単そうですね。

6 インボイス制度

⑴ インボイス方式とは

課税仕入高の
計算方法に
2つある

先生 それではここで、インボイス方式の説明をしておくね。

一郎 先生、インボイスって送り状のことですよね。

先生 そうだね。もともと貨物の送り状や、商品の発送明細書をインボイスと呼んでるね。消費税がらみでこの言葉を理解するには、まず、消費税計算のしくみが分かっているかどうか―― 一郎くん、消費税はどうやって計算するのだったかな。

一郎 売上×10%－仕入×10%、ですよね。

先生 正確にいえば、課税売上高×10%－課税仕入高×10%、だね。何度も言うけど、実務上この計算で厄介なのは、"課税仕入高"の把握だよ。商品仕入れだけでなく、各種経費の支払いを消費税のかかっているもの、いないものに選り分けなければならない。

一郎 課税、非課税の分類ですね。あ、不課税もあるし……。

先生 そうだね。日本では平成元年の消費税導入以来、その計算を「帳簿方式」で行なってきた。請求書等の証拠書類の保存を条件に、帳簿記録に基づいて課税仕入高を集計するというやり方だね。

一郎 他にやり方があるんですか。

インボイスがない
と仕入税額控除の
適用が受けられな
い

先生 それがインボイス方式だよ。事務処理の簡便性の観点から長年、日本では帳簿方式がとられてきたけれど、税率が複数になると帳簿の記載が複雑になるから、もはやそうもいかなくなるね。

一郎 インボイス方式だったら、楽になるのですか。

先生 課税事業者は、消費税の税率と税額を書いた書類（インボイス）を入手して、その控えを保管しなければならない。そして消費税の税額計算で控除できる仕入税額は、受け取ったインボイスに書かれた税額のみ、ということになるんだよ。

一郎 帳簿記録だけではダメなのですね。

先生 そう。インボイスがないと、仕入税額控除が受けられない。

一郎　ふーん、インボイスって、大事な書類なんですねえ。

先生　そうだよ。単一税率だったら、請求書などに税額が書かれていなくても、仕入税額控除の計算に支障はない。だけど取引ごとに税率が違うとなると、事業者はインボイスがないと事務処理の負担に耐えられなくなって、正確な仕入税額控除の計算ができなくなってしまうね。

**インボイスで
脱税行為を防止**

爽香　あら、それだったら今までも、インボイス方式でもよかったのね。

先生　そう、爽香くんの言うとおりだね。これまで帳簿方式だと、事業者の自主申告に頼っていたから、ときに脱税行為が発覚することもあって、このまま税率アップが続いていくと、国民の不信感が高まる懸念もあった。

爽香　そうよね、私たち消費者が負担している税金ですものね。

先生　その点、取引単位で名寄せができるインボイス方式だったら、売り手が売上げを過少申告するという脱税行為の防止にもなるからね。

一郎　先生、インボイス方式の導入は、来年からなんですよね。

先生　そう。令和5年10月1日から実施、となってるね。それまでに税務署に届け出て登録された事業者だけが、インボイスの発行を認められる。その手続きをしないと、買い手は課税仕入れの税額控除が受けられなくなってしまう。

一郎　へーえ、そりゃあ大変だ。

先生　令和11年9月30日までは経過措置が設けられていて、そこから先が、本格的なインボイス制度ということになるね。

(2)　インボイスの記載内容

**正式名称は
適格請求書等**

先生　ところで伊呂波くん、インボイスというのは俗称で、正確には「適格請求書等」という用語を使うんだよ。

一郎　テキカク・セイキュウショ、ですか。

先生　そう。"等"というのは、請求書だけでなく、納品書、領収書、レシートなども含まれるという意味だね。

一郎　なるほど。

先生　令和5年10月から課税事業者は、取引ごとにこの書類を作って相手方に渡さなければならない。買い手側もこの書類がなければ、仕入税額控除ができなくなるんだよ。

一郎　そうですか。で、この書類には、どんなことを書くのですか?

**国税庁で
様式を公表**

先生 法令で定められた様式はないんだけれど、たとえば国税庁のサンプルでは、こういうのを示しているね。

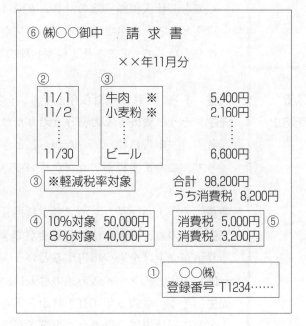

一郎 ふーん、今のより複雑ですね。

先生 適格請求書には次の6つのことを書くべし、と法令で決まってるんだよ。

① 発行事業者の名称と登録番号

② 取引の年月日

③ 取引の内容（軽減税率8%の対象品目である旨）

④ 税率ごとに区分して合計した対価の額（税抜きまたは税込み）と適用税率

⑤ 税率ごとに区分した消費税額

⑥ 相手方の名称

**登録番号のない
インボイスは無効**

一郎 先生、①の「登録番号」って何ですか？

先生 また後で説明するけど、この書類を発行するためには、まずは税務署に申請して登録事業者にならなければならない。

一郎 へーえ、登録しないと発行できないんですか。

先生 そう。登録番号のない請求書は、インボイスとしては無効なんだよ。

一郎 そうなんですか。

爽香 あの、この請求書って、今のとどこが違うんですか？

先生 お、鋭い質問だね。どうかな、伊呂波くん。

金額欄の記載が
複雑に

一郎 ええと、まず登録番号は、現在の請求書にはないですよね。それから、金額欄がこんなに複雑ではないような……。

先生 そうだね。現行の帳簿方式では、消費税は「割戻し計算」で、税込みの売上高から税抜きの金額を割り戻して消費税を計算するから、請求書の記載は税込み金額が原則なんだね。

```
            ┊
   合 計    98,200円
  10%対象    55,000円
   8％対象    43,200円
```

　ところが、インボイス方式に切り替わると、単純に消費税額を積み上げて「積上げ計算」で計算できるようになる。そのためには、税率ごとに区分した合計の消費税額を記載しなければならず、その分、請求書の記載が複雑になるんだよ。

一郎 なるほど、そういうことですか。

(3) インボイスの登録制度

課税事業者は
登録申請書を提出

先生 ところで、さっきも少し説明したけど、適格請求書（インボイス）を発行するためには、まずは税務署に登録しなければならない。

一郎 登録番号のない請求書は、適格請求書ではないんですね。

先生 所轄の税務署長宛に「適格請求書発行事業者の登録申請書」を提出するんだけど、その際、課税事業者でないと登録が受けられないんだよ。

一郎 ということは、課税売上高が1,000万円以下の免税事業者は、登録できないのですか。

免税事業者は
課税選択をすれば
登録できる

爽香 あら、そんなの不公平だわ。

先生 免税事業者が適格請求書を発行したかったら、手をあげて課税事業者になることだね。

爽香 あ、そうか。——「課税事業者選択届出書」っていうのがありました。

先生 そう、よく覚えていたね。まあ、免税事業者の話は、また後で詳しく説明するとして……登録申請書を提出すれば、税務署で審査を行って登録簿に掲載し、その旨が事業者に通知される。

一郎　その登録簿って、誰でも見れるんですか？

先生　うむ、インターネットで登録事業者の名前と登録番号、登録年月日、それから法人の場合は本店所在地がオープンになるね。あと、本人からの申し出があれば、個人事業者も住所を公開できる。

一郎　ふーん、その登録制度って、いつから始まるんです？

先生　既に始まってるよ。令和3年10月1日から申請書の提出は可能で、インボイス制度が始まる令和5年10月1日から適格請求書を発行したかったら、原則として令和5年3月31日までに登録申請をしなければならない。

一郎　じゃあ、急がなくっちゃ……。

爽香　先生、登録申請書って、どんなことを書くんですか？

先生　記入例を示しておくけど（P.275・276）、記入する項目は僅かだよ。

　　　まず、住所、氏名、法人番号を書いて、いくつかの箇所にチェックマークを入れるだけだよ。

爽香　ふーん、簡単なんですね。

先生　免税事業者が手をあげて課税事業者になるときは少々ややこしいけれど、もともと課税事業者だったのが登録事業者になるときは、3つの欄にチェックマークを入れるだけだね。

適格請求書発行事業者の登録申請書

登録要件の確認	課税事業者です。 ※　この申請書を提出する時点において、免税事業者であっても、「免税事業者の確認」欄のいずれかの事業者に該当する場合は、「はい」を選択してください。	☑はい　□いいえ
	納税管理人を定める必要のない事業者です。 （「いいえ」の場合は、次の質問にも答えてください。）	☑はい　□いいえ
	納税管理人を定めなければならない場合（国税通則法第117条第1項） 【個人事業者】　国内に住所及び居所（事務所及び事業所を除く。）を有せず、又は有しないこととなる場合 【法人】　国内に本店又は主たる事務所を有しない法人で、国内にその事務所及び事業所を有せず、又は有しないこととなる場合	
	納税管理人の届出をしています。 「はい」の場合は、消費税納税管理人届出書の提出日を記載してください。 消費税納税管理人届出書（提出日：令和　　年　　月　　日）	□はい　□いいえ
	消費税法に違反して罰金以上の刑に処せられたことはありません。 （「いいえ」の場合は、次の質問にも答えてください。）	☑はい　□いいえ
	その執行を終わり、又は執行を受けることがなくなった日から2年を経過しています。	□はい　□いいえ

一郎　「登録要件の確認」欄ですか。

先生　そう。課税事業者であることと、これまで消費税法に違反して罰金刑になったことがない、という確認だね。

（4）　売り手側の留意点

売り手側は
インボイスの発行
と写しの保管

先生　さて、登録事業者となった課税事業者は令和5年10月1日以後、取引の相手方から求めがあれば、必ず適格請求書を交付しなければならない。さらに、その写しを事業年度終了の翌日から7年と2か月間、保存しないといけないんだよ。

一郎　そうかあ、たいへんなんですね。

爽香　でも——たとえば自動販売機なんて、どうなるのかしら。

不特定多数向けの
取引では簡易な
インボイス

先生　うん、それそれ。取引によっては、いちいちインボイスを発行するのは大変だし、あるいは事実上できない場合があるよね。そこでインボイスの発行に関して、2つの例外が設けられているよ。

　　まず一つは、不特定多数の者に販売などを行う小売業、飲食店業、タクシー業などでは、記載事項を省略した「適格簡易請求書」の作成が認められている。

一郎　ふーん、正式なインボイスとどこが違うのですか。

先生　違いは2つあって、まず、取引の相手方を書かなくていい。それからもうひとつは、金額欄の書き方だね。

通常のインボイス

```
          合計  98,200円          ・取引金額
10％対象  55,000円（内、消費税  5,000円）  ・適用税率
 8％対象  43,200円（内、消費税  3,200円）  ・消費税額を記入
```

簡易インボイス

```
     合計  98,200円               合計  98,200円
10％対象  55,000円    または   55,000円（内、消費税  5,000円）
 8％対象  43,200円            43,200円（内、消費税  3,200円）

取引金額と適用税率           取引金額と適用税額
を記入                      を記入
```

一郎　ええと、少し簡単になってるんですね。

金額欄の記載を
一部省略

先生　通常の適格請求書だと、前に説明したように、次の3つのことを書かなければならない。

①　税率ごとに区分して合計した税抜きまたは税込み対価の額

②　適用税率

③　税率ごとに区分した消費税額

一郎　ええ、そうでしたね。

先生　それが簡易な適格請求書だと①の他に、②「適用税率」か③「消費税額」のどちらかだけ書けばいいんだよ。

爽香　なあんだ、それだけの違い？　大した省略でもないと思うんだけどなあ。

先生　まあ、買い手側で仕入税額控除の計算をするには、最低それだけの情報は必要だからねえ。

　　　で、次にもうひとつの例外の話に移るね。

爽香　自動販売機の場合ですね。

インボイスの発行が免除される取引もある

先生　そう、自動販売機で請求書や領収書なんて発行できないよね。そこで次のような取引では、登録事業者であっても、インボイスの発行は不要とされているよ。

　①　３万円未満の公共交通機関による旅客の運送

　②　自動販売機での販売で３万円未満のもの

　③　郵便サービス（郵便ポストに差し出されたものに限る）

　④　コインロッカー、コインランドリーのような自動サービスで３万円未満のもの

　⑤　出荷者が卸売市場で行う生鮮食料品等の販売

　⑥　生産者が農協、漁協等に委託して行う農林水産物の販売

爽香　当たり前だけど、そういう取扱いがあってホッとしたわ。

先生　税法も常識はわきまえているからね。

一郎　でも先生、その場合、買い手側の計算はどうなるんです。インボイスなしでは仕入税額の計算ができませんよ。

仕入側は帳簿に追加記入

先生　お、なかなか鋭い質問だね。うん、その場合にはこれまでどおり、帳簿に基づいて計算せざるをえない。そういう取引は、帳簿に「３万円未満の電車代」といった具合に記入しておけば、仕入税額控除ができることになっているよ。

一郎　よかったあ、そうなんですね。

(5)　買い手側の留意点

インボイスがなければ仕入税額控除ができない

先生　では次に、インボイスを受け取った側はどうするか、について説明するね。

一郎　インボイスがないと、仕入税額控除ができなくなるんですね。

先生　そうだね。令和5年10月1日からは、仕入先からインボイスをもらわなかったり、もらっても紛失してしまったら、仕入税額控除ができない。

一郎　もちろん、保存義務もあるんですね。

先生　うむ、売り手側と同じく消費税の時効期間まで、つまり事業年度終了の翌日から7年と2か月間、保存しないといけないよ。

**税額控除が
できないと
納税額が増加**

一郎　先生、登録をしていない事業者からの仕入れはどうなるんでしょう？

先生　免税事業者とか、あるいは課税事業者だけど登録していない事業者との取引でも、もちろん今までどおりに請求書や領収書は受け取るだろうね。だけどそれには、課税事業者としての登録番号が書かれていないから、適格請求書等ではない。となると、買い手側としては仕入税額控除ができないので、結果的に消費税の納税額が増えてしまう。

**消費税分の
値引き要求は
本末転倒**

一郎　じゃあ、10％だけ値引きしてもらうんでしょうか。

先生　いや、それはまた別の話だね。もちろん、売り手側が消費税分の10％だけ値引きをするなら、それはそれで構わないけど——登録事業者でないことを理由に、買い手側が値引きの要求をするのは本末転倒だね。独占禁止法や下請法違反の話が出てきかねない。

一郎　でも、だったら、そういう相手からは仕入れをしなくなるのでは？

先生　そういう動きは、当然に出てくるだろうね。そこで免税事業者などはどういう態度を取るべきか、この問題を次に考えてみようか。

(6)　免税事業者とインボイス制度

**免税事業者も
課税事業者を
選択？**

先生　これまで何度も説明してきたように、課税売上高が1,000万円以下の免税事業者は、消費税を納めなくていい。その代わり新しいインボイス制度のもとで、適格請求書を発行できる登録事業者にはなれない、ということだったね。

一郎　でもそれだと、買い手側で仕入税額控除ができないから、取引から排除されるかもしれないですよね。

先生　かもしれないどころか、納める消費税が増えるとなったら、仕入先を課税事業者に変更するということが、当たり前に起きてしまうだろうね。

爽香　そうならないためには、免税事業者でも「課税事業者選択届出書」を出して、課税事業者になることですよね。

先生　うむ、それが一つのやり方だろうね。課税事業者になりさえすれば、適格事業者の登録申請ができる。

爽香　あら、それではダメなんですか。

6年間の経過措置あり

先生　課税事業者になってしまうと、たとえ課税売上高が1,000万円以下でも、消費税を納めなきゃならない。

爽香　あ、そうか。インボイス制度になったら、免税事業者も課税事業者にならなきゃならない、ってことではないのね。

先生　もちろんそうだよ。課税事業者になるかならないかは、あくまで本人の選択だよ。

爽香　なるほどね。

先生　一つ経過措置があって、令和5年10月1日からしばらくの間は、インボイスがなくても仕入税額控除ができることにはなってるね。

爽香　あら、そうなんですか。

一郎　全額ではないけど、一定割合は控除できるのでしたね。

先生　そう、こういう取扱いだよ。

期　　　　　間	割　　　合
令和5年10月1日から令和8年9月30日まで	仕入税額相当額の80%
令和8年10月1日から令和11年9月30日まで	仕入税額相当額の50%

爽香　ふーん、6年間は大丈夫なわけね。

区分記載請求書の保存が条件

先生　ただし、この経過措置の適用を受けようと思ったら、一つ条件付きでね。

爽香　あら、何ですか。

先生　「区分記載請求書」を受け取ってそれを保存していること。伊呂波くんは知ってるね、これ。

一郎　ええと、軽減税率が導入されてから、そうなったんでしたね。

先生　そうだね。令和元年3月までは完全な帳簿方式だったけど、4月から10％と8％の複数税率になって、次の2つを記載した請求書を保存すべし、となったんだよ。
　　　① 対象品目が軽減税率である旨
　　　② 税率ごとに合計した税込み対価の額

爽香　そうなんですか。

2つ目の経過措置

先生 それからもう一つ経過措置があって、インボイス制度が始まって最初の6年間は、選択届出書を出さなくても課税事業者の登録申請ができるんだよ。

一郎 あれ、そうなんですか。まず課税事業者にならないと、申請書を出せないのかと思ってました。

先生 本来はそうだよ。だけど困ったことに、選択届出書は課税期間が始まる前に出さなければならない。

一郎 ええ、そうでしたね。

先生 ということは、たとえば個人事業者だと、令和5年10月からインボイスを発行しようと思ったら、令和4年中に選択届出書の提出が必要で、そうなると5年1月から課税事業者になってしまうね。

一郎 それが何か……

先生 10月分からの売上げに消費税がかかるのは分かるけど、1月から課税事業者になってしまうと、1月から9月までの売上げにも消費税がかかってしまう。

一郎 あ、そうか。それはしんどいなあ。

6年間は選択届けなしで登録事業者になれる

先生 そこで経過措置として、課税事業者の選択届けをせずに登録事業者になれる、という扱いを設けたんだよ。

一郎 それだったら、9月分までは消費税がかからないんですか。

先生 そういうこと。そうすれば課税事業者を選択しないけれど、登録事業者となった時点からは納税義務者になる、という取扱いだよ。

爽香 税務署も、いろいろ気を遣ってるのね。

先生 そうだね。しかもこの経過措置は6年間有効なんだよ。

爽香 6年間も？

先生 令和5年10月1日から令和11年9月30日まで、この取扱いが受けられる。

一郎 その期間って、さっきも出てきましたね。

先生 そう、インボイスなしでも80%とか50%の、仕入税額控除ができるという経過措置だね。

一郎 あ、そうでした。

先生 免税事業者にとって、インボイスの発行事業者となるかどうかは、大いに悩むところだからね。取引先と消費税分の価格交渉を進めていく中で、急遽登録という局面もあるだろうから、6年間かけてじっくり検討してください、という話なんだね。

一郎 なるほど、そのための取扱いですか。

先生 ところで、この取扱いを受けるには、やはり手をあげなければならない。

一郎 え、どうするんですか？

先生 登録申請書の２枚目に、こういう欄があるね。

	該当する事業者の区分に応じ、□にレ印を付し記載してください。
免税	□ 令和５年10月１日から令和11年９月30日までの日の属する課税期間中に登録を受け、所得税法等の一部を改正する法律（平成28年法律第15号）附則第44条第４項の規定の適用を受けようとする事業者 ※ 登録開始日から納税義務の免除の規定の適用を受けないこととなります。

一郎 ？？？

爽香 何のことか、さっぱり分からないわ。

先生 附則44条４項云々というのが、いま説明した経過措置のことなんだよ。

一郎 選択届出書を出さずに登録申請する、という意味ですか？

先生 その扱いを受けたいなら、□欄に✓マークを入れなきゃならない。そうすれば、登録日までは免税事業者のままで、登録開始日からの売上げに対する消費税を負担すればいい、ということなんだね。

一郎 なるほど、そういうことですか。

先生 さて、そうした経過措置があるにはあるけど、やはり免税事業者のままだと取引から排除される、という懸念は大いに残るね。

一郎 そうですねえ。かといって、課税事業者になってしまったら、いままで納めなくて済んだ消費税を納めなきゃならないし……悩ましいなあ。

先生 ここで考えるべきは、免税事業者を一律どうするではなく、その業態によってケースバイケースでの検討だよ。

一郎 といいますと？

先生 たとえば、下請け業者で大手企業に納品しているということなら、適格請求書を発行するために課税事業者を選択せざるを得ない。その上で、簡易課税制度が有利なら、その選択も併せて考える。

一郎 そうですねえ。発行できなかったら、取引から排除されるのが目に見えてますよね。

先生 ついでの説明で、簡易課税の選択は原則として前期末までにしなきゃならないけど、これも特例があってね。

一郎 はあ、どういうのですか？

先生 登録の経過措置の適用を受けるときは、登録日（令和５年10月１日）の属する課税期間中（令和５年12月31日まで）に、その期間から

簡易課税制度の適用を受ける旨の届出書を提出すれば、その課税期間の初日の前日（令和5年9月31日）に選択届出書が提出されたものとみなす、という経過措置が設けられているんだよ。

一郎　ということは──令和5年分の申告から簡易課税の計算ができる……。

先生　そういうこと。まあ、そういった特例も用意されてはいるけど、免税事業者が課税事業者になると、それまでなかった納税負担が生じて、それは別途、値上げ交渉とかでカバーせざるを得ないのかな。

一郎　うーん、気の毒ですけどねえ。

売り先が消費者や免税事業者ならインボイスの発行は不要

先生　売り先が課税事業者だとそういう話になるけど、そうでなく小売業のように売り先が消費者だけなら、そんな心配は要らないね。

一郎　あ、そうですよね。消費者が消費税の申告なんてしないんだし──。

先生　あるいは、売り先が免税事業者ばかりなら、これまた適格請求書の出番なんてないよね。

一郎　そうかあ、そういう場合は課税事業者になんて、なる必要がないんだ。

先生　それからもう一つ、相手が簡易課税事業者の場合もそうだね。

一郎　課税売上高が5,000万円以下ですか。

先生　そう。その場合も、仕入税額控除の計算はみなし仕入率を使うから、インボイスは不要だね。

一郎　なるほど、そうですね。

内税方式も一考

先生　ところで、今までの話は"○か×か"の議論で、場合によっては折衷方式のやり方もあるよ。

一郎　え、どういうことですか？

先生　消費税の取引で、外税方式と内税方式があるのは知ってるね。

一郎　ええ。本体価格に上乗せで消費税をもらうか、取引価格の中に消費税が含まれているか、ですね。

先生　そう。たとえば本体価格が10,000円として、外税方式なら消費税1,000円を加えた11,000円のお金をもらう。ところが内税方式だったら……どうなるかな、爽香くん。

爽香　え、わたし──ええと、1,000円の消費税は10,000円の中に含まれている、のかしら。

先生　どうかな、一郎くん。

一郎　ええと、消費税は1,000円じゃなくて……10,000円 × $\frac{10\%}{110\%}$ = 909 円、ですね。

先生　そう。10,000円を「1 ＋消費税率10％」で割り戻した9,091円が本体価格で、その10％の909円が消費税だね。

　　　外税：本体価格10,000円 ＋ 消費税1,000円 ＝ 税込金額11,000円

　　　内税：本体価格 9,091円 ＋ 消費税　909円 ＝ 税込金額10,000円

爽香　あ、そうか。

外税と内税を
使い分け

一郎　それで先生、折衷方式ってどういうことなんですか？

先生　内税で取引する場合、買い手側にすれば支払うお金は、11,000円ではなく10,000円で済むよね。

一郎　ええ、そうですね。

先生　1,000円の仕入税額控除ができなくて、その分納める消費税が増えるけれど、仕入れで支払うお金が1,000円減るから、キャッシュ・フローは同じじゃないかな。

一郎　うーん、そういえばそうですね。

先生　一方、免税事業者の売り手側は、消費税分の1,000円だけ入金が減るから辛いんだけど……。

一郎　あ、そうですよね。

先生　だけど、そこは割り切りかなあ。売り先の大半が消費者や免税事業者で、ごく一部、課税事業者が混じっているという場合に、わざわざ課税事業者を選択してフルに消費税を納めることからすれば、課税事業者向けだけを外税から内税にすれば、その部分だけ収入減になるとしても、トータルで考えればその方が賢いかも知れないね。

一郎　なるほどなあ。外税と内税を使い分けるやり方ですか。

先生　経理処理が面倒かもしれないけど、とにかく、ケースバイケースなんだね。自身でよく考えて、あるいは顧問の税理士先生とよく相談して決めることだよ。

7 端数計算

課税標準額に
基づき税額計算

先生 ここで消費税計算の端数処理のことを説明しておくね。消費税の申告書で、最初に「課税標準額」という言葉が出てくるけど、伊呂波くん、これ何かな。

一郎 ええと、課税売上高のことでしょう？

先生 正確にいえば、課税標準とは税額計算の基になる金額で、法人税や所得税なら"所得金額"が課税標準。消費税の場合は課税売上高に税率を掛けて税額を計算するから、それが課税標準なんだね。

一郎 なるほど、そういうことですか。

先生 ところで伊呂波くん、この課税標準額って税込み、税抜きのどちらかな。

一郎 そりゃあ、税抜きでしょう。税率を掛ける基になる金額なんだから。

税込み金額に
基づいて
課税標準額を算定

先生 そうだね。じゃあその金額、どうやって計算すると思う？

一郎 どうやってって……帳簿に計上した売上高の集計でしょう。

先生 税込みの金額で売上げ計上していたら、どうする？

一郎 ああ、税込み経理……その場合は、$\frac{100}{110}$ を掛けて税抜きの金額に直すんでしょうね。

> 税込み売上高 $\times \frac{100}{110}$ ＝ 税抜き売上高

先生 実はね、申告書のスタートの欄で出てくる課税標準額は、年間の税込み売上高の合計に $\frac{100}{110}$ を掛けた金額なんだよ。

一郎 はあ、でも税抜きで売上げ計上してたら……。

税抜き経理でも
課税標準は
税込み金額で計算

先生 そのときも、税抜きの売上高に消費税の金額を足して、税込み売上高をまずは計算する。

一郎 どうして？ 税抜きの金額が最初から分かってるのに。

先生 端数処理の問題だよ。たとえば、商品を税込みの100円で売ったとしようか。その際、100円 $\times \frac{10}{110}$ ＝9.09円の計算をして、端数切捨てで9円を内税の消費税とみて、差し引き91円を売上高で計上した。だけ

ど正確な税抜き売上高は、100円 × $\frac{100}{110}$ ＝90.9円なんだね。

一郎　0.1円違う……。

先生　こういうのが１年間、つもり積もればかなりの誤差が生ずる場合もあるね。

一郎　まあ――そうですね。

先生　そこで消費税の課税標準額は、年間税込み売上高に$\frac{100}{110}$を掛けた金額とする、というルールになっているんだよ。その課税標準額に10％を掛けたのが消費税の金額となる。

> 年間税込み売上高 × $\frac{100}{110}$ ＝ 課税標準額

> 課税標準額 × 10％ ＝ 消費税額

一郎　ふーん、だけどそれだったら、税抜きで経理処理する意味がないですね。

例外的に積み上げ計算を認める

先生　うん、そうだね。そこで例外的に、税抜きで帳簿に計上した消費税の金額をそのまま認める、という取扱いも設けられているんだよ。

一郎　例外として、ですか。

先生　そう。２つの条件付きだよ。

　　① 取引ごとに本体価格と消費税を区分して領収していること

　　② 取引ごとに消費税の１円未満の端数を処理していること

一郎　領収書で消費税の金額を明示してないとダメなんですね。

先生　うむ。税込みで取引しておいて、帳簿上だけ消費税を抜き出して処理するという場合は、原則どおりに計算しなきゃならない。それから、取引上は10円や100円の単位で端数処理するのも自由だけど、消費税計算で特例が使えるのは、１円未満の端数処理の場合だけ。

一郎　ふーん。端数処理は、切り上げや四捨五入でもいいんですか？

先生　それはどんなやり方でもかまわないよ。

切捨てで消費税を受け取るとき原則計算は不利

爽香　あの、その特例って普通のやり方より得なんですか？

先生　たとえば本体価格が85円の商品に、85円×10％＝8.5円の計算で端数切捨ての８円の消費税をつけて93円で売ったとするね。この場合、どちらで計算するかで、納める消費税の金額が変わってくるね。

　〈原則計算〉　85円＋8円＝93円

　　　　　　　93円 × $\frac{100}{110}$ ＝84.5円（課税標準額）

　　　　　　　84.5円×10％＝8.4円（消費税額）

　〈例外計算〉　消費税額は８円

爽香　ふーん、0.4円違うのか。それが積もりつもれば、大きく変わって
　　　くるというわけね。

先生　原則的な計算だと、現実にお客さんから8円しか預っていないの
　　　に、事業者がそれ以上の金額を負担することになって不合理だよね。

一郎　じゃあ切捨てでなく、切り上げしてお客さんからもらえば……。

先生　その場合は、例外的な計算でいくと逆に益税が生じるから困るけ
　　　ど……まあ実際問題として、代金を切上げでもらうのは難しいだろう
　　　からねえ。

一郎　そうでしょうねえ。

**小売業者には
総額表示が
義務付け**

先生　それから、税額計算にも関連する話で──小売りの店舗表示は、
　　　今は「総額表示」が義務付けられているね。

一郎　はい、商品に税込みの金額が、必ず書かれてますね。

先生　1万円の商品で消費税が10％だったら、"11,000円"という金額を
　　　必ず表示しなければならない。

　　　＜記載例＞

　　「11,000円」、「11,000円（税込）」、「11,000円（税抜価格10,000円）」、
　　「11,000円（うち消費税額1,000円）」、「10,000円（税込価格11,000円）」

一郎　少し前までは、そうじゃなかったですよね。

先生　うむ。以前は「10,000円（税抜き）」、「10,000円（本体価格）」、
　　「10,000円（税別）」といった表示も、よく目にしたね。。

一郎　それがどうしてダメになったんですか？

**税抜き表示ＯＫの
特例は期限切れ**

先生　税率アップに伴う特例として、令和3年3月31日までは「誤認防
　　　止措置」を講じていることを条件に、税抜き価格での表示が認められ
　　　ていたんだね。

爽香　ゴニン防止って、なあに？

先生　表示する価格が、税込み価格と誤認されないための措置を講じて
　　　いること、が条件だったんだよ。

　　　　しかし、あくまで消費者が実際に支払う金額をハッキリさせるべ
　　　し、ということで今は、総額表示でないとダメなんだね。

一郎　小売業だけですよね、その規制は。

**小売業者も
当分の間は
積み上げ計算ＯＫ**

先生　そう。直接、最終消費者に売る場合だけで、卸売りやメーカーの
　　　場合は関係ないね。ところで、さっきの例外的な税額計算の話に戻る
　　　けれど、総額表示をしている事業者の場合、取引自体が税込みで行わ
　　　れるから、さっき言った積み上げ計算って関係ないよね。

一郎　え、ええ、そうですね。もともと税込みで売り上げてるんだから。

先生　そこで総額表示の規制に合わせて、そういう事業者については、例外的な計算は認めない。本来のやり方で計算することになっているんだよ。

一郎　おや、そうなんですか。

先生　ただし、これも例外があって、一定の条件を満たせば、積み上げ計算が認められる。

一郎　ふーん、どういう条件ですか？

先生　次の2つの条件を満たせば、取引ごとの消費税額を積み上げた金額で納税することができる。

① 取引ごとに税込みの受取り額に含む消費税額を「税込み価格 × $\frac{10}{110}$」で計算し、1円未満の端数を処理していること

② 端数処理後の消費税額を領収書に明示していること

一郎　なるほど。小売業者でもそういう計算ができるのですか。

小売業者以外の積み上げ計算も当分の間はOK

先生　ついでに言うと、いまの話は小売り以外に、卸売りやメーカーで税込み価格で取引している場合にも適用されるんだよ。

一郎　おや、そうなんですか。

先生　さっき説明した、税抜き取引の場合の特例は、小売業者以外に対する適用なんだけど、この話は税込み取引全般を対象にしていて、いずれの場合も"当分の間"、積み上げ計算を認めることになってるね。

一郎　ふーん、当分の間ですか。

インボイス制度の導入で経過措置は廃止

先生　さて、以上の積上げ計算の話は、さっき説明したインボイス制度の導入で決着がつくんだよ。

一郎　どういうことですか？

先生　後で、実際の申告書記入のところで詳しく説明するけど、適格請求書（インボイス）を発行する事業者は積上げ計算でもいい、という取扱いが条文に明記されている。

一郎　経過措置じゃないんですね。

先生　そう。当分の間は認める、といったあいまいな扱いではなくて、正式に認められるんだよ。ただしそれは、インボイスを発行する課税事業者に限る、ということにはなってるけれどね。

一郎　免税事業者とかはダメなんですか。

先生　いまの経過措置は令和5年9月末で廃止になるから、手をあげて課税事業者にならないと、適用はできなくなるね。

一郎　そうなんですか。

III

消費税の経理処理

<table>
<tr><td>1</td><td></td></tr>
</table>

税込み経理と税抜き経理

<table>
<tr><td rowspan="3">消費税額を
売上げ・仕入れに
含めるか否か</td></tr>
</table>

先生 では次に、経理処理のことも少し勉強しておこうね。

一郎 「税込み経理」と「税抜き経理」ですね。

先生 うむ。消費税の経理方法には2種類あるんだよ。

    (a)　税込み経理……消費税額を売上高、仕入高に含めて処理する
       やり方

    (b)　税抜き経理……消費税額を売上高、仕入高に含めないで区分
       して処理するやり方

爽香 ふーん、分かったような、わからないような。

先生 爽香くんは仕訳は分かるよね、うちへ来てもう2年になるんだから。

爽香 え、ええ、まあ……簡単なものなら。

先生 じゃあ、飛び切り簡単な例で説明しよう。

［設例］

  ①　仕入高　　　88,000円（うち消費税8,000円）

  ②　売上高　　110,000円（うち消費税10,000円）

  ③　納付税額　　2,000円（10,000円−8,000円）

［仕訳］

(a)　税込み経理の仕訳

  ①　仕入れ時

    （借）仕　　　　入　　88,000　　（貸）買　掛　金　　88,000

  ②　売上げ時

    （借）売　掛　金　110,000　　（貸）売　　　　上　110,000

  ③　決算時

    （借）租 税 公 課　　2,000　　（貸）未払消費税　　2,000

  ④　納付時

    （借）未払消費税　　2,000　　（貸）現 金 預 金　　2,000

(b)　税抜き経理の仕訳

① 仕入れ時

（借）仕　　　　入　　80,000　（貸）買　掛　金　　88,000

　　　仮払消費税　　　8,000

② 売上げ時

（借）売　掛　金　　110,000　（貸）売　　　　上　　100,000

　　　　　　　　　　　　　　　　　仮受消費税　　　10,000

③ 決算時

（借）仮受消費税　　10,000　（貸）仮払消費税　　　8,000

　　　　　　　　　　　　　　　　　未払消費税　　　2,000

④ 納付時

（借）未払消費税　　2,000　（貸）現　金　預　金　　2,000

**税込み経理の
ほうが簡単**

先生　どう？　爽香くん、これなら分かる？

爽香　ええ、まあ——税抜き経理だと、消費税の科目がいろいろ出てくるのね。

先生　10％分を「仮払消費税」、「仮受消費税」という科目で抜き出すんだね。一方、税込み経理のほうは消費税のやり取りに関係なく、税込みの金額で処理するやり方だね。

爽香　税込みのほうが簡単そう。

先生　そうだね。消費税分だけ取引価格が上乗せになって、その金額どおりに仕入れ、売上げの仕訳をすればいいだけだから。

爽香　どうして、税抜き経理なんてするんですか？

**税抜き経理が
正しい**

先生　理論的には税抜き経理のほうが正しいんだよ。ねえ、伊呂波くん。

一郎　え、ええ、そうらしいですね。でも、どうしてなんだろう。

先生　一番最初の説明に戻るけれど、消費税は間接税で最終負担者は消費者、ということだったね。

一郎　ええ、そうです。

先生　益税問題がなく価格転嫁が正しく行なわれていれば、事業者にとってこの税金は通過勘定なんだね。

一郎　うーん。

先生　つまり、売上げ分の税金は"預り金"で、仕入れ分は将来納付する時に税額控除することを予定した"立替金"ということになる。

一郎　なるほど。そのことを意識した処理が税抜き経理なんですね。

先生 ただし実務的には、税抜き経理は手間がかかるからね。小規模事業者では無理かもしれない。

一郎 そうですねえ。うちの顧問先でも税込み経理のところがたくさんありますよ。

先生 年商数千万円程度なら、消費税の計算自体はそれほど複雑でもなく——ほかに必要がなければ、税込み経理でもかまわないだろうね。

じゃあ、いくつか具体例で2通りの仕訳を示しておくよ。

〈具体的な経理処理〉

① 事務所の家賃55,000円（税込み）を小切手で支払った。

税 込 み 経 理				税 抜 き 経 理			
家　　賃	55,000	当座預金	55,000	家　　賃	50,000	当座預金	55,000
				仮払消費税	5,000		

② 商品110,000円（税込み）を掛けで仕入れた。

税 込 み 経 理				税 抜 き 経 理			
仕　　入	110,000	買掛金	110,000	仕　　入	100,000	買掛金	110,000
				仮払消費税	10,000		

③ ②の買掛代金110,000円（税込み）に対し、約束手形を振り出して支払った。

税 込 み 経 理				税 抜 き 経 理			
買掛金	110,000	支払手形	110,000	買掛金	110,000	支払手形	110,000
						（不課税取引）	

④ 商品を165,000円（税込み）で販売し、代金は掛けにした。

税 込 み 経 理				税 抜 き 経 理			
売掛金	165,000	売　　上	165,000	売掛金	165,000	売　　上	150,000
						仮受消費税	15,000

⑤ ④の売掛代金165,000円（税込み）を小切手で回収した。

税 込 み 経 理				税 抜 き 経 理			
現　　金	165,000	売掛金	165,000	現　　金	165,000	売掛金	165,000
						（不課税取引）	

⑥ ⑤の小切手165,000円（税込み）を銀行の当座預金口座へ預け入れた。

税 込 み 経 理				税 抜 き 経 理			
当座預金	165,000	現　　金	165,000	当座預金	165,000	現　　金	165,000
						（不課税取引）	

⑦　③の手形の期日が到来し、当座預金から引き落とされた。

税込み経理			税抜き経理		
支払手形	110,000	当座預金　110,000	支払手形	110,000	当座預金　110,000
					（不課税取引）

⑧　応接セットを330,000円（税込み）で購入し、100,000円は小切手で支払い、残金は翌月払いとした。

税込み経理			税抜き経理		
備　品	330,000	当座預金　100,000	備　品	300,000	当座預金　100,000
		未払金　230,000	仮払消費税	30,000	未払金　230,000

⑨　1,760,000円（税込み）の乗用車を購入し、帳簿価額300,000円の車を440,000円（税込み）で下取りしてもらい、残金を小切手で支払った。

税込み経理			税抜き経理		
車両運搬具	1,760,000	車両運搬具　300,000	車両運搬具	1,600,000	車両運搬具　300,000
		固定資産売却益　140,000	仮払消費税	160,000	固定資産売却益　100,000
		当座預金　1,320,000			仮受消費税　40,000
					当座預金　1,320,000

⑩　220,000円（税込み）で掛売りした商品の返品を受けた。

税込み経理			税抜き経理		
売　上	220,000	売掛金　220,000	売　上	200,000	売掛金　220,000
			仮受消費税	20,000	

⑪　販売手数料88,000円（税込み）を小切手で支払った。

税込み経理			税抜き経理		
販売手数料	88,000	当座預金　88,000	販売手数料	80,000	当座預金　88,000
			仮払消費税	8,000	

⑫　同業者団体の通常会費30,000円を現金で支払った。

税込み経理			税抜き経理		
会　費	30,000	現　金　30,000	会　費	30,000	現　金　30,000
					（不課税取引）

⑬　売掛代金220,000円を約束手形で回収した。

税込み経理			税抜き経理		
受取手形	220,000	売掛金　220,000	受取手形	220,000	売掛金　220,000
					（不課税取引）

⑭ ⑬の手形を銀行で割り引いて、割引料5,000円を差し引かれ手取り金
は普通預金とした。

税 込 み 経 理			税 抜 き 経 理		
普通預金 215,000	受取手形 220,000		普通預金 215,000	受取手形 220,000	
手形売却損 5,000			手形売却損 5,000		
				(非課税取引)	

⑮ ○○銀行から3,000,000円の借入れを行い、利息50,000円を差し引か
れ手取り金は当座預金口座に振り込まれた。

税 込 み 経 理			税 抜 き 経 理		
当座預金 2,950,000	借 入 金 3,000,000		当座預金 2,950,000	借 入 金 3,000,000	
支払利息 50,000			支払利息 50,000		
				(非課税取引)	

⑯ 500,000円の定期預金をするため、小切手を振り出して銀行へ預け入
れた。

税 込 み 経 理		税 抜 き 経 理	
定期預金 500,000	当座預金 500,000	定期預金 500,000	当座預金 500,000
			(不課税取引)

⑰ 従業員○○が出張するため、概算の旅費100,000円を現金で渡した。

税 込 み 経 理		税 抜 き 経 理	
仮 払 金 100,000	現 金 100,000	仮 払 金 100,000	現 金 100,000
			(不課税取引)

⑱ 上記出張より帰り概算払いの100,000円を精算した結果、出張旅費に
要した金額は88,000円（税込み）で、残額は現金で返してもらった。

税 込 み 経 理		税 抜 き 経 理	
旅費交通費 88,000	仮 払 金 100,000	旅費交通費 80,000	仮 払 金 100,000
現 金 12,000		仮払消費税 8,000	
		現 金 12,000	

⑲ 従業員に対する給料200,000円を、源泉所得税3,000円を差し引いて
現金で支払った。

税 込 み 経 理			税 抜 き 経 理		
給 料 200,000	現 金 197,000		給 料 200,000	現 金 197,000	
	預 り 金 3,000			預 り 金 3,000	
				(不課税取引)	

⑳　⑲の源泉所得税3,000円を税務署へ現金で納付した。

税 込 み 経 理				税 抜 き 経 理			
預 り 金	3,000	現　　金	3,000	預 り 金	3,000	現　　金	3,000
				（不課税取引）			

㉑　得意先の飲食接待費用110,000円（税込み）を現金で支払った。

税 込 み 経 理				税 抜 き 経 理			
接待交際費	110,000	現　　金	110,000	接待交際費	100,000	現　　金	110,000
				仮払消費税	10,000		

㉒　得意先の子息が結婚するためお祝い金として30,000円を現金で支払った。

税 込 み 経 理				税 抜 き 経 理			
接待交際費	30,000	現　　金	30,000	接待交際費	30,000	現　　金	30,000
				（不課税取引）			

㉓　定期預金の利息42,500円（源泉税7,500円控除後）が普通預金に入金された。

税 込 み 経 理				税 抜 き 経 理			
普通預金	42,500	受取利息	50,000	普通預金	42,500	受取利息	50,000
租税公課	7,500			租税公課	7,500		
				（非課税取引）			

㉔　商品を110,000円（税込み）で購入する注文を行い、内金として20,000円を小切手で支払った。

税 込 み 経 理				税 抜 き 経 理			
前 渡 金	20,000	当座預金	20,000	前 渡 金	20,000	当座預金	20,000
				（不課税取引）			

㉕　77,000円（税込み）の商品を販売するにあたり、内金として10,000円の小切手を受け取った。

税 込 み 経 理				税 抜 き 経 理			
現　　金	10,000	前受金	10,000	現　　金	10,000	前受金	10,000
				（不課税取引）			

㉖　○○産業の株式1,000株を、1株800円で購入し小切手で支払った。

税 込 み 経 理				税 抜 き 経 理			
有価証券	800,000	当座預金	800,000	有価証券	800,000	当座預金	800,000
				（非課税取引）			

㉗　○○産業から株式配当金46,750円（源泉税8,250円控除後）が普通預金口座に振り込まれた。

税 込 み 経 理	税 抜 き 経 理
普通預金　46,750　受取配当金 55,000 租税公課　　8,250	普通預金　46,750　受取配当金 55,000 租税公課　　8,250 　　　　　　　　　（不課税取引）

㉘　上記㉖の株式を1株900円で売却し、代金は普通預金口座に振り込まれた。

税 込 み 経 理	税 抜 き 経 理
普通預金 900,000　有価証券　800,000 　　　　　　　　有価証券売却益 100,000	普通預金 900,000　有価証券　800,000 　　　　　　　　有価証券売却益 100,000 　　　　　　　　　　（非課税取引）

㉙　簿価100万円、時価330万円（税込み）のゴルフ会員権を役員に贈与した。

税 込 み 経 理	税 抜 き 経 理
役員賞与 3,300,000　有価証券 1,000,000 　　　　　　　　有価証券売却益 2,300,000	役員賞与 3,300,000　有価証券 1,000,000 　　　　　　　　有価証券売却益 2,000,000 　　　　　　　　仮受消費税　　300,000 （役員に対する贈与はみなし譲渡）

㉚　○○商店に対する商品の掛売り代金が110,000円あったが、同店の倒産により全額が回収不能となった。

税 込 み 経 理	税 抜 き 経 理
貸倒損失　110,000　売　掛　金　110,000	貸倒損失　100,000　売　掛　金　110,000 仮受消費税　10,000

2　両方式の比較

消費税額には
変わりなし

先生　税込み経理と税抜き経理、どちらで処理しても納める税額に変わ
りはない。そうだね、伊呂波くん。

一郎　ええ、消費税の計算と経理処理をどうするかは関係ないですもの
ね。

先生　そうだね。消費税の計算はあくまで、課税売上高×10％－税額控
除、なんだから。ただし、法人税や所得税の金額は、いずれの処理を
するかで変わることがあるよ。

一郎　え？　そうなんですか。

［設例1］

① 売上高　　　110,000千円（うち消費税10,000千円）

② 仕入高　　　 66,000千円（うち消費税6,000千円）

③ 人件費　　　 30,000千円（不課税）

［計算］

	税込み経理	税抜き経理
売　上　高	110,000千円	100,000千円
仕　入　高	66,000千円	60,000千円
人　件　費	30,000千円	30,000千円
消　費　税	4,000千円	—
当期純利益	10,000千円	10,000千円

税抜き経理では
消費税は
通過勘定

先生　税込み経理では消費税が費用として計上されるけど、税抜き経理
の場合は出てこないね。

一郎　仮払消費税と仮受消費税の相殺ですからね。

先生　消費税は通過勘定で、期間損益に影響を与えないんだね。

一郎　ところで先生、これだとどちらも当期純利益は同じなんですけど
……。

先生　税込み経理の場合、売上高と仕入高がそれぞれ過大になってい

て、その差額分だけ別に費用計上してるから、結果的に利益は同額だね。

一郎 はい。

先生 そのケースでは同額だけど、こういう場合は違ってくるよ。

[設例2]

　設例1の仕入高（66,000千円）の中に、機械の購入11,000千円（うち消費税1,000千円）が含まれています。

　この機械は、耐用年数5年、定額法で減価償却を行ないます。

[計算]

	税込み経理	税抜き経理
売　上　高	110,000千円	100,000千円
仕　入　高	55,000千円	50,000千円
人　件　費	30,000千円	30,000千円
減価償却費	2,200千円	2,000千円
消　費　税	4,000千円	—
当期純利益	18,800千円	18,000千円

（注）減価償却費の計算

税込み経理：$11,000千円 \times \frac{1}{5} = 2,200千円$

税抜き経理：$10,000千円 \times \frac{1}{5} = 2,000千円$

法人税・所得税の
課税所得が
相違する

先生 どう、伊呂波くん。こんどは利益が変わったね。

一郎 ほんとだ。税込み経理のほうが、18,800千円－18,000千円＝800千円だけ大きいですね。どうしてだろう……減価償却費の違いかな？

先生 さっきとの違いは、課税仕入れの中に資産計上するものがあるかどうかだよ。さっきのように課税仕入れがすべて期間費用なら、どちらの処理でも利益は同額になる。

一郎 ええ、そうでしたね。

先生 このケースの場合、税込み経理なら機械分の消費税が資産に計上されるから、税抜きと比べてその分利益が過大に計上される。

一郎 1,000千円ですね。

税込み経理の
ほうが所得が
大きい

先生　次に、減価償却費の金額を考えたとき、税込み経理のほうがその消費税に見合う金額分だけ、計上額が大きくなるね。

一郎　ええと、2,200千円－2,000千円＝200千円だけ大きくなっています。

先生　そうだね。見方を変えれば、$1,000千円 \times \frac{1}{5} = 200千円$という計算でも求まるよ。

一郎　ああ、そうですね。

先生　結局のところ税込み経理だと、1,000千円－200千円＝800千円だけ利益が過大計上になる、というわけだね。

一郎　なるほど。税抜き経理のほうが利益が少ないから、節税になるんですね。

償却期間を
通算すれば
いずれも同じ

先生　まあそうだね。でもね伊呂波くん、このケースの場合、機械の使用期間を通算すれば同じことだよ。

一郎　といいますと？

先生　初年度は税抜きのほうが800千円少ないけれど、2年目から5年目まで毎年の償却費は200千円少なく計上されるから、2年目からは逆に、200千円×4年＝800千円だけ、税抜き経理のほうが利益が大きくなってしまうんだね。

一郎　なるほど、分かりました。

他税目における消費税の取扱い

1 法人税法・所得税法における消費税の取扱い

(1) 経理処理の方式

税込み・税抜きの選択は自由

先生 法人税や所得税の計算をする際、消費税をどう取り扱うか——まず、仕訳に関しては、税込み経理、税抜き経理のいずれで行うも自由、ということになっているよ。

一郎 税法で、仕訳の仕方まで決めてるんですか。

先生 うむ。どちらで処理するかで所得金額が変わるからね。

一郎 あ、そうか。

先生 税抜きの仕訳は、原則として取引ごとに行うのが筋だけど、期末にまとめてするやり方も認めているよ。

爽香 まとめてって、どうやるんですか？

期末一括 税抜き処理もOK

先生 普段は税込みで仕訳しておいて、期末に消費税の金額を計算して抜き出すことになるね。

爽香 抜き出すって？

先生 伊呂波くん、どうやるのかな。

一郎 ええと——まず、科目ごとに課税、非課税、不課税の判定をするんですね。それから、消費税のかかってる科目の合計金額に「$\frac{10}{110}$」を掛けて消費税を計算して、その金額でこういう仕訳をするんだよ。

　　　（借）売　　　　上　　×××　　（貸）仮受消費税　　×××
　　　（借）仮払消費税　　×××　　（貸）○　○　費　　×××

一括税抜きは 小規模事業者向け

先生 税込み金額×$\frac{10}{110}$＝消費税額、だからね。それと、科目によっては課税、非課税、不課税が入り交じってるのもあるから、気をつけなきゃね。

一郎 ええ、交際費や賃借料なんて、そうですね。

先生 うむ、前に説明したね。それから、損益計算書だけでなく貸借対照表の科目にも目を光らせなきゃならないよ。

一郎 はい。固定資産を買えば、そこにも消費税がかかってきますから

ね。

先生　結局、帳面で１年間の取引に目を通さなければならないから、このやり方も結構大変だね。年商数千万円の規模ならともかく、それ以上となると、そのつど税抜き経理せざるを得ないだろうね。

一郎　そうですねえ。

免税事業者は税込み経理

先生　ついでの話だけど、免税事業者が税抜き経理するのは認められないよ。

一郎　おや、そうなんですか。

先生　税抜き経理は、消費税を通過勘定と認識して処理することが前提になってるからね。免税なら消費税は通過せず手元に残る、となると免税事業者には税込み経理が正しい、という理屈だね。

一郎　なるほど。

先生　以前、1,000万円の判定で、基準期間が免税なら課税売上高は税込み金額で見ると説明したけど、ちょうどそれに通ずる話だね。

一郎　確かにそうだ。筋が通ってる。

税込み・税抜き併用方式も可能

先生　もう一度仕訳の話に戻って——伊呂波くん、消費税の経理処理で併用方式も認められているよ。

一郎　併用って、税込みと税抜きの両方を使うのですか?

先生　そう、科目によって両方を使い分けるやり方だね。いくつか条件があるけど、まず、売上高は必ず税抜き経理すること。そうすれば資産と経費項目につき、それぞれいずれかのやり方を選択できる。

一郎　ふーん、資産は税込みで経費は税抜き、といった具合ですか。

先生　そうだね。

一郎　経費の中で特定の科目だけ税抜き、というのはダメなんですか?

先生　それはできない。ただし、資産のほうはもう少し弾力的で、資産を棚卸資産、固定資産、繰延資産の３つに分けて、棚卸資産を他の２つと別に処理する、というのは認められているよ。

〈経理方式一覧表〉

	売上高	棚卸資産	固定資産 繰延資産	経費
税込み経理方式	税込み			
税抜き経理方式 原則	税抜き			
税抜き経理方式 併用 ①	税抜き	税抜き		税込み
税抜き経理方式 併用 ②	税抜き	税込み		税抜き
税抜き経理方式 併用 ③	税抜き	税抜き	税込み	税抜き
税抜き経理方式 併用 ④	税抜き	税抜き	税込み	税込み
税抜き経理方式 併用 ⑤	税抜き	税込み	税抜き	税抜き
税抜き経理方式 併用 ⑥	税抜き	税込み	税抜き	税込み

一郎　そうか、併用方式には6通りあるんですね。

期末に
仮払い・仮受けを
精算

先生　経理処理の話で最後に、税抜き経理で登場する「仮払消費税」と「仮受消費税」の科目は、期末に相殺しなければならない。

一郎　はい、こういう仕訳ですね。

（借）仮受消費税　　×××　　（貸）仮払消費税　　　　×××
　　　　　　　　　　　　　　　　　　未払消費税　　　　×××

仮 受 消 費 税

仮 払 消 費 税	納付税額

先生　そうだね。で、実務では次に、そこで生じた差額をどう処理するかが問題になるよ。

一郎　差額、ですか？

先生　うむ。たとえば、こういう場合、どう処理するかな。

① 仮払消費税の残高　　　　700,000円
② 仮受消費税の残高　　　1,000,000円
③ 納付すべき消費税　　　　250,000円

一郎　ああ、なるほど。それだったら、こういう仕訳ですね。

（借）仮受消費税　1,000,000円　（貸）仮払消費税　700,000円
　　　　　　　　　　　　　　　　　　未払消費税　250,000円
　　　　　　　　　　　　　　　　　　雑 収 入　　50,000円

112

先生　うむ。貸方に差額が出れば「雑収入」、借方だったら「雑損失」に
なるね。

益税や端数処理で
差額が生じる

爽香　あの、どうして50,000円の差額が出るの？

一郎　そりゃあ、簡易課税の場合とか……ですね、先生。

先生　うむ。いわゆる益税だね。お客さんからもらった税金を、そのま
ま納めなくていい場合──他に、こんな場合も差額が出るね。

　　　　・併用方式で処理しているとき

　　　　・取引のつど税金の端数処理をしているとき

一郎　併用方式だと、仮払消費税で抜き出さない金額があるからですね。

先生　うむ。さらに細かいことをいえば、かりに１円までぴったりの金
額で仮払消費税と仮受消費税の金額を抜き出していても、最終的に納
める税額は百円未満の端数を切り捨てた金額だから、その分の何十円
という差額は必ず発生するね。

(2) 消費税の費用計上時期

税込み経理なら
費用計上

先生　ところで、税抜き経理だと仮払消費税と仮受消費税を相殺して未
払消費税を計上するだけだから、さっき説明した差額分を除いて損益
には影響しないけれど、税込み経理の場合、納税額が費用に計上され
るね。

一郎　ええ。期末にこういう処理をしますからね。

　　　　（借）租 税 公 課　　×××　（貸）未 払 消 費 税　　×××

先生　うむ。そういう処理もあるけど、納める時にこういうのでもいい
よ。

　　　　（借）租 税 公 課　　×××　（貸）現 金 預 金　　×××

現金主義と 発生主義の どちらでもいい	一郎　現金主義で納付時に計上ですか。

一郎　現金主義で納付時に計上ですか。

先生　法人税法や所得税法の取扱いは、原則としてこちらなんだよ。でも期末に発生主義で未払い計上するやり方も認められていて、どちらの処理をしてもいい。

一郎　繰上げ計上できるから、発生主義のほうが節税になりますね。

先生　まあ、そうだね。それから還付になるとき、これも2通りのやり方があって、どちらの処理でもいいことになってるよ。

〈現金主義〉

還付時：（借）現金預金　×××　（貸）雑収入　×××

〈発生主義〉

期　末：（借）未収金　×××　（貸）雑収入　×××

還付時：（借）現金預金　×××　（貸）未収金　×××

(3)　控除対象外消費税の取扱い

控除できない
仕入税額を
どうするか

先生　伊呂波くん、課税売上割合が95％未満のときは、仕入分の税額を全額は控除できないという話をしたね。

一郎　あ、はい。個別対応か一括比例配分で計算する、ということでした。

先生　うむ。その場合、税抜き経理をしてると、仮払消費税の金額が期末に残ってしまうね。

一郎　ええと、仮受消費税と相殺できないから……。

先生　そう。その金額はどうなるんだろうね。そのまま残すのか、費用で落としてしまっていいのか。

一郎　うーん、残すというのも変だし……納付差額と同じように、雑損失にしていいんですか？

課税売上割合
80％以上なら
全額費用

先生　所得金額に影響する話だから、そこはきちんとルール化されていて、法人も個人も"80％基準"で処理することになっているんだよ。

一郎　80％？

先生　課税売上割合が80％以上なら、残った金額（控除対象外消費税）を全額その年の費用にできることになっている。

一郎　80％未満だと落とせない？

先生　80％未満の場合でも、経費分の控除対象外消費税はＯＫ。

一郎　ふーん、経費以外のはどうなるんです？

80％未満なら
繰延経理が一般的

先生　個々の資産の取得価額に計上して、償却計算を通じて費用化すること（資産計上方式）になるね。あともうひとつ、「繰延消費税額」の科目でひとくくりにして５年間で償却するやり方（繰延経理方式）も認められてるね。実務的には、繰延経理のほうが一般的かな。

一郎　結構ややこしいんですね。

先生　あと、ややこしい話をもうひとつだけ。たとえ80％未満でも、この繰延経理方式を選択すれば、こういう控除対象外消費税は一度に費用計上できる。

　　　①　棚卸資産にかかっているもの

　　　②　個々の資産ごとに20万円未満のもの

250万円以上
の固定資産に
要注意

一郎　うーん、ということは、一度に費用計上できないのは……割合が80％未満の場合で、固定資産か繰延資産、しかも20万円以上のもの、ですか。

先生　そういうこと。本体価格をＸとすると、こういう計算になるね。

$$\text{X} \times 10\% \times 80\%（課税売上割合）＝20万円$$

$$\text{X}＝20万円 \div 10\% \div 80\%＝250万円$$

　　つまり、250万円以上の固定資産には要注意、ということだよ。

（4）　交際費課税の取扱い

<table>
<tr><td>交際費には
法人税がかかる</td><td>

先生　伊呂波くん、法人税制で交際費課税というのがあるね。

一郎　ええ、交際費は損金不算入で法人税がかかります。

先生　中小企業には例外があったね。

一郎　はい。資本金が1億円以下なら、800万円の非課税枠があります。

先生　うむ。大企業でも資本金が100億円以下なら、飲食費の50％は損金に算入できるね。

　ところで、この交際費課税を少しでも減らすには、税抜き経理が有利だよ。

一郎　おや、どうしてです？

先生　交際費として損金に算入する金額は、税込みなのか、税抜きなのか。

一郎　はて、どちらだろう。

</td></tr>
<tr><td>税抜き経理で
節税</td><td>

先生　会社の経理処理を尊重することになっていて、帳簿に計上している金額が交際費の額。

一郎　なるほど。税抜きで計上していれば、税金分だけ交際費課税を免れることができるんですね。

先生　細かいことを言えば、「控除対象外消費税」はダメ。これは交際費課税の対象に含めることになっている。

一郎　ええと、課税売上割合が95％未満の場合……。

先生　そう、仕入れに対する消費税を全額は控除できないんだったね。

一郎　ええ。ということは正確には、税抜き経理にすれば、控除対象になった消費税分だけトク？

先生　そういうこと。ただし、税抜き経理は手間ひまかかるからねえ。結局、手間をかけて法人税を安上がりにするか、それとも税金が少々高くなってもお手軽な処理を選ぶか、経営者の考え方しだいだね。

一郎　先生、併用方式で交際費だけ税抜きでやる、というのは……ダメですよねえ。

先生　ダメだね——経費項目のすべてをどちらで処理するかの選択だから、交際費だけというわけにはいかないね。

</td></tr>
</table>

(5)　少額減価償却資産の判定

経理処理に
応じて判定

先生　次に、これは法人だけでなく個人事業者にも関係することだけど、少額減価償却資産の金額判定の話。

一郎　10万円から30万円に引き上げられていますね。

先生　うむ、青色申告の中小企業者の場合だけね。白色申告だと10万円のままだよ。

爽香　あの、それってどういう話なんですか？　わたし、ちっとも分からないわ。

先生　あ、ゴメン、ごめん。固定資産を買ったとき、普通なら資産に計上して何年かかけて償却するんだけど、30万円未満のものは一度に費用で落とせる、という話だよ。

爽香　あら、そうなんですか。じゃあ、節税になるのね。

先生　そう。さてそこで、この30万円という金額を税込み、税抜きのいずれで判定するのか。

一郎　交際費と同じように選択した経理処理を尊重、ですか。

先生　そのとおり。やはり税抜き経理が有利だね。

一郎　手間ひまかけて税抜き経理をするかどうか、ですね。

爽香　ええと、その場合も控除対象外のものはダメなの？

先生　あ、いやいや、交際費課税と違って、この場合は実際にかかった10％の消費税そのもので計算していいんだよ。

2 源泉所得税における消費税の取扱い

(1) 報酬・料金の源泉徴収

消費税を別記していれば税抜き金額に対する源泉徴収

先生 では、次に源泉徴収の話に移って――たとえば、うちの事務所はお客さんから報酬をもらうとき、復興特別所得税込みで10.21％の源泉徴収が必要……これ分かるね、爽香くん。

爽香 ええ、請求書作るとき、忘れず"源泉所得税"を10.21％引いてます。

先生 その10.21％って、どの金額に対する10.21％かな。

爽香 そりゃあ、報酬金額の10.21％ですよ。

先生 それは税込み、税抜き？

爽香 ええと、どっちだったかしら？

先生 ここに、きのう難田さんに送った請求書の控えがあるね。

報 酬 金 額	100,000円
消 費 税	10,000円
計	110,000円
源泉所得税	▲10,210円
差 引	99,790円

爽香 ああ、税抜きの10万円に対する10.21％です。

先生 そうだね。110,000円の10.21％としなくていいんだね。

税込み表示なら源泉税が高くつく

一郎 先生、そういう計算も税法で決まってるんですか。

先生 うむ。原則として、税込み金額に対して源泉徴収しなきゃならない。でも、請求書で消費税の金額が別記されていれば、こういう計算でもいい、ということになってるんだよ。

一郎 ふーん、じゃあ別記してないと、こういう請求になるんですか。

報酬金額	110,000円
源泉所得税	▲11,231円
差 引	98,769円

爽香 あら、手取り額が1,000円ほど減ってしまう……。

先生　そうだよ。絶対に間違えないでね。

（2）　給与所得の源泉徴収

現物給与は
税込みで源泉徴収

先生　あと源泉徴収の話をもうひとつ。給与所得の源泉徴収をするとき
　　　も、税込みか税抜きかで問題になることがあるね。

一郎　おや、給料は不課税だから消費税なんて関係ないんでしょう。

先生　現金支給ならそうだけど、いわゆる“現物給与”といって物品や
　　　サービスで渡す場合が問題だね。

一郎　ああ、会社から記念品をもらったりとか……。

先生　そういうときは、原則として源泉徴収の対象になるけど、税込み
　　　金額を支給額とみて税額計算することになるからね。

非課税限度額は
税抜き金額で判定

一郎　あの、創業記念品はいくらかまで源泉徴収しなくていい、という
　　　取扱いがありましたけど、そういうときの非課税限度の判定も税込み
　　　ですか？

先生　1万円までの品物なら非課税だけど、その場合の判定は税抜きで
　　　いいことになってる。だから、税込みで11,000円まで源泉徴収しなく
　　　ていいんだね。

3 印紙税法の取扱い

**消費税を
区分記載すれば
税抜きで課税**

先生 他税目のことをもうひとつ。印紙税にも消費税うんぬんの話が出てくるよ。印紙税って、契約書とかの文書に書かれた金額に応じて、貼るべき印紙の金額が変わってくるね。

一郎 金額が小さければ少ない金額の印紙で済みますね。

先生 そこでその金額を税込み、税抜きのどちらでみるか、というのが問題になってね。

　結論として、次の文書は消費税の金額を区分して書いてあるか、あるいは税込み・税抜きの金額がともに書いてあって消費税の金額が簡単に計算できるときには、税抜きの金額で課税することになっている。

　　① 不動産の譲渡等に関する契約書（第1号文書）

　　② 請負に関する契約書（第2号文書）

　　③ 金銭または有価証券の受取書（第17号文書）

申告と納税

確定申告

年1回の確定申告

先生 個人も法人も年1回、消費税の確定申告をしなければならない。期限はいつかな、伊呂波くん？

一郎 ええと、法人は決算期末から2か月以内、個人は3月31日です。

先生 うむ、その日が土・日・祝日ならその翌日で、納税の期限も同じだね。

それから、法人税と同じように消費税でも、申告期限の1か月延長が認められているよ。

一郎 おや、そうなんですか。3月決算の会社で、法人税は6月末でもいいけど、消費税の申告は5月中でないとダメなのでは……。

先生 令和2年度に改正があってね。法人税に関して1か月延長の特例を受けている会社は、届出をすれば消費税も延長ができるようになってるよ。

一郎 へーえ、いつからなんですか。

先生 令和3年3月期決算からだね。

爽香 先生、申告書を提出するのと、税金を納めるのは同時でなくていいんですよね？

先生 もちろん別々でいいよ。申告書は税務署に提出、納税は銀行や郵便局で、それぞれその期限までにすればいいんだよ。

課税期間を
短縮すれば
ひんぱんに
確定申告

一郎 先生、課税期間の短縮をした場合、それも確定申告なんですか？

先生 あ、そうそう。課税期間を3か月ないし1か月に短縮したときは、それぞれの期間の期末から2か月以内に確定申告しなきゃならない。

一郎 個人でも2か月以内ですか？

先生 うむ。年1回の3月末というのだけ特例でそうなってるから、その他の場合は、2か月以内だよ。

一郎 1か月に短縮した場合だと、毎月確定申告ですか。

先生 そういうことになるね。

| 提出は郵送を歓迎 | 爽香 | 申告書の提出は、郵送でもいいんですよね。 |

爽香 申告書の提出は、郵送でもいいんですよね。

先生 そう。原則として税務署に持参することになってるけれど、とくに個人の場合、3月の確定申告時期は混み合うからね——税務署のほうでも、郵送での提出を歓迎しているよ。

一郎 提出日は郵便の消印の日付けですね。

先生 そう、発信主義だね。それから郵送するときは必ず、簡易書留か配達証明付き郵便にすることだね。

一郎 郵便局の受領印が税務署の受付印代わりになる。

先生 うむ、トラブルが起きないように……期限後申告だとペナルティーが付くからね。

一郎 返信用封筒を同封するお客さんもいますね。

先生 慎重な人はそうしてるね。申告書の控えと一緒に返信用封筒を同封しておけば、受付印を押して送り返してくれるよ。もちろん封筒に宛名書きして、切手を貼るのも忘れないように。

発信主義は 郵便物にのみ適用

爽香 先生、レターパックとか郵パックで送ってもいいんですか？

先生 もちろん構わない。ただし気をつけるべきは、さっき言った"発信主義"が適用されるのは"郵便"だけだからね。

爽香 え、どういうこと？

先生 レターパックは郵便扱いだからいいけど、郵パックや宅急便はそうじゃないからね。こういうもので送ったときは、発信主義ではなく"到達主義"が適用される。

爽香 ということは……？

先生 期日ぎりぎりに発送したとき、ひょっとすると期限後申告になってしまうかも知れないよ。

爽香 そうか、郵パックは気をつけなきゃ。

振替納税が便利

一郎 先生、消費税も振替納税できるんですか？

先生 できるよ。個人だけだけどね。

爽香 なんですか、それ？

先生 電気代やガス代みたいに、自分の預金口座から自動引落しできるんだよ。もともと所得税の制度だけど、消費税も個人に限りOKなんだね。

爽香 ふーん、便利そうね。

先生 徴収もれが防げることから税務署にとっても便利な制度で、さかんに振替納税を奨励しているよ。

一郎　引落し日は4月に入ってからですよね。

先生　そうだね。本来の納期は3月31日だけど、引落しは4月下旬だね。

爽香　へーえ、お得なんだ。

**電子納税や
クレジットカード
納付もできる**

先生　それからキャッシュレス時代を反映して、e-Taxで電子申告していれば、インターネット経由で電子納税もできるし、電子申告でなくてもインターネットを利用して、クレジットカードで納付することもできるよ。

爽香　いろいろできるのね。

2　中間申告

先生　あと、消費税にも中間申告の制度があるよ。前年の税額いかんで申告回数が決まっているね。

前年の消費税額	申告回数	納税額
48万円以下	不要	—
48万円超400万円以下	1回（半年後）	前年税額×$\frac{1}{2}$
400万円超4,800万円以下	3回（4半期ごと）	前年税額×$\frac{1}{4}$
4,800万円超	11回（毎月）	前年税額×$\frac{1}{12}$

　ここでいう税額は、国税の消費税（7.8％）の金額だよ。地方消費税を含めた10％の金額ではないから、気をつけて。

爽香　前の年の消費税が48万円以下なら、中間申告はいらないのね。

先生　うむ。ただし、あらかじめ届出書を提出しておけば、48万円以下でも、中間申告が・で・き・る・ことにはなっているね。

爽香　あら、申告しなくていいのに、わざわざする人っているのですか？

先生　確定申告する時に、納税資金がないと困るからね。消費税って預り金なんだから、早めに納めておこう、という人もいるだろうね。

一郎　先生、売上げがどのぐらいの規模までだったら、中間申告しなくていいんでしょう？

先生　そうだね。たとえば仕入率が70％とすれば——

　　　　X×（1−70％）×7.8％＝48万円
　　　　X＝48万円÷30％÷7.8％≒2,050万円

一郎　そうか。年商が1,000万円や1,500万円ぐらいだったら、中間申告なんて不要ですね。

先生　まあ、そうだろうね。

中間申告は 署名するだけ	**爽香** 中間申告はいつまでにするのですか？ **先生** 中間期末や4半期末から2か月以内だよ。確定申告と同じだね。 **一郎** 個人も法人と同じですね。 **先生** そう。確定申告だけ3か月後で、中間分は2か月後だよ。 **爽香** あの、中間申告ってやっぱり、申告書にいろいろ書いて……。 **先生** いや、そんな必要はないよ。税額は、前年の$\frac{1}{2}$とか$\frac{1}{4}$と決まってるからね。必要事項をすべて記入した用紙が税務署から届くので、そこに署名して提出するだけ。あとは、申告書と一緒に納付書も届くから、それで納税するだけだよ。 **爽香** なーんだ、簡単なんですね。
申告書の提出は 省略してもいい	**先生** 横着して申告書を出さない、ということでもかまわないよ。 **一郎** え、いいんですか、そんなことして？ **先生** 名前を書いて提出するだけなんて、まるで形式的なことだからね。納税さえしておけば、申告は省略してもいいんだよ。ペナルティーもかからないから。 **一郎** ふーん、そうなんですか。
仮決算方式の 中間申告もある	**先生** そのことに関係する話だけど、"仮決算"に基づく中間申告というのがあるね。 **一郎** ええ。前年の$\frac{1}{2}$とかでなく、中間時点で決算をして申告するというやり方ですね。 **先生** うむ。法人税や所得税にも同じ制度があって、去年と比べて業績が落ちてるときには、前年の税額に基づいて納めるより、こちらを選択するほうが有利なんだね。 **一郎** そうですね。前年の$\frac{1}{2}$だと、余分な税金を払うことになりますからね。 **先生** ただし、この仮決算方式で申告するときは、必ず申告書を提出しなければならない。 **一郎** 確定申告と同じ申告用紙ですね。 **先生** うむ。さてそこで、さっきの"省略"の話に戻って——税務署から届いた中間申告書を提出しなかったとき、それは仮決算方式でなく、通常の（前年税額に基づく）申告をしたものとみなす、という条文があるんだよ。だから申告書を出さなくても大丈夫。

消費税申告書の書き方

1 申告書の種類

2種類の申告書

先生 では、申告書の話に移ろう。まず消費税の申告書には、どんな種類があるかな。

一郎 ええと、「一般用」と「簡易課税用」の2つです（P.132、P.133）。

先生 2種類の申告書、よく似た様式だけど微妙に違うよ。右欄外に（一般用）（簡易課税用）と書いてあるから、間違わないようにね。

この2枚は"第一表"で、申告書にはもう1枚"第二表"（課税標準額等の内訳書）というのもあるよ（P.134）。第二表は一般用と簡易課税用に共通で、第一表だけでは書くスペースが足りないので設けられているんだね。

付表があれこれ

一郎 先生、他にも付表があれこれあるんですね。

先生 そう、申告書以外にこういう表が用意されているよ（P.135～P.152）。

① 付表1－1　税率別消費税額計算表 兼 地方消費税の課税標準となる消費税額計算表

② 付表1－2　税率別消費税額計算表 兼 地方消費税の課税標準となる消費税額計算表（経過措置対象課税資産の譲渡等を含む課税期間用）

③ 付表2－1　課税売上割合・控除対象仕入税額等の計算表

④ 付表2－2　課税売上割合・控除対象仕入税額等の計算表（経過措置対象課税資産の譲渡等を含む課税期間用）

⑤ 付表4－1　税率別消費税額計算表 兼 地方消費税の課税標準となる消費税額計算表

⑥ 付表4－2　税率別消費税額計算表 兼 地方消費税の課税標準となる消費税額計算表（経過措置対象課税資産の譲渡等を含む課税期間用）

⑦ 付表5－1　控除対象仕入税額等の計算表

⑧ 付表5－2　控除対象仕入税額等の計算表（経過措置対象課税資産の譲渡等を含む課税期間用）

⑨　付表6　死亡した事業者の消費税及び地方消費税の確定申告明
　　　細書

⑩　計算表5 −(1)　課税資産の譲渡等の対価の額の計算表（軽減売
　　　上割合（10営業日）を使用する課税期間用）

⑪　計算表5 −(2)　課税資産の譲渡等の対価の額の計算表（小売等
　　　軽減仕入割合を使用する課税期間用）

⑫　消費税の還付申告に関する明細書（法人用）

⑬　消費税の還付申告に関する明細書（個人事業者用）

⑭　消費税及び地方消費税の中間申告書

**一般用には
付表1−1と
2−1を添付**

爽香　いろいろあるのねえ──わたし、こんなにたくさん覚えられない
　わ。

先生　まあ、特殊な場合にしか使わない表も多いから……。通常の場合、
　一般用の申告書を出すときは、必ず「付表1−1」（税率別消費税額計
　算表）と「付表2−1」（課税売上割合と控除対象仕入税額等の計算
　表）を添付するね。

一郎　1−2と2−2は付けないんですか？

先生　旧税率の取引がある場合はその2枚が必要だけど、10％の標準税
　率と8％の軽減税率だけだったら要らないよ。

一郎　じゃあ、税率の引上げからかなり経ったので、もはやこの2枚の
　出番はないのかな。

先生　そうだね。あるとしたら、引上げ時に何らかの経過措置の適用を
　受けていて、しばらく旧税率で取引できる場合かな。

3種類の旧税率

一郎　あれ、先生──付表1−2に書かれている税率を見てると、3％、
　4％、6.3％と、3つも欄がありますよ。なんだろう、これ……。

先生　消費税の税率は、最初に3％から始まって、その後5％、8％と
　引上げられたのは知ってるね。

一郎　ええ、そうですね。

先生　そこに書かれているのは国税だけで、最初は3％がまるまる国税
　だったけれど、その後こういう具合に税率が改められたんだよ。

適用期間	税　率		
	消　費　税	地方消費税	合　　計
平成元年４月〜	3%	―	3%
平成９年４月〜	4%	1%	5%
平成26年４月〜	6.3%	1.7%	8%
令和元年10月〜	7.8%	2.2%	10%

爽香　あら、"地方消費税"なんてあるのね。

先生　そう。消費税といえば国税で、それ以外に地方消費税という税目もあるんだよ。２つ合わせて消費税等といういい方をする場合もあるね。

爽香　へーえ、そうなんだ。

一郎　だけど先生、８％はともかく３％や５％の税率なんて、今どきそんな取引があるんですか。

先生　あるとしたら、リース取引かなあ。リースでは最初に契約した時点の税率が、その後のリース料の支払いにすべて適用されるからね。でも、さすが30年以上経過して、いまだに３％の消費税でリース料を払ってるなんて、ちょっと考えられないね。

一郎　それでも、申告書にはこういう税率がまだ残ってるってことですか。

簡易課税用には
付表４−１と
５−１を添付

先生　うーん、税率の履歴として、この先も残るんだろうかね。ま、それはそれとして、あと、簡易課税用の申告書を提出するときは、通常「付表４−１」（税率別消費税額計算表）と「付表５−１」（控除対象仕入税額等の計算表）を添付するだろうね。

一郎　４−２と５−２は、旧税率がある場合に作成するのですね。

還付申告には
仕入税額の明細書
を添付

先生　そういうこと。それから、還付申告の場合は一般用の申告書のほか、「消費税の還付申告に関する明細書」（⑫または⑬）の提出が必要だよ。

一郎　還付を受けるからには、仕入税額の細かい明細が必要、というわけか。

先生　そういうことだね。

区分経理が
困難なら
簡便計算用の表を
使う

一郎　⑩、⑪の「計算表」って、さっき軽減税率の説明で出てきた話ですか？

先生　そうそう、よく気がついたね。標準税率と軽減税率の区分経理が困難な中小企業について、10営業日基準や仕入割合基準を使った簡便計算が認められていて、その計算をする際に使う表だね。

爽香　わたし、もう頭がパンクしそう……。

先生　おやおや、じゃあ概略の説明はこのくらいにして、以下、具体的な計算例で申告書の記入例を見ていくとしよう。

令和 5年 5月 31日　　　　　　　　　　　　北　税務署長殿

納税地	大阪市北区○○町18番1号	
	（電話番号　　－　　－　　）	
（フリガナ）	ナガタ ショウテン	
名称又は屋号	（株）永田商店	
個人番号又は法人番号	↓個人番号の記載に当たっては、左端を空欄とし、ここから記載してください。	
（フリガナ）	ナガタ　キョウヘイ	
代表者氏名又は氏名	永田　恭平	

※税務署処理欄

一　連　番　号	翌年以降送付不要 ○
所署 要否 整理番号	
申告年月日　令和　年　月　日	
申告区分　指導等　庁指定　局指定	
通信日付印　確認印　確認書類　個人番号カード　通知カード・運転免許証　その他（　）　身元確認	
指導　年　月　日　相談　区分1　区分2　区分3　令和	

法人用　第一表

令和元年十月一日以後終了課税期間分（一般用）

自 令和 **04**年**04**月**01**日
至 令和 **05**年**03**月**31**日

課税期間分の消費税及び地方消費税の（　確定　）申告書

中間申告の場合の対象期間　自 平成令和　年　月　日　至 令和　年　月　日

この申告書による消費税の税額の計算

		十兆千百十億千百十万千百十一円	
課税標準額	①	16919000	03
消費税額	②	1319682	06
控除過大調整税額	③		07
控除税額 控除対象仕入税額	④	856559	08
返還等対価に係る税額	⑤		09
貸倒れに係る税額	⑥		10
控除税額小計（④+⑤+⑥）	⑦	856559	11
控除不足還付税額（⑦-②-③）	⑧		13
差引税額（②+③-⑦）	⑨	463100	15
中間納付税額	⑩	00	16
納付税額（⑨-⑩）	⑪	463100	17
中間納付還付税額（⑩-⑨）	⑫	00	18
この申告書が修正申告である場合 既確定税額	⑬		19
差引納付税額	⑭	00	20
課税売上割合 課税資産の譲渡等の対価の額	⑮	16919520	21
資産の譲渡等の対価の額	⑯	16919520	22

この申告書による地方消費税の税額の計算

地方消費税の課税標準となる消費税額 控除不足還付税額	⑰		51
差引税額	⑱	463100	52
譲渡割額 還付額	⑲		53
納税額	⑳	130600	54
中間納付譲渡割額	㉑	00	55
納付譲渡割額（⑳-㉑）	㉒	130600	56
中間納付還付譲渡割額（㉑-⑳）	㉓	00	57
この申告書が修正申告である場合 既確定譲渡割額	㉔		58
差引納付譲渡割額	㉕	00	59
消費税及び地方消費税の合計（納付又は還付）税額	㉖	593700	60

付記事項・参考事項

	有	無	
割賦基準の適用	有	○ 無	31
延払基準等の適用	有	○ 無	32
工事進行基準の適用	有	○ 無	33
現金主義会計の適用	有	○ 無	34
課税標準額に対する消費税額の計算の特例の適用	有	○ 無	35

控除税額の計算方法	課税売上高5億円超又は課税売上割合95%未満	個別対応方式　一括比例配分方式	41
	上記以外 ○	全額控除	

基準期間の課税売上高　　**16,791** 千円

還付を受けようとする金融機関等

銀　行	本店・支店
金庫・組合	出張所
農協・漁協	本所・支所
預金 口座番号	
ゆうちょ銀行の貯金記号番号	－
郵便局名等	

※税務署整理欄

税理士署名　（電話番号　　－　　－　　）

○	税理士法第30条の書面提出有
○	税理士法第33条の2の書面提出有

132

令和 5 年 5 月 31 日　　　　北　税務署長殿

（収受印）

納税地	大阪市北区○○町18番1号
	（電話番号　　－　　－　　）
（フリガナ）	ナガタ ショウテン
名称又は屋号	（株）永田商店
個人番号又は法人番号	↓ 個人番号の記載に当たっては、左端を空欄とし、ここから記載してください。
（フリガナ）	ナガタ　キョウヘイ
代表者氏名又は氏名	永田　恭平

※税務署処理欄

（簡）法人用 第一表

一　連　番　号		翌年以降送付不要　○
所管	要否 整合	整理番号
申告年月日	令和　年　月　日	
申告区分	指導等　庁指定　局指定	
通信日付印 確認印	確認書類	個人番号カード 通知カード・運転免許証 その他（ ）	身元確認
年 月 日		
指　導　年　月　日	相談 区分1 区分2 区分3	
令和		

自 令和 **04** 年 **04** 月 **01** 日
至 令和 **05** 年 **03** 月 **31** 日

課税期間分の消費税及び地方消費税の（　確定　）申告書

中間申告の場合の対象期間　自 平成令和 □□年□□月□□日　至 令和 □□年□□月□□日

令和元年十月一日以後終了課税期間分（簡易課税用）

この申告書による消費税の税額の計算

課税標準額	①	16919000	03
消費税額	②	1319682	06
貸倒回収に係る消費税額	③		07
控除税額 控除対象仕入税額	④	1055745	08
返還等対価に係る税額	⑤		09
貸倒れに係る税額	⑥		10
控除税額小計（④+⑤+⑥）	⑦	1055745	12
控除不足還付税額（⑦-②-③）	⑧		13
差引税額（②+③-⑦）	⑨	263900	15
中間納付税額	⑩	00	16
納付税額（⑨-⑩）	⑪	263900	17
中間納付還付税額（⑩-⑨）	⑫	00	18
この申告書が修正申告である場合 既確定税額	⑬		19
差引納付税額	⑭	00	20
この課税期間の課税売上高	⑮	16919520	21
基準期間の課税売上高	⑯	16790451	

この申告書による地方消費税の税額の計算

地方消費税の課税標準となる消費税額 控除不足還付税額	⑰		51
差引税額	⑱	263900	52
譲渡割額 還付額	⑲		53
納税額	⑳	74400	54
中間納付譲渡割額	㉑	00	55
納付譲渡割額（⑳-㉑）	㉒	74400	56
中間納付還付譲渡割額（㉑-⑳）	㉓	00	57
この申告書が修正申告である場合 既確定譲渡割額	㉔		58
差引納付譲渡割額	㉕	00	59
消費税及び地方消費税の合計（納付又は還付）税額	㉖	338300	60

付記事項

割賦基準の適用	有	○無	31
延払基準等の適用	有	○無	32
工事進行基準の適用	有	○無	33
現金主義会計の適用	有	○無	34
課税標準額に対する消費税額の計算の特例の適用	有	○無	35

参考事項

事業区分

区分	課税売上高（免税売上高を除く） 千円	売上割合 ％	
第1種			36
第2種	16,919	100.0	37
第3種			38
第4種			39
第5種			42
第6種			43

特例計算適用（令57③）	有	○無	40

還付を受けようとする金融機関等

銀行	本店・支店
金庫・組合	出張所
農協・漁協	本所・支所
預金 口座番号	
ゆうちょ銀行の貯金記号番号	－
郵便局名等	

※税務署整理欄

税理士署名	
（電話番号　　－　　－　　）	

○ 税理士法第30条の書面提出有
○ 税理士法第33条の2の書面提出有

課税標準額等の内訳書

整理番号								

改正法附則による税額の特例計算			
軽減売上割合（10営業日）	○	附則38①	51
小売等軽減仕入割合	○	附則38②	52

納税地	大阪市北区○○町18番1号
	（電話番号　　　－　　　－　　　）
（フリガナ）	ナガタ ショウテン
名　称 又は屋号	（株）永田商店
（フリガナ）	ナガタ　キョウ ヘイ
代表者氏名 又は氏名	永田　恭平

自 令和 **04** 年 **04** 月 **01** 日

至 令和 **05** 年 **03** 月 **31** 日

課税期間分の消費税及び地方消費税の（　確定　）申告書

中間申告 自 令和		年		月		日
の場合の						
対象期間 至 令和		年		月		日

課　税　標　準　額 ※申告書（第一表）の①欄へ	①	十兆千百十億千百十万千百十一円 1 6 9 1 9 0 0 0	01

課税資産の 譲　渡　等　の 対　価　の　額 の　合　計　額	3 ％ 適 用 分	②		02
	4 ％ 適 用 分	③		03
	6.3 ％ 適 用 分	④		04
	6.24％ 適 用 分	⑤		05
	7.8 ％ 適 用 分	⑥	1 6 9 1 9 5 2 0	06
		⑦	1 6 9 1 9 5 2 0	07
特定課税仕入れ に係る支払対価 の額の合計額 （注1）	6.3 ％ 適 用 分	⑧		11
	7.8 ％ 適 用 分	⑨		12
		⑩		13

消　費　税　額 ※申告書（第一表）の②欄へ	⑪	1 3 1 9 6 8 2	21

⑪ の 内 訳	3 ％ 適 用 分	⑫		22
	4 ％ 適 用 分	⑬		23
	6.3 ％ 適 用 分	⑭		24
	6.24 ％ 適 用 分	⑮		25
	7.8 ％ 適 用 分	⑯	1 3 1 9 6 8 2	26

返　還　等　対　価　に　係　る　税　額 ※申告書（第一表）の⑤欄へ	⑰		31
⑰の内訳 売上げの返還等対価に係る税額	⑱		32
特定課税仕入れの返還等対価に係る税額 （注1）	⑲		33

地方消費税の 課税標準となる 消　費　税　額 （注2）		⑳	4 6 3 1 0 0	41
	4 ％ 適 用 分	㉑		42
	6.3 ％ 適 用 分	㉒		43
	6.24％及び7.8％ 適 用 分	㉓	4 6 3 1 0 0	44

（注1）　⑧～⑩及び⑲欄は、一般課税により申告する場合で、課税売上割合が95％未満、かつ、特定課税仕入れがある事業者のみ記載します。

付表1-1 税率別消費税額計算表 兼 地方消費税の課税標準となる消費税額計算表
〔経過措置対象課税資産の譲渡等を含む課税期間用〕

一 般

課 税 期 間	4・4・1 ~ 5・3・31	氏名又は名称	株式会社 モードミセス

区　　　　　分		旧 税 率 分 小 計 X	税率6.24％適用分 D	税率7.8％適用分 E	合　　計　　F (X＋D＋E)
課 税 標 準 額	①	(付表1-2の①X欄の金額)　円 000	円 000	※第二表の①欄へ　円 176,021,000	※第二表の①欄へ　円 176,021,000
①の内訳	課税資産の譲渡等の対価の額 ①-1	(付表1-2の①-1X欄の金額)	※第二表の⑤欄へ	※第二表の⑥欄へ 176,021,900	※第二表の⑦欄へ 176,021,900
	特定課税仕入れに係る支払対価の額 ①-2	(付表1-2の①-2X欄の金額)	※①-2欄は、課税売上割合が95%未満、かつ、特定課税仕入れがある事業者のみ記載する。 ※第二表の⑨欄へ		※第二表の⑩欄へ
消 費 税 額	②	(付表1-2の②X欄の金額)	※第二表の⑮欄へ	※第二表の⑯欄へ 13,729,638	※第二表の⑪欄へ 13,729,638
控 除 過 大 調 整 税 額	③	(付表1-2の③X欄の金額)	(付表2-1の㉕・㉘D欄の合計金額)	(付表2-1の㉕・㉘E欄の合計金額)	※第一表の③欄へ
控除税額	控除対象仕入税額 ④	(付表1-2の④X欄の金額)	(付表2-1の㉔D欄の金額) 27,600	(付表2-1の㉔E欄の金額) 9,486,353	※第一表の④欄へ 9,513,953
	返還等対価に係る税額 ⑤	(付表1-2の⑤X欄の金額)			※第二表の⑰欄へ
	⑤の内訳 売上げの返還等対価に係る税額 ⑤-1	(付表1-2の⑤-1X欄の金額)			※第二表の⑱欄へ
	特定課税仕入れの返還等対価に係る税額 ⑤-2	(付表1-2の⑤-2X欄の金額)	※⑤-2欄は、課税売上割合が95%未満、かつ、特定課税仕入れがある事業者のみ記載する。		※第二表の⑲欄へ
	貸倒れに係る税額 ⑥	(付表1-2の⑥X欄の金額)			※第一表の⑥欄へ
	控除税額小計 (④＋⑤＋⑥) ⑦	(付表1-2の⑦X欄の金額)	27,600	9,486,353	※第一表の⑦欄へ 9,513,953
控 除 不 足 還 付 税 額 (⑦-②-③)	⑧	(付表1-2の⑧X欄の金額)	※⑪E欄へ 27,600	※⑪E欄へ	27,600
差 引 税 額 (②＋③-⑦)	⑨	(付表1-2の⑨X欄の金額)	※⑫E欄へ	※⑫E欄へ 4,243,285	4,243,285
合 計 差 引 税 額 (⑨-⑧)	⑩				※マイナスの場合は第一表の⑧欄へ ※プラスの場合は第一表の⑨欄へ 4,215,685
地方消費税の課税標準となる消費税額	控除不足還付税額 ⑪	(付表1-2の⑪X欄の金額)		(⑧D欄と⑧E欄の合計金額) 27,600	27,600
	差 引 税 額 ⑫	(付表1-2の⑫X欄の金額)		(⑨D欄と⑨E欄の合計金額) 4,243,285	4,243,285
合計差引地方消費税の課税標準となる消費税額 (⑫-⑪)	⑬	(付表1-2の⑬X欄の金額)		※第二表の㉑欄へ 4,215,600	※マイナスの場合は第一表の⑰欄へ ※プラスの場合は第一表の⑱欄へ ※第二表の㉑欄へ 4,215,600
譲渡割額	還 付 額 ⑭	(付表1-2の⑭X欄の金額)		(⑪E欄×22/78)	
	納 税 額 ⑮	(付表1-2の⑮X欄の金額)		(⑫E欄×22/78) 1,189,015	1,189,015
合 計 差 引 譲 渡 割 額 (⑮-⑭)	⑯				※マイナスの場合は第一表の⑲欄へ ※プラスの場合は第一表の⑳欄へ 1,189,015

注意　1　金額の計算においては、1円未満の端数を切り捨てる。
　　　2　旧税率が適用された取引がある場合は、付表1-2を作成してから当該付表を作成する。

付表1−2　税率別消費税額計算表　兼　地方消費税の課税標準となる消費税額計算表
　　　　　〔経過措置対象課税資産の譲渡等を含む課税期間用〕

一 般

| 課　税　期　間 | ・・～・・ | 氏 名 又 は 名 称 | |

区　　　　　分		税率3％適用分 A	税率4％適用分 B	税率6.3％適用分 C	旧税率分小計 X (A+B+C)
課　税　標　準　額	①	円 000	円 000	円 000	※付表1-1の①X欄へ 円 000
①の内訳 課税資産の譲渡等の対価の額	①-1	※第二表の②欄へ	※第二表の③欄へ	※第二表の④欄へ	※付表1-1の①-1X欄へ
①の内訳 特定課税仕入れに係る支払対価の額	①-2	※①-2欄は、課税売上割合が95％未満、かつ、特定課税仕入れがある事業者のみ記載する。		※第二表の⑧欄へ	※付表1-1の①-2X欄へ
消　費　税　額	②	※第二表の⑫欄へ	※第二表の⑬欄へ	※第二表の⑭欄へ	※付表1-1の②X欄へ
控除過大調整税額	③	(付表2-2の㉕・㉘A欄の合計金額)	(付表2-2の㉕・㉘B欄の合計金額)	(付表2-2の㉕・㉘C欄の合計金額)	※付表1-1の③X欄へ
控除税額 控除対象仕入税額	④	(付表2-2の㉔A欄の金額)	(付表2-2の㉔B欄の金額)	(付表2-2の㉔C欄の金額)	※付表1-1の④X欄へ
控除税額 返還等対価に係る税額	⑤				※付表1-1の⑤X欄へ
控除税額 ⑤の内訳 売上げの返還等対価に係る税額	⑤-1				※付表1-1の⑤-1X欄へ
控除税額 ⑤の内訳 特定課税仕入れの返還等対価に係る税額	⑤-2	※⑤-2欄は、課税売上割合が95％未満、かつ、特定課税仕入れがある事業者のみ記載する。			※付表1-1の⑤-2X欄へ
控除税額 貸倒れに係る税額	⑥				※付表1-1の⑥X欄へ
控除税額 控除税額小計 (④+⑤+⑥)	⑦				※付表1-1の⑦X欄へ
控除不足還付税額 (⑦-②-③)	⑧		※⑪B欄へ	※⑪C欄へ	※付表1-1の⑧X欄へ
差　引　税　額 (②+③-⑦)	⑨		※⑫B欄へ	※⑫C欄へ	※付表1-1の⑨X欄へ
合　計　差　引　税　額 (⑨-⑧)	⑩				※付表1-1の⑩X欄へ
地方消費税の課税標準となる消費税額 控除不足還付税額	⑪		(⑧B欄の金額)	(⑧C欄の金額)	※付表1-1の⑪X欄へ
地方消費税の課税標準となる消費税額 差　引　税　額	⑫		(⑨B欄の金額)	(⑨C欄の金額)	※付表1-1の⑫X欄へ
合計差引地方消費税の課税標準となる消費税額 (⑫-⑪)	⑬		※第二表の㉑欄へ	※第二表の㉒欄へ	※付表1-1の⑬X欄へ
譲渡割額 還　付　額	⑭		(⑪B欄×25/100)	(⑪C欄×17/63)	※付表1-1の⑭X欄へ
譲渡割額 納　税　額	⑮		(⑫B欄×25/100)	(⑫C欄×17/63)	※付表1-1の⑮X欄へ
合計差引譲渡割額 (⑮-⑭)	⑯				

注意　1　金額の計算においては、1円未満の端数を切り捨てる。
　　　2　旧税率が適用された取引がある場合は、当該付表を作成してから付表1-1を作成する。

136

付表2－1　課税売上割合・控除対象仕入税額等の計算表
　　　　　〔経過措置対象課税資産の譲渡等を含む課税期間用〕

一般

| 課　税　期　間 | 4・4・1～5・3・31 | 氏名又は名称 | 株式会社 モードミセス |

項　　目		旧税率分小計 X (付表2-2の①欄の金額)	税率6.24％適用分 D	税率7.8％適用分 E	合　　計　F (X＋D＋E)
課　税　売　上　額　（　税　抜　き　）	①	円	円	176,021,900 円	176,021,900 円
免　　税　　売　　上　　額	②				
非 課 税 資 産 の 輸 出 等 の 金 額、海 外 支 店 等 へ 移 送 し た 資 産 の 価 額	③				
課税資産の譲渡等の対価の額（①＋②＋③）	④				※第一表の⑮欄へ ※付表2-2の④欄へ 176,021,900
課 税 資 産 の 譲 渡 等 の 対 価 の 額（④の金額）	⑤				176,021,900
非　　課　　税　　売　　上　　額	⑥				115,462
資 産 の 譲 渡 等 の 対 価 の 額（⑤＋⑥）	⑦				※第一表の⑯欄へ ※付表2-2の⑦X欄へ 176,137,362
課　税　売　上　割　合（④／⑦）	⑧				※付表2-2の⑧X欄へ [99.93％] ※端数切捨て
課 税 仕 入 れ に 係 る 支 払 対 価 の 額（税込み）	⑨	(付表2-2の⑨X欄の金額)	477,701	133,781,902	134,259,603
課 税 仕 入 れ に 係 る 消 費 税 額	⑩	(付表2-2の⑩X欄の金額)	(⑨D欄×6.24/108) 27,600	(⑨E欄×7.8/110) 9,486,353	9,513,953
特 定 課 税 仕 入 れ に 係 る 支 払 対 価 の 額	⑪	(付表2-2の⑪X欄の金額)	※⑪及び⑫欄は、課税売上割合が95％未満、かつ、特定課税仕入れがある事業者のみ記載する。		
特 定 課 税 仕 入 れ に 係 る 消 費 税 額	⑫	(付表2-2の⑫X欄の金額)		(⑪E欄×7.8/100)	
課 税 貨 物 に 係 る 消 費 税 額	⑬	(付表2-2の⑬X欄の金額)			
納 税 義 務 の 免 除 を 受 け な い（受ける）こ と と な っ た 場 合 に お け る 消 費 税 額 の 調 整（加 算 又 は 減 算）額	⑭	(付表2-2の⑭X欄の金額)			
課 税 仕 入 れ 等 の 税 額 の 合 計 額 （⑩＋⑫＋⑬±⑭）	⑮	(付表2-2の⑮X欄の金額)	27,600	9,486,353	9,513,953
課 税 売 上 高 が 5 億 円 以 下 、 か つ 、課 税 売 上 割 合 が 95 ％ 以 上 の 場 合 （⑮の金額）	⑯	(付表2-2の⑯X欄の金額)	27,600	9,486,353	9,513,953
課税売上高が5億円超又は課税売上割合が95％未満の場合	個別対応方式	⑮のうち、課税売上げにのみ要するもの	⑰	(付表2-2の⑰X欄の金額)			
		⑮のうち、課税売上げと非課税売上げに共 通 し て 要 す る も の	⑱	(付表2-2の⑱X欄の金額)			
		個 別 対 応 方 式 に よ り 控 除 す る 課 税 仕 入 れ 等 の 税 額 〔⑰＋（⑱×④／⑦）〕	⑲	(付表2-2の⑲X欄の金額)			
	一括比例配分方式により控除する課税仕入れ等の税額 （⑮×④／⑦）		⑳	(付表2-2の⑳X欄の金額)			
控除税額の調整	課 税 売 上 割 合 変 動 時 の 調 整 対 象 固 定 資 産 に 係 る 消 費 税 額 の 調 整（加 算 又 は 減 算）額		㉑	(付表2-2の㉑X欄の金額)			
	調 整 対 象 固 定 資 産 を 課 税 業 務 用（非課税業務用）に 転 用 し た 場 合 の 調 整（加 算 又 は 減 算）額		㉒	(付表2-2の㉒X欄の金額)			
	居 住 用 賃 貸 建 物 を 課 税 賃 貸 用 に 供 し た（譲渡した）場 合 の 加 算 額		㉓	(付表2-2の㉓X欄の金額)			
差引	控 除 対 象 仕 入 税 額 〔（⑯、⑲又は⑳の金額）±㉑±㉒＋㉓〕がプラスの時		㉔	(付表2-2の㉔X欄の金額)	※付表1-1の④D欄へ 27,600	※付表1-1の④E欄へ 9,486,353	9,513,953
	控 除 過 大 調 整 税 額 〔（⑯、⑲又は⑳の金額）±㉑±㉒＋㉓〕がマイナスの時		㉕	(付表2-2の㉕X欄の金額)	※付表1-1の③D欄へ	※付表1-1の③E欄へ	
貸 倒 回 収 に 係 る 消 費 税 額			㉖	(付表2-2の㉖X欄の金額)	※付表1-1の③D欄へ	※付表1-1の③E欄へ	

注意　1　金額の計算においては、1円未満の端数を切り捨てる。
　　　2　旧税率が適用された取引がある場合は、付表2-2を作成してから当該付表を作成する。
　　　3　⑨及び⑪欄には、値引き、割戻し、割引きなど仕入対価の返還等の金額がある場合（仕入対価の返還等の金額を仕入金額から直接減額している場合を除く。）には、その金額を控除した後の金額を記載する。

付表2-2 　課税売上割合・控除対象仕入税額等の計算表
〔経過措置対象課税資産の譲渡等を含む課税期間用〕

一 般

課 税 期 間	・ ・ ～ ・ ・	氏 名 又 は 名 称	

項 目		税率3％適用分 A	税率4％適用分 B	税率6.3％適用分 C	旧税率分小計X (A＋B＋C)
課 税 売 上 額 （ 税 抜 き ）	①	円	円	円	※付表2-1の①X欄へ 円
免 税 売 上 額	②				
非 課 税 資 産 の 輸 出 等 の 金 額 、海 外 支 店 等 へ 移 送 し た 資 産 の 価 額	③				
課 税 資 産 の 譲 渡 等 の 対 価 の 額 （①＋②＋③）	④				(付表2-1の④F欄の金額)
課 税 資 産 の 譲 渡 等 の 対 価 の 額 （④の金額）	⑤				
非 課 税 売 上 額	⑥				
資 産 の 譲 渡 等 の 対 価 の 額 （⑤＋⑥）	⑦				(付表2-1の⑦F欄の金額)
課 税 売 上 割 合 （④／⑦）	⑧				(付表2-1の⑧F欄の割合) [　　　％] ※端数切捨て
課 税 仕 入 れ に 係 る 支 払 対 価 の 額 （税込み）	⑨				※付表2-1の⑨X欄へ
課 税 仕 入 れ に 係 る 消 費 税 額	⑩	(⑨A欄×3/103)	(⑨B欄×4/105)	(⑨C欄×6.3/108)	※付表2-1の⑩X欄へ
特 定 課 税 仕 入 れ に 係 る 支 払 対 価 の 額	⑪		※⑪及び⑫欄は、課税売上割合が95％未満、かつ、特定課税仕入れがある事業者のみ記載する。		※付表2-1の⑪X欄へ
特 定 課 税 仕 入 れ に 係 る 消 費 税 額	⑫			(⑪C欄×6.3/100)	※付表2-1の⑫X欄へ
課 税 貨 物 に 係 る 消 費 税 額	⑬				※付表2-1の⑬X欄へ
納 税 義 務 の 免 除 を 受 け な い （ 受 け る ）こ と と な っ た 場 合 に お け る 消 費 税 額 の 調 整 （ 加 算 又 は 減 算 ） 額	⑭				※付表2-1の⑭X欄へ
課 税 仕 入 れ 等 の 税 額 の 合 計 額 （⑩＋⑫＋⑬±⑭）	⑮				※付表2-1の⑮X欄へ
課 税 売 上 高 が 5 億 円 以 下 、 か つ 、課 税 売 上 割 合 が 95 ％ 以 上 の 場 合 （⑮の金額）	⑯				※付表2-1の⑯X欄へ
課税売上高が5億円超又は課税売上割合が95％未満の場合／個別対応方式	⑮のうち、課税売上げにのみ要するもの	⑰				※付表2-1の⑰X欄へ
	⑮のうち、課税売上げと非課税売上げに共 通 し て 要 す る も の	⑱			※付表2-1の⑱X欄へ
	個 別 対 応 方 式 に よ り 控 除 す る課 税 仕 入 れ 等 の 税 額 〔⑰＋（⑱×④／⑦）〕	⑲			※付表2-1の⑲X欄へ
	一括比例配分方式により控除する課税仕入れ等の税額 （⑮×④／⑦）	⑳			※付表2-1の⑳X欄へ
控除税額の調整	課 税 売 上 割 合 変 動 時 の 調 整 対 象 固 定 資 産 に 係 る消 費 税 額 の 調 整 （ 加 算 又 は 減 算 ） 額	㉑			※付表2-1の㉑X欄へ
	調 整 対 象 固 定 資 産 を 課 税 業 務 用（非課税業務用）に 転 用 し た 場 合 の 調 整 （ 加 算 又 は 減 算 ） 額	㉒			※付表2-1の㉒X欄へ
	居 住 用 賃 貸 建 物 を 課 税 賃 貸 用に 供 し た （ 譲 渡 し た ） 場 合 の 加 算 額	㉓			※付表2-1の㉓X欄へ
差引	控 除 対 象 仕 入 税 額〔（⑯、⑲又は⑳の金額）±㉑±㉒＋㉓〕がプラスの時	㉔	※付表1-2の④A欄へ	※付表1-2の④B欄へ	※付表1-2の④C欄へ	※付表2-1の㉔X欄へ
	控 除 過 大 調 整 税 額〔（⑯、⑲又は⑳の金額）±㉑±㉒＋㉓〕がマイナスの時	㉕	※付表1-2の③A欄へ	※付表1-2の③B欄へ	※付表1-2の③C欄へ	※付表2-1の㉕X欄へ
貸 倒 回 収 に 係 る 消 費 税 額	㉖	※付表1-2の③A欄へ	※付表1-2の③B欄へ	※付表1-2の③C欄へ	※付表2-1の㉖X欄へ

注意　1　金額の計算においては、1円未満の端数を切り捨てる。
　　　2　旧税率が適用された取引がある場合は、当該付表を作成してから付表2-1を作成する。
　　　3　⑪、⑫及び㉔のX欄は、付表2-1のF欄を計算した後に記載する。
　　　4　⑨及び⑩欄には、値引き、割戻し、割引きなど仕入対価の返還等の金額がある場合（仕入対価の返還等の金額を仕入金額から直接減額している場合を除く。）には、その金額を控除した後の金額を記載する。

付表4－1　税率別消費税額計算表 兼 地方消費税の課税標準となる消費税額計算表
〔経過措置対象課税資産の譲渡等を含む課税期間用〕

簡 易

課 税 期 間	4・4・1 ～ 5・3・31	氏名又は名称	㈲小池商店

区　　　　分		旧税率分小計 X	税率6.24％適用分 D	税率7.8％適用分 E	合　　計　　F (X+D+E)
課 税 標 準 額	①	(付表4-2の①X欄の金額) 　円 000	円 000	円 35,056, 000	※第二表の①欄へ 　円 35,056, 000
課税資産の譲渡等 の 対 価 の 額	①-1	(付表4-2の①-1X欄の金額)	※第二表の⑤欄へ	※第二表の⑥欄へ 35,056,631	※第二表の⑦欄へ 35,056,631
消 費 税 額	②	(付表4-2の②X欄の金額)	※付表5-1の①D欄へ ※第二表の⑮欄へ	※付表5-1の①E欄へ ※第二表の⑯欄へ 2,734,368	※付表5-1の①F欄へ ※第二表の⑪欄へ 2,734,368
貸倒回収に係る消費税額	③	(付表4-2の③X欄の金額)	※付表5-1の②D欄へ	※付表5-1の②E欄へ	※付表5-1の②F欄へ ※第一表の③欄へ
控除税額	控除対象仕入税額	④	(付表4-2の④X欄の金額)	(付表5-1の⑤D欄又は㉗D欄の金額)	(付表5-1の⑤E欄又は㉗E欄の金額) 2,305,738	(付表5-1の⑤F欄又は㉗F欄の金額) ※第一表の④欄へ 2,305,738
	返 還 等 対 価 に 係 る 税 額	⑤	(付表4-2の⑤X欄の金額)	※付表5-1の③D欄へ	※付表5-1の③E欄へ 31,930	※付表5-1の③F欄へ ※第二表の⑰欄へ 31,930
	貸倒れに係る税額	⑥	(付表4-2の⑥X欄の金額)			※第一表の⑥欄へ
	控 除 税 額 小 計 (④+⑤+⑥)	⑦	(付表4-2の⑦X欄の金額)		2,337,668	※第一表の⑦欄へ 2,337,668
控除不足還付税額 (⑦-②-③)	⑧	(付表4-2の⑧X欄の金額)	※⑪E欄へ	※⑪E欄へ	
差 引 税 額 (②+③-⑦)	⑨	(付表4-2の⑨X欄の金額)	※⑫E欄へ	※⑫E欄へ 396,700	396,700
合 計 差 引 税 額 (⑨-⑧)	⑩				※マイナスの場合は第一表の⑧欄へ ※プラスの場合は第一表の⑨欄へ 396,700
地方消費税の課税標準となる消費税額	控除不足還付税額	⑪	(付表4-2の⑪X欄の金額)		(⑧D欄と⑧E欄の合計金額)	
	差 引 税 額	⑫	(付表4-2の⑫X欄の金額)		(⑨D欄と⑨E欄の合計金額) 396,700	396,700
合計差引地方消費税の 課税標準となる消費税額 (⑫-⑪)	⑬	(付表4-2の⑬X欄の金額)		※第二表の㉒欄へ 396,700	※マイナスの場合は第一表の⑰欄へ ※プラスの場合は第一表の⑱欄へ ※第二表の㉑欄へ 396,700
譲渡割額	還 付 額	⑭	(付表4-2の⑭X欄の金額)		(⑪E欄×22/78)	
	納 税 額	⑮	(付表4-2の⑮X欄の金額)		(⑫E欄×22/78) 111,889	111,889
合 計 差 引 譲 渡 割 額 (⑮-⑭)	⑯				※マイナスの場合は第一表の⑲欄へ ※プラスの場合は第一表の⑳欄へ 111,889

注意　1　金額の計算においては、1円未満の端数を切り捨てる。
　　　2　旧税率が適用された取引がある場合は、付表4-2を作成してから当該付表を作成する。

付表4−2　税率別消費税額計算表　兼　地方消費税の課税標準となる消費税額計算表
〔経過措置対象課税資産の譲渡等を含む課税期間用〕

簡　易

課　税　期　間	・・～・・	氏名又は名称	

区　　　　　分		税率3％適用分 A	税率4％適用分 B	税率6.3％適用分 C	旧税率分小計 X (A＋B＋C)
課　税　標　準　額	①	円 000	円 000	円 000	※付表4-1の①X欄へ 円 000
課税資産の譲渡等 の　対　価　の　額	① - 1	※第二表の②欄へ	※第二表の③欄へ	※第二表の④欄へ	※付表4-1の①-1X欄へ
消　　費　　税　　額	②	※付表5-2の①A欄へ ※第二表の⑫欄へ	※付表5-2の①B欄へ ※第二表の⑬欄へ	※付表5-2の①C欄へ ※第二表の⑭欄へ	※付表4-1の②X欄へ
貸倒回収に係る消費税額	③	※付表5-2の②A欄へ	※付表5-2の②B欄へ	※付表5-2の②C欄へ	※付表4-1の③X欄へ
控 除 税 額	控除対象仕入税額	④	(付表5-2の⑤A欄又は㉗A欄の金額)	(付表5-2の⑤B欄又は㉗B欄の金額)	(付表5-2の⑤C欄又は㉗C欄の金額)	※付表4-1の④X欄へ
	返還等対価 に　係　る　税額	⑤	※付表5-2の③A欄へ	※付表5-2の③B欄へ	※付表5-2の③C欄へ	※付表4-1の⑤X欄へ
	貸倒れに係る税額	⑥				※付表4-1の⑥X欄へ
	控除税額小計 (④＋⑤＋⑥)	⑦				※付表4-1の⑦X欄へ
控除不足還付税額 (⑦−②−③)	⑧		※⑪B欄へ	※⑪C欄へ	※付表4-1の⑧X欄へ
差　引　税　額 (②＋③−⑦)	⑨		※⑫B欄へ	※⑫C欄へ	※付表4-1の⑨X欄へ
合　計　差　引　税　額 (⑨−⑧)	⑩				
地方消費税の課税標準となる消費税額	控除不足還付税額	⑪		(⑧B欄の金額)	(⑧C欄の金額)	※付表4-1の⑪X欄へ
	差　引　税　額	⑫		(⑨B欄の金額)	(⑨C欄の金額)	※付表4-1の⑫X欄へ
合計差引地方消費税の 課税標準となる消費税額 (⑫−⑪)	⑬		※第二表の㉑欄へ	※第二表の㉒欄へ	※付表4-1の⑬X欄へ
譲 渡 割 額	還　付　額	⑭		(⑪B欄×25/100)	(⑪C欄×17/63)	※付表4-1の⑭X欄へ
	納　税　額	⑮		(⑫B欄×25/100)	(⑫C欄×17/63)	※付表4-1の⑮X欄へ
合　計　差　引　譲　渡　割　額 (⑮−⑭)	⑯				

注意　1　金額の計算においては、1円未満の端数を切り捨てる。
　　　2　旧税率が適用された取引がある場合は、当該付表を作成してから付表4-1を作成する。

付表5-1　控除対象仕入税額等の計算表
〔経過措置対象課税資産の譲渡等を含む課税期間用〕

簡　易

| 課 税 期 間 | 4・4・1 ～ 5・3・31 | 氏名又は名称 | ㈲小池商店 |

I　控除対象仕入税額の計算の基礎となる消費税額

項　目	旧税率分小計 X	税率6.24%適用分 D	税率7.8%適用分 E	合計 F (X+D+E)
課 税 標 準 額 に 対 す る 消 費 税 額 ①	(付表5-2の①X欄の金額) 円	(付表4-1の②D欄の金額) 円	(付表4-1の②E欄の金額) 円 2,734,368	(付表4-1の②F欄の金額) 円 2,734,368
貸 倒 回 収 に 係 る 消 費 税 額 ②	(付表5-2の②X欄の金額)	(付表4-1の③D欄の金額)	(付表4-1の③E欄の金額)	(付表4-1の③F欄の金額)
売 上 対 価 の 返 還 等 に 係 る 消 費 税 額 ③	(付表5-2の③X欄の金額)	(付表4-1の⑤D欄の金額)	(付表4-1の⑤E欄の金額) 31,930	(付表4-1の⑤F欄の金額) 31,930
控 除 対 象 仕 入 税 額 の 計 算 の 基 礎 と な る 消 費 税 額 (① + ② - ③) ④	(付表5-2の④X欄の金額)		2,702,438	2,702,438

II　1種類の事業の専業者の場合の控除対象仕入税額

項　目	旧税率分小計 X	税率6.24%適用分 D	税率7.8%適用分 E	合計 F (X+D+E)
④ × みなし仕入率 (90%・80%・70%・60%・50%・40%) ⑤	(付表5-2の⑤X欄の金額) 円	※付表4-1の④D欄へ 円	※付表4-1の④E欄へ 円	※付表4-1の④F欄へ 円

III　2種類以上の事業を営む事業者の場合の控除対象仕入税額

(1) 事業区分別の課税売上高(税抜き)の明細

項　目	旧税率分小計 X	税率6.24%適用分 D	税率7.8%適用分 E	合計 F (X+D+E)	売上割合
事 業 区 分 別 の 合 計 額 ⑥	(付表5-2の⑥X欄の金額) 円	円	円 34,647,268	34,647,268	
第 一 種 事 業 (卸 売 業) ⑦	(付表5-2の⑦X欄の金額)		18,434,718	※第一表「事業区分」欄へ 18,434,718	53.2 %
第 二 種 事 業 (小 売 業 等) ⑧	(付表5-2の⑧X欄の金額)		14,700,550	※ 〃 14,700,550	42.4
第 三 種 事 業 (製 造 業 等) ⑨	(付表5-2の⑨X欄の金額)			※ 〃	
第 四 種 事 業 (そ の 他) ⑩	(付表5-2の⑩X欄の金額)			※ 〃	
第 五 種 事 業 (サ ー ビ ス 業 等) ⑪	(付表5-2の⑪X欄の金額)			※ 〃	
第 六 種 事 業 (不 動 産 業) ⑫	(付表5-2の⑫X欄の金額)		1,512,000	※ 〃 1,512,000	4.3

(2) (1)の事業区分別の課税売上高に係る消費税額の明細

項　目	旧税率分小計 X	税率6.24%適用分 D	税率7.8%適用分 E	合計 F (X+D+E)
事 業 区 分 別 の 合 計 額 ⑬	(付表5-2の⑬X欄の金額) 円	円	円 2,702,486	2,702,486 円
第 一 種 事 業 (卸 売 業) ⑭	(付表5-2の⑭X欄の金額)		1,437,908	1,437,908
第 二 種 事 業 (小 売 業 等) ⑮	(付表5-2の⑮X欄の金額)		1,146,642	1,146,642
第 三 種 事 業 (製 造 業 等) ⑯	(付表5-2の⑯X欄の金額)			
第 四 種 事 業 (そ の 他) ⑰	(付表5-2の⑰X欄の金額)			
第 五 種 事 業 (サ ー ビ ス 業 等) ⑱	(付表5-2の⑱X欄の金額)			
第 六 種 事 業 (不 動 産 業) ⑲	(付表5-2の⑲X欄の金額)		117,936	117,936

注意　1　金額の計算においては、1円未満の端数を切り捨てる。
　　　2　旧税率が適用された取引がある場合は、付表5-2を作成してから当該付表を作成する。
　　　3　課税売上げにつき返品を受け又は値引き・割戻しをした金額(売上対価の返還等の金額)があり、売上(収入)金額から減算しない方法で経理して経費に含めている場合には、⑥から⑫欄には売上対価の返還等の金額(税抜き)を控除した後の金額を記載する。

(3) 控除対象仕入税額の計算式区分の明細

イ 原則計算を適用する場合

控 除 対 象 仕 入 税 額 の 計 算 式 区 分		旧税率分小計 X	税率6.24%適用分 D	税率7.8%適用分 E	合計 F (X+D+E)
④ × みなし仕入率 $$\frac{⑭×90\%+⑮×80\%+⑯×70\%+⑰×60\%+⑱×50\%+⑲×40\%}{⑬}$$	⑳	(付表5-2の⑳欄の金額) 円	円	円 2,258,563	円 2,258,563

ロ 特例計算を適用する場合

(イ) 1種類の事業で75%以上

控 除 対 象 仕 入 税 額 の 計 算 式 区 分		旧税率分小計 X	税率6.24%適用分 D	税率7.8%適用分 E	合計 F (X+D+E)
(⑦F・⑥F・⑧F／⑥F・⑨F／⑥F・⑩F／⑥F・⑪F／⑥F・⑫F／⑥F)≧75% ④×みなし仕入率(90%・80%・70%・60%・50%・40%)	㉑	(付表5-2の㉑欄の金額) 円	円	円	円

(ロ) 2種類の事業で75%以上

控 除 対 象 仕 入 税 額 の 計 算 式 区 分			旧税率分小計 X	税率6.24%適用分 D	税率7.8%適用分 E	合計 F (X+D+E)
第一種事業及び第二種事業 (⑦F+⑧F)／⑥F≧75%	④×	$$\frac{⑭×90\%+(⑬-⑭)×80\%}{⑬}$$	㉒	(付表5-2の㉒欄の金額) 円	円	円 2,305,738	円 2,305,738
第一種事業及び第三種事業 (⑦F+⑨F)／⑥F≧75%	④×	$$\frac{⑭×90\%+(⑬-⑭)×70\%}{⑬}$$	㉓	(付表5-2の㉓欄の金額)			
第一種事業及び第四種事業 (⑦F+⑩F)／⑥F≧75%	④×	$$\frac{⑭×90\%+(⑬-⑭)×60\%}{⑬}$$	㉔	(付表5-2の㉔欄の金額)			
第一種事業及び第五種事業 (⑦F+⑪F)／⑥F≧75%	④×	$$\frac{⑭×90\%+(⑬-⑭)×50\%}{⑬}$$	㉕	(付表5-2の㉕欄の金額)			
第一種事業及び第六種事業 (⑦F+⑫F)／⑥F≧75%	④×	$$\frac{⑭×90\%+(⑬-⑭)×40\%}{⑬}$$	㉖	(付表5-2の㉖欄の金額)			
第二種事業及び第三種事業 (⑧F+⑨F)／⑥F≧75%	④×	$$\frac{⑮×80\%+(⑬-⑮)×70\%}{⑬}$$	㉗	(付表5-2の㉗欄の金額)			
第二種事業及び第四種事業 (⑧F+⑩F)／⑥F≧75%	④×	$$\frac{⑮×80\%+(⑬-⑮)×60\%}{⑬}$$	㉘	(付表5-2の㉘欄の金額)			
第二種事業及び第五種事業 (⑧F+⑪F)／⑥F≧75%	④×	$$\frac{⑮×80\%+(⑬-⑮)×50\%}{⑬}$$	㉙	(付表5-2の㉙欄の金額)			
第二種事業及び第六種事業 (⑧F+⑫F)／⑥F≧75%	④×	$$\frac{⑮×80\%+(⑬-⑮)×40\%}{⑬}$$	㉚	(付表5-2の㉚欄の金額)			
第三種事業及び第四種事業 (⑨F+⑩F)／⑥F≧75%	④×	$$\frac{⑯×70\%+(⑬-⑯)×60\%}{⑬}$$	㉛	(付表5-2の㉛欄の金額)			
第三種事業及び第五種事業 (⑨F+⑪F)／⑥F≧75%	④×	$$\frac{⑯×70\%+(⑬-⑯)×50\%}{⑬}$$	㉜	(付表5-2の㉜欄の金額)			
第三種事業及び第六種事業 (⑨F+⑫F)／⑥F≧75%	④×	$$\frac{⑯×70\%+(⑬-⑯)×40\%}{⑬}$$	㉝	(付表5-2の㉝欄の金額)			
第四種事業及び第五種事業 (⑩F+⑪F)／⑥F≧75%	④×	$$\frac{⑰×60\%+(⑬-⑰)×50\%}{⑬}$$	㉞	(付表5-2の㉞欄の金額)			
第四種事業及び第六種事業 (⑩F+⑫F)／⑥F≧75%	④×	$$\frac{⑰×60\%+(⑬-⑰)×40\%}{⑬}$$	㉟	(付表5-2の㉟欄の金額)			
第五種事業及び第六種事業 (⑪F+⑫F)／⑥F≧75%	④×	$$\frac{⑱×50\%+(⑬-⑱)×40\%}{⑬}$$	㊱	(付表5-2の㊱欄の金額)			

ハ 上記の計算式区分から選択した控除対象仕入税額

項 目		旧税率分小計 X	税率6.24%適用分 D	税率7.8%適用分 E	合計 F (X+D+E)
選 択 可 能 な 計 算 式 区 分 (⑳ ～ ㊱) の 内 か ら 選 択 し た 金 額	㊲	(付表5-2の㊲欄の金額) 円	※付表4-1の④D欄へ 円	※付表4-1の④E欄へ 円 2,305,738	※付表4-1の④F欄へ 円 2,305,738

注意 1 金額の計算においては、1円未満の端数を切り捨てる。
　　 2 旧税率が適用された取引がある場合は、付表5-2を作成してから当該付表を作成する。

(2／2)

142

付表5-2　控除対象仕入税額等の計算表
〔経過措置対象課税資産の譲渡等を含む課税期間用〕

簡 易

| 課税期間 | ・・　～　・・ | 氏名又は名称 | |

Ⅰ 控除対象仕入税額の計算の基礎となる消費税額

項　目		税率3%適用分 A	税率4%適用分 B	税率6.3%適用分 C	旧税率分小計 X (A+B+C)
課税標準額に対する消費税額	①	(付表4-2の②A欄の金額)　円	(付表4-2の②B欄の金額)　円	(付表4-2の②C欄の金額)　円	※付表5-1の①X欄へ　円
貸倒回収に係る消費税額	②	(付表4-2の③A欄の金額)	(付表4-2の③B欄の金額)	(付表4-2の③C欄の金額)	※付表5-1の②X欄へ
売上対価の返還等に係る消費税額	③	(付表4-2の⑤A欄の金額)	(付表4-2の⑤B欄の金額)	(付表4-2の⑤C欄の金額)	※付表5-1の③X欄へ
控除対象仕入税額の計算の基礎となる消費税額 (①＋②－③)	④				※付表5-1の①X欄へ

Ⅱ 1種類の事業の専業者の場合の控除対象仕入税額

項　目		税率3%適用分 A	税率4%適用分 B	税率6.3%適用分 C	旧税率分小計 X (A+B+C)
④ × みなし仕入率 (90%・80%・70%・60%・50%・40%)	⑤	※付表4-2の④A欄へ　円	※付表4-2の④B欄へ　円	※付表4-2の④C欄へ　円	※付表5-1の⑤X欄へ　円

Ⅲ 2種類以上の事業を営む事業者の場合の控除対象仕入税額

(1) 事業区分別の課税売上高(税抜き)の明細

項　目		税率3%適用分 A	税率4%適用分 B	税率6.3%適用分 C	旧税率分小計 X (A+B+C)
事業区分別の合計額	⑥	円	円	円	※付表5-1の⑥X欄へ　円
第一種事業（卸売業）	⑦				※付表5-1の⑦X欄へ
第二種事業（小売業等）	⑧				※付表5-1の⑧X欄へ
第三種事業（製造業等）	⑨				※付表5-1の⑨X欄へ
第四種事業（その他）	⑩				※付表5-1の⑩X欄へ
第五種事業（サービス業等）	⑪				※付表5-1の⑪X欄へ
第六種事業（不動産業）	⑫				※付表5-1の⑫X欄へ

(2) (1)の事業区分別の課税売上高に係る消費税額の明細

項　目		税率3%適用分 A	税率4%適用分 B	税率6.3%適用分 C	旧税率分小計 X (A+B+C)
事業区分別の合計額	⑬	円	円	円	※付表5-1の⑬X欄へ　円
第一種事業（卸売業）	⑭				※付表5-1の⑭X欄へ
第二種事業（小売業等）	⑮				※付表5-1の⑮X欄へ
第三種事業（製造業等）	⑯				※付表5-1の⑯X欄へ
第四種事業（その他）	⑰				※付表5-1の⑰X欄へ
第五種事業（サービス業等）	⑱				※付表5-1の⑱X欄へ
第六種事業（不動産業）	⑲				※付表5-1の⑲X欄へ

注意 1　金額の計算においては、1円未満の端数を切り捨てる。
　　 2　旧税率が適用された取引がある場合は、当該付表を作成してから付表5-1を作成する。
　　 3　課税売上げにつき返品を受け又は値引き・割戻しをした金額(売上対価の返還等の金額)があり、売上(収入)金額から減算しない方法で経理して経費に含めている場合には、⑥から⑫欄には売上対価の返還等の金額(税抜き)を控除した後の金額を記載する。

(1／2)

(3) 控除対象仕入税額の計算式区分の明細

イ 原則計算を適用する場合

控 除 対 象 仕 入 税 額 の 計 算 式 区 分		税率3%適用分 A	税率4%適用分 B	税率6.3%適用分 C	旧税率分小計 X (A+B+C)
④ × みなし仕入率 $\dfrac{⑭×90\%+⑮×80\%+⑯×70\%+⑰×60\%+⑱×50\%+⑲×40\%}{⑬}$	⑳	円	円	円	※付表5-1の⑳X欄へ 円

ロ 特例計算を適用する場合

(イ) 1種類の事業で75%以上

控 除 対 象 仕 入 税 額 の 計 算 式 区 分 (各項のF欄については付表5-1のF欄を参照のこと)		税率3%適用分 A	税率4%適用分 B	税率6.3%適用分 C	旧税率分小計 X (A+B+C)
(⑦F／⑥F・⑧F／⑥F・⑨F／⑥F・⑩F／⑥F・⑪F／⑥F・⑫F／⑥F)≧75% ④×みなし仕入率(90%・80%・70%・60%・50%・40%)	㉑	円	円	円	※付表5-1の㉑X欄へ 円

(ロ) 2種類の事業で75%以上

控 除 対 象 仕 入 税 額 の 計 算 式 区 分 (各項のF欄については付表5-1のF欄を参照のこと)		税率3%適用分 A	税率4%適用分 B	税率6.3%適用分 C	旧税率分小計 X (A+B+C)
第一種事業及び第二種事業 (⑦F＋⑧F)／⑥F≧75% ④× $\dfrac{⑭×90\%+(⑬－⑭)×80\%}{⑬}$	㉒	円	円	円	※付表5-1の㉒X欄へ
第一種事業及び第三種事業 (⑦F＋⑨F)／⑥F≧75% ④× $\dfrac{⑭×90\%+(⑬－⑭)×70\%}{⑬}$	㉓				※付表5-1の㉓X欄へ
第一種事業及び第四種事業 (⑦F＋⑩F)／⑥F≧75% ④× $\dfrac{⑭×90\%+(⑬－⑭)×60\%}{⑬}$	㉔				※付表5-1の㉔X欄へ
第一種事業及び第五種事業 (⑦F＋⑪F)／⑥F≧75% ④× $\dfrac{⑭×90\%+(⑬－⑭)×50\%}{⑬}$	㉕				※付表5-1の㉕X欄へ
第一種事業及び第六種事業 (⑦F＋⑫F)／⑥F≧75% ④× $\dfrac{⑭×90\%+(⑬－⑭)×40\%}{⑬}$	㉖				※付表5-1の㉖X欄へ
第二種事業及び第三種事業 (⑧F＋⑨F)／⑥F≧75% ④× $\dfrac{⑮×80\%+(⑬－⑮)×70\%}{⑬}$	㉗				※付表5-1の㉗X欄へ
第二種事業及び第四種事業 (⑧F＋⑩F)／⑥F≧75% ④× $\dfrac{⑮×80\%+(⑬－⑮)×60\%}{⑬}$	㉘				※付表5-1の㉘X欄へ
第二種事業及び第五種事業 (⑧F＋⑪F)／⑥F≧75% ④× $\dfrac{⑮×80\%+(⑬－⑮)×50\%}{⑬}$	㉙				※付表5-1の㉙X欄へ
第二種事業及び第六種事業 (⑧F＋⑫F)／⑥F≧75% ④× $\dfrac{⑮×80\%+(⑬－⑮)×40\%}{⑬}$	㉚				※付表5-1の㉚X欄へ
第三種事業及び第四種事業 (⑨F＋⑩F)／⑥F≧75% ④× $\dfrac{⑯×70\%+(⑬－⑯)×60\%}{⑬}$	㉛				※付表5-1の㉛X欄へ
第三種事業及び第五種事業 (⑨F＋⑪F)／⑥F≧75% ④× $\dfrac{⑯×70\%+(⑬－⑯)×50\%}{⑬}$	㉜				※付表5-1の㉜X欄へ
第三種事業及び第六種事業 (⑨F＋⑫F)／⑥F≧75% ④× $\dfrac{⑯×70\%+(⑬－⑯)×40\%}{⑬}$	㉝				※付表5-1の㉝X欄へ
第四種事業及び第五種事業 (⑩F＋⑪F)／⑥F≧75% ④× $\dfrac{⑰×60\%+(⑬－⑰)×50\%}{⑬}$	㉞				※付表5-1の㉞X欄へ
第四種事業及び第六種事業 (⑩F＋⑫F)／⑥F≧75% ④× $\dfrac{⑰×60\%+(⑬－⑰)×40\%}{⑬}$	㉟				※付表5-1の㉟X欄へ
第五種事業及び第六種事業 (⑪F＋⑫F)／⑥F≧75% ④× $\dfrac{⑱×50\%+(⑬－⑱)×40\%}{⑬}$	㊱				※付表5-1の㊱X欄へ

ハ 上記の計算式区分から選択した控除対象仕入税額

項 目		税率3%適用分 A	税率4%適用分 B	税率6.3%適用分 C	旧税率分小計 X (A+B+C)
選 択 可 能 な 計 算 式 区 分 (⑳～㊱) の 内 か ら 選 択 し た 金 額	㊲	※付表4-2の④A欄へ 円	※付表4-2の④B欄へ 円	※付表4-2の④C欄へ 円	※付表5-1の㊲X欄へ 円

注意 1 金額の計算においては、1円未満の端数を切り捨てる。
　　 2 旧税率が適用された取引がある場合は、当該付表を作成してから付表5-1を作成する。

(2／2)

計算表5-(1)

課税資産の譲渡等の対価の額の計算表 〔軽減売上割合(10営業日)を使用する課税期間用〕 | 売上区分用 |

　軽減対象資産の譲渡等(税率6.24%適用分)を行う事業者が、適用対象期間中に国内において行った課税資産の譲渡等(免税取引及び旧税率(6.3%等)が適用される取引は除く。)の税込価額を税率の異なるごとに区分して合計することにつき困難な事情があるときは、この計算表を使用して計算をすることができます(所得税法等の一部を改正する法律(平成28年法律第15号)附則38①)。
　以下の①～⑪欄に、当該適用対象期間中に行った取引について記載してください。

課　税　期　間	4・4・1～5・3・31	氏 名 又 は 名 称	㈱木下商会
適 用 対 象 期 間	4・4・1～5・3・31		

			事 業 の 区 分 ご と の 計 算			合　計
			(小　売)	( )	( )	
税率ごとの区分が困難な事業における課税資産の譲渡等	課税資産の譲渡等の税込価額の合計額	①	42,589,931 円	円	円	
	通常の事業を行う連続する10営業日	②	(自) 4・6・1 (至) 4・6・12	(自)・・ (至)・・	(自)・・ (至)・・	
	②の期間中に行った課税資産の譲渡等の税込価額の合計額	③	1,270,415 円	円	円	
	③のうち、軽減対象資産の譲渡等(税率6.24%適用分)に係る部分の金額(税込み)	④	915,020			
	軽 減 売 上 割 合 (④/③) (※1)	⑤	〔 72 %〕 ※端数切捨て	〔 %〕 ※端数切捨て	〔 %〕 ※端数切捨て	
	軽減対象資産の譲渡等(税率6.24%適用分)の対価の額の合計額(税抜き) (①×④/③×100/108) (※1)	⑥	28,403,257 円	円	円	円
	軽減対象資産の譲渡等以外の課税資産の譲渡等(税率7.8%適用分)の対価の額の合計額(税抜き) ((①-(①×④/③)))×100/110) (※1)	⑦	10,831,284			

　(※1)　主として軽減対象資産の譲渡等(税率6.24%適用分)を行う事業者が、軽減売上割合の算出につき困難な事情があるときは、「50/100」を当該割合とみなして計算することができる。その場合は、②～④欄は記載せず、⑤欄に50と記載し、⑥及び⑦欄の金額の計算において、「④/③」を「50/100」として計算する。

税率ごとの区分が可能な事業における課税資産の譲渡等	軽減対象資産の譲渡等(税率6.24%適用分)の対価の額の合計額(税抜き)(※2)	⑧	0 円
	軽減対象資産の譲渡等以外の課税資産の譲渡等(税率7.8%適用分)の対価の額の合計額(税抜き)(※3)	⑨	0

(※2)　⑧欄には、軽減対象資産の譲渡等(税率6.24%適用分)のみを行う事業における課税資産の譲渡等の対価の額を含む。
(※3)　⑨欄には、軽減対象資産の譲渡等以外の課税資産の譲渡等(税率7.8%適用分)のみを行う事業における課税資産の譲渡等の対価の額を含む。

全課税事業における課税資産の譲渡等	軽減対象資産の譲渡等(税率6.24%適用分)の対価の額の合計額(税抜き) (⑥合計+⑧)	⑩	※付表1-1を使用する場合は、付表1-1の①-1D欄へ ※付表4-1を使用する場合は、付表4-1の①-1D欄へ 28,403,257 円
	軽減対象資産の譲渡等以外の課税資産の譲渡等(税率7.8%適用分)の対価の額の合計額(税抜き) (⑦合計+⑨)	⑪	※付表1-1を使用する場合は、付表1-1の①-1E欄へ ※付表4-1を使用する場合は、付表4-1の①-1E欄へ 10,831,284

注意 1　金額の計算においては、1円未満の端数を切り捨てる。
　　 2　事業の区分ごとの計算がこの計算表に記載しきれないときは、この計算表を複数枚使用し、事業の区分ごとに①～⑦欄を適宜計算した上で、いずれか1枚の計算表に⑥及び⑦欄の合計額を記載する。

計算表5-(2)

課税資産の譲渡等の対価の額の計算表 〔小売等軽減仕入割合を使用する課税期間用〕　　売上区分用

　　軽減対象資産の譲渡等(税率6.24%適用分)を行う事業者が、適用対象期間中に国内において行った卸売業及び小売業に係る課税資産の譲渡等(免税取引及び旧税率(6.3%等)が適用される取引は除く。)の税込価額を税率の異なるごとに区分して合計することにつき困難な事情があるときは、この計算表を使用して計算をすることができます(所得税法等の一部を改正する法律(平成28年法律第15号)附則38②)。

　　以下の①〜⑬欄に、当該適用対象期間中に行った取引について記載してください。

課　税　期　間	4・4・1 〜 5・3・31	氏名又は名称	朝田商店㈱
適 用 対 象 期 間	4・4・1 〜 5・3・31		

			事 業 の 区 分 ご と の 計 算		
			(小　売)	(　　　)	合　計
卸売業及び小売業に係る課税取引	課税仕入れに係る支払対価の額 (税込み)	①	21,148,203 円	円	
	特定課税仕入れに係る支払対価の額×110／100 (経過措置により旧税率が適用される場合は×108／100)	②			
	保税地域から引き取った課税貨物に係る税込引取価額	③			
	課税仕入れに係る支払対価の額等の合計額 (①+②+③)	④	21,148,203		
	④のうち、軽減対象資産の譲渡等(税率6.24%適用分)にのみ要するものの金額 (税込み)	⑤	18,252,664		
	小 売 等 軽 減 仕 入 割 合 (⑤／④) (※1)	⑥	〔 86 %〕 ※端数切捨て	〔 %〕 ※端数切捨て	
	課税資産の譲渡等の税込価額の合計額	⑦	24,215,339 円	円	
	軽減対象資産の譲渡等(税率6.24%適用分)の対価の額の合計額 (税抜き) (⑦×⑤／④×100／108) (※1)	⑧	19,351,720		円
	軽減対象資産の譲渡等以外の課税資産の譲渡等(税率7.8%適用分)の対価の額の合計額 (税抜き) ((⑦-(⑦×⑤／④))×100／110) (※1)	⑨	3,014,073		

　(※1) 主として軽減対象資産の譲渡等(税率6.24%適用分)を行う事業者が、小売等軽減仕入割合の算出につき困難な事情があるときは、「50／100」を当該割合とみなして計算することができる。その場合は、①〜⑤欄は記載せず、⑥欄に50と記載し、⑧及び⑨欄の金額の計算において、「⑤／④」を「50／100」として計算する。

卸売業及び小売業に係る課税取引以外	軽減対象資産の譲渡等(税率6.24%適用分)の対価の額の合計額 (税抜き)	⑩	0 円
	軽減対象資産の譲渡等以外の課税資産の譲渡等(税率7.8%適用分)の対価の額の合計額 (税抜き)	⑪	11,090,305

全事業に係る課税取引	軽減対象資産の譲渡等(税率6.24%適用分)の対価の額の合計額 (税抜き) (⑧合計+⑩)	⑫	※付表1-1の①-1D欄へ　円 19,351,720
	軽減対象資産の譲渡等以外の課税資産の譲渡等(税率7.8%適用分)の対価の額の合計額 (税抜き) (⑨合計+⑪)	⑬	※付表1-1の①-1E欄へ 14,104,378

注意　1　金額の計算においては、1円未満の端数を切り捨てる。

　　　2　事業の区分ごとの計算がこの計算表に記載しきれないときは、この計算表を複数枚使用し、事業の区分ごとに①〜⑨欄を適宜計算した上で、いずれか1枚の計算表に⑧及び⑨欄の合計額を記載する。

146

付表6　死亡した事業者の消費税及び地方消費税の確定申告明細書

（自 令和 **5** 年 **1** 月 **1** 日 至令和 **5** 年 **8** 月 **8** 日の課税期間分）

	整理番号	

1　死亡した事業者の納税地・氏名等

納税地	大阪市淀川区○○町5-1-14	氏名 フリガナ	北田　栄	死亡年月日	令和 **5** 年 **8** 月 **8** 日

2　事業承継の有無等（右のいずれかを○で囲むとともに、有の場合には以下に事業承継者の情報を記載してください。）　　有　・　⦿無

住所等	（電話番号　-　-　）	氏名 フリガナ		その他参考事項	北田　昌子

3　相続人等の代表者の指定（代表者を指定するときは記入してください。）　相続人等の代表者の氏名

4　限定承認の有無（相続人等が限定承認しているときは、右の「限定承認」の文字を○で囲んでください。）　限定承認

5　死亡した事業者の消費税及び地方消費税の額

納める消費税及び地方消費税の合計額	①	1,187,400 円	還付される消費税及び地方消費税の合計額	④	円
①のうち消費税	②	926,200	④のうち消費税	⑤	
①のうち地方消費税	③	261,200	④のうち地方消費税	⑥	

6　相続人等の納める消費税及び地方消費税の額又は還付される消費税及び地方消費税の額
（相続を放棄した人は記入の必要はありません。）

相続人等に関する事項	住所又は居所	大阪市淀川区○○町5-1-14	神戸市灘区○○町3-6-18	京都市北区○○町33-1	
	フリガナ 氏名	北田　昌子 ㊞	北田　和男 ㊞	北田　愛子 ㊞	㊞
	個人番号				
	職業及び続柄	職業 なし 続柄 妻	職業 会社員 続柄 長男	職業 なし 続柄 長女	職業　続柄
	生年月日	明・大・㊐・平・令 **24** 年 **5** 月 **24** 日	明・大・㊐・平・令 **49** 年 **7** 月 **21** 日	明・大・㊐・平・令 **53** 年 **8** 月 **17** 日	明・大・昭・平・令　年　月　日
	電話番号	06（6809）0000	078（871）0000	075（432）0000	（　　）
	相続分 ⑦	㋶定・指定 1/2	㋶定・指定 1/4	㋶定・指定 1/4	法定・指定
	相続財産の価額 ⑧	円	円	円	円
納付（還付）税額の計算	各納付人税の額（注） 消費税〔②×⑦〕⑨	463,100	231,550	231,550	
	地方消費税〔③×⑦〕⑩	130,600	65,300	65,300	
	計〔⑨＋⑩〕⑪	593,700	296,850	296,850	
	各還付人税の額（注） 消費税〔⑤の分割額〕⑫				
	地方消費税〔⑥の分割額〕⑬				
	計〔⑫＋⑬〕⑭				
還付される税金の受取場所	銀行等の口座に振込みを希望する場合　銀行名等	銀行・金庫・組合・農協・漁協 本店・支店・出張所・本所・支所	銀行・金庫・組合・農協・漁協 本店・支店・出張所・本所・支所	銀行・金庫・組合・農協・漁協 本店・支店・出張所・本所・支所	銀行・金庫・組合・農協・漁協 本店・支店・出張所・本所・支所
	支店名等				
	預金の種類	預金	預金	預金	預金
	口座番号				
	ゆうちょ銀行の口座に振込みを希望する場合　記号番号	－	－	－	－
	郵便局窓口での受取りを希望する場合　郵便局名	郵便局	郵便局	郵便局	郵便局
※税務署処理欄	整理番号				
	番号確認　身元確認				

（注）　⑨・⑩欄は、各人の100円未満の端数切捨て
　　　⑫・⑬欄は、各人の1円未満の端数切捨て

消費税の還付申告に関する明細書 (法人用)

課税期間	4・4・1〜5・3・31	所在地	大阪市北区○○町2-1-17
		名 称	大阪産業(株)

1 還付申告となった主な理由 (該当する事項に○印を付してください。)

	輸出等の免税取引の割合が高い	その他	
○	設備投資 (高額な固定資産の購入等)		

2 課税売上げ等に係る事項

(1) 主な課税資産の譲渡等 (取引金額が100万円以上の取引を上位10番目まで記載してください。)　　単位：千円

資産の種類等	譲渡年月日等	取引金額等(税込・税抜)	取引先の氏名(名称)	取引先の住所(所在地)
商品	継続	149,021	○○○○	大阪市○○○2-1-9
〃	・〃・	88,152	○○○○	堺市○○○4-3
〃	・〃・	37,415	○○○○	大阪市○○○3-7-2
〃	4・10・15	5,510	○○○○	大阪市○○○1-1-5
〃	4・7・8	2,629	○○○○	吹田市○○○14-2
	・・			
	・・			
	・・			
	・・			

※ 継続的に課税資産の譲渡を行っている取引先のものについては、当課税期間分をまとめて記載してください。
　 その場合、譲渡年月日等欄に「継続」と記載してください。輸出取引等は(2)に記載してください。

(2) 主な輸出取引等の明細 (取引金額総額の上位10番目まで記載してください。)　　単位：千円

取引先の氏名(名称)	取引先の住所(所在地)	取引金額	主な取引商品等	所轄税関(支署)名

輸出取引等に利用する	主な金融機関		銀　行 金庫・組合 農協・漁協		本店・支店 出　張　所 本所・支所
		預金	口座番号		
	主な通関業者	氏名(名称)			
		住所(所在地)			

(1／2)

3　課税仕入れに係る事項

(1)　仕入金額等の明細

単位：千円

区　　分			㋑ 決　算　額 （税込・税抜）	㋺ ㋑のうち 課税仕入れに ならないもの	（㋑－㋺） 課税仕入高
損益科目	商 品 仕 入 高 等	①	341,022	0	341,022
	販売費・一般管理費	②	83,356	52,761	30,595
	営 業 外 費 用	③	2,951	2,711	240
	そ の 他	④			
	小 計	⑤	427,329	55,472	371,857
区　　分			㋑ 資産の取得価額 （税込・税抜）	㋺ ㋑のうち 課税仕入れに ならないもの	（㋑－㋺） 課税仕入高
資産科目	固 定 資 産	⑥	130,510	0	130,510
	繰 延 資 産	⑦			
	そ の 他	⑧			
	小 計	⑨	130,510	0	130,510
課税仕入れ等の税額の合計額	⑩		⑤＋⑨の金額に対する消費税額		39,181

(2)　主な棚卸資産・原材料等の取得 （取引金額が100万円以上の取引を上位5番目まで記載してください。）

単位：千円

資産の 種類等	取 得 年月日等	取引金額等 （税込・税抜）	取 引 先 の 氏 名（名 称）	取引先の住所（所在地）
商品	継続	74,623	○○○○	大阪市○○○5-3-15
〃	・〃・	33,520	○○○○	豊中市○○○2-11
〃	・〃・	6,004	○○○○	大阪市○○○1-3-10
	・・			
	・・			

※　継続的に課税資産の取得を行っている取引先のものについては、当課税期間分をまとめて記載してください。
　その場合取得年月日等欄に「継続」と記載してください。

(3)　主な固定資産等の取得 （1件当たりの取引金額が100万円以上の取引を上位10番目まで記載してください。）

単位：千円

資産の 種類等	取 得 年月日等	取引金額等 （税込・税抜）	取 引 先 の 氏 名（名 称）	取引先の住所（所在地）
建物	5・2・24	130,510	○○建設（株）	大阪市中央区○○町1-15-12
	・・			
	・・			
	・・			
	・・			
	・・			
	・・			
	・・			
	・・			
	・・			

4　当課税期間中の特殊事情 （顕著な増減事項等及びその理由を記載してください。）

消費税の還付申告に関する明細書 <small>（個人事業者用）</small>

課税期間	5・1・1 ～ 5・12・31		住　所	神戸市東灘区○○町1-3-8
			氏　名	田中　孝一

1　還付申告となった主な理由（該当する事項に○印を付してください。）

	輸出等の免税取引の割合が高い	その他	
○	設備投資（高額な固定資産の購入等）		

2　課税売上げ等に係る事項

(1)　主な課税資産の譲渡等（取引金額が100万円以上の取引先を上位5番目まで記載してください。）

資産の種類等	譲渡年月日等	取引金額等（税込・税抜）	取引先の氏名（名称）	取引先の住所（所在地）
家賃	継続	2,520,000 円	(株)○○商事	大阪市淀川区○○町3-7-9
〃	・〃・	1,890,000	(株)○○屋	大阪市北区○○町4-6-1
	・・			
	・・			
	・・			

※　継続的な取引先については、当課税期間中の取引金額の合計額を記載し、譲渡年月日等欄には「継続」と記載してください。輸出取引等は(2)に記載してください。

(2)　主な輸出取引等の明細（取引金額総額の上位5番目まで記載してください。）

取引先の氏名（名称）	取引先の住所（所在地）	取引金額	主な取引商品等	所轄税関（支署）名
		円		

輸出取引等に利用する	主な金融機関		銀　　行 金庫・組合 農協・漁協		本店・支店 出 張 所 本所・支所
		預金	口座番号		
	主な通関業者	氏名（名称）			
		住所（所在地）			

(1／2)

3 課税仕入れに係る事項

(1) 仕入金額等の明細

区　　分			㋑ 決 算 額 （税込・税抜）	㋺ 左のうち課税仕入 れにならないもの	（㋑－㋺） 課税仕入高
事業所得	仕 入 金 額 （製品製造原価）	①	円	円	円
	必 要 経 費	②			
	固定資産等の 取 得 価 額	③			
	小　　計 （①＋②＋③）	④			
不動産所得	必 要 経 費	⑤	4,307,296	3,712,409	594,887
	固定資産等の 取 得 価 額	⑥	25,496,100	－	25,496,100
	小　　計 （⑤＋⑥）	⑦	29,803,396	3,712,409	26,090,987
所得	仕 入 金 額	⑧			
	必 要 経 費	⑨			
	固定資産等の 取 得 価 額	⑩			
	小　　計 （⑧＋⑨＋⑩）	⑪			
課税仕入高の合計額		⑫	④、⑦、⑪の合計額を記載してください。		26,090,987
課税仕入れ等の税額の合計額		⑬	⑫の金額に対する消費税額		2,035,087

(2) 主な棚卸資産・原材料等の取得 （取引金額が100万円以上の取引先を上位5番目まで記載してください。）

資 産 の 種 類 等	取　　得 年 月 日 等	取 引 金 額 等 （税込・税抜）	取 引 先 の 氏 名 （名 称）	取 引 先 の 住 所 （所 在 地）
	・　・	円		
	・　・			
	・　・			
	・　・			
	・　・			

※　継続的な取引先については、当課税期間中の取引金額の合計額を記載し、取得年月日等欄には「継続」
と記載してください。

(3) 主な固定資産等の取得 （1件当たりの取引金額が100万円以上の取引を上位5番目まで記載してください。）

資 産 の 種 類 等	取　　得 年 月 日 等	取 引 金 額 等 （税込・税抜）	取 引 先 の 氏 名 （名 称）	取 引 先 の 住 所 （所 在 地）
建物	5・8・10	25,496,100円	○○住宅（株）	大阪市西区○○町1－3－10
	・　・			
	・　・			
	・　・			
	・　・			

4 令和　　年中の特殊事情 （顕著な増減事項等及びその理由を記載してください。）

消費税及び地方消費税の中間申告書

（税務署提出用）

令和 5年 5月 31日

西 税務署長殿

納税地	大阪市西区○○町2丁目8番3号 （電話番号 06 − 6532 − ○○○○）
（フリガナ） 名称又は屋号	株式会社 永山興産
個人番号又は法人番号	↑個人番号の記載に当たっては、左端を空欄とし、ここから記載してください。
（フリガナ） 代表者氏名又は氏名	ワダ ヨシオ 和田 芳夫 （電話番号 − − ）
税理士署名	

整理番号		
前課税期間	自令和 3年10月 1日 至令和 4年 9月30日	
修正・更正・決定の年月日	平成・令和 年 月 日	
前課税期間の消費税額	百万 千 円 1,582,600	
中間申告対象期間	自令和 4年10月 1日 至令和 5年 3月31日	
月数換算	前課税期間の消費税額 × 6/12	
納付すべき消費税額	百万 千 円 791,300	
納付すべき地方消費税額	223,100	
消費税及び地方消費税の合計納付税額	1,014,400	

税務署処理欄

通信日付印 確認印	令和 4年10月 1日 5年 9月30日	番号確認	身元確認 □済 □未済
確認書類	個人番号カード/通知カード・運転免許証 その他（ ）		

この申告書が修正申告書である場合の	消費税	この申告前の税額	千 円 0 0
		この申告により増加する税額	0 0
	地方消費税	この申告前の税額	0 0
		この申告により増加する総額	0 0
	消費税及び地方消費税の合計納付税額		0 0

（注）平成28年1月1日以後に開始する課税期間分の中間申告書から、個人番号又は法人番号を記載する必要があります。

152

2 申告書の記入例

事例1 簡単な例による一般用の申告書

　雑貨小売業を営む㈱永田商店の当課税期間（令和4年4月1日～令和5年3月31日）の課税売上高等の状況は、次のとおりです。

・ 課税売上高（税込み）　　18,611,472円
・ 課税仕入高（税込み）　　12,079,680円

計算

(1)　消費税額の計算

（課税標準額）

　課税売上高（税込み）
　18,611,472円 $\times \dfrac{100}{110} = 16,919,520$円 ➡ 16,919,000円
　　　　　　　　　　　　　　　　　　　　（千円未満切捨て）

（消費税額）

　16,919,000円 $\times 7.8\% = 1,319,682$円

（控除対象仕入税額）

　課税仕入高（税込み）
　12,079,680円 $\times \dfrac{7.8}{110} = 856,559$円

（納付税額）

　1,319,682円 − 856,559円 = 463,123円 ➡ 463,100円
　　　　　　　　　　　　　　　　　（百円未満切捨て）

(2)　地方消費税額の計算

（課税標準額）

　差引消費税額　463,100円

（納付税額）

　463,100円 $\times \dfrac{22}{78} = 130,617$円 ➡ 130,600円
　　　　　　　　　　　　　　　（百円未満切捨て）

(3)　合計納付税額

　463,100円 + 130,600円 = 593,700円

どういうわけか 回りくどい計算	**一郎** 先生、この永田商店の場合、消費税の計算はこうなんでしょう？ 課税売上高（税込み）　　　　　　　　課税仕入高（税込み） $18,611,472円 \times \dfrac{100}{110} \times 10\% - 12,079,680円 \times \dfrac{100}{110} \times 10\%$ $= 1,691,952円 - 1,098,152円$ $= 593,800円$ **先生** 端数処理の関係で、答えが100円だけ違ってるけど……まあそういうことだね。 **一郎** どうしてこんな回りくどい計算をするんですか？ **爽香** ほんと、伊呂波さんの言うとおりだわ。もっと簡単に計算できるのに……。
10％の税率は 地方消費税を含む	**先生** あのね、消費税の税率は10％というけれど、正確には消費税は7.8％で地方消費税が2.2％、合せて10％という説明をさっきしたね。 **爽香** ええ、そうだったわね。 **先生** それぞれ別の税金なんだから、申告書の上で一緒くたに計算するわけに行かず、こういう回りくどい計算になるんだよ。 **爽香** ふーん。 **一郎** 先生、これってどういう計算なんですか？
国税と地方税を 別々に計算	**先生** まずは7.8％の税率で、国税部分の消費税額を計算する。 $16,919,000円 \times 7.8\% = 1,319,682円$ 次に、ここから控除する仕入れの消費税額を、こういう計算で求める。 $12,079,680円 \times \dfrac{7.8}{110} = 856,559円$ **爽香** "$\dfrac{7.8}{110}$" って、どういうこと？ **先生** 分母の110は地方税も含んだ税込み金額で、分子の7.8は国税のみの金額だね。税込みの仕入高にその割合をかければ、国税の消費税の金額が求まるよね。 **爽香** あ、そうか。 **先生** そこで、納める国税の消費税の金額は、こうなるね。 $1,319,682円 - 856,559円 = 463,123円 \;\Rightarrow\; 463,100円$ （百円未満切捨て）
売上高、仕入高と もに割戻し計算	**先生** ところで、以上の計算は売上高と仕入高のいずれも、税込みの取引金額をもとに税額計算をしていて、こういう計算の仕方を「割戻し計算」というんだよ。 **一郎** 他にも計算の仕方があるんですか。

先生　令和元年の消費税導入時から、ずっとそういう計算をしてきたけど、令和5年10月からインボイス制度になると、課税事業者では「積上げ計算」もできるようになるよ。

一郎　はあ、どういうことですか？

令和5年10月以後
は積上げ計算も可

先生　少々複雑だけど、こういう具合に選択肢が増えるね。

　　　＜売上税額の計算＞
　　　　原則：割戻し計算（現行と同じ）
　　　　特例：積上げ計算（適格請求書の税額を集計）
　　　＜仕入税額の計算＞
　　　　原則：積上げ計算（適格請求書の税額を集計）
　　　　特例：割戻し計算（現行と同じ）

一郎　ふーん、売上げの計算は今と同じだけど、仕入れの方は積上げ計算が原則になるんですね。

原則として
売上げは割戻し、
仕入れは積上げ

先生　そのためのインボイス制度だからね。ここで注意すべきは、次の2点だね。

　①　売上げが割戻し計算（原則）なら、仕入れはいずれのやり方でも可
　②　売上げが積上げ計算（特例）なら、仕入れも積上げ計算すべし（割戻し計算はダメ）

爽香　あら、どうして売上げが積上げのときに、仕入れの割戻し計算はダメなのかしら。

先生　売上税額と仕入税額の計算方法の違いを利用した有利計算にならないように、という配慮らしいね。

令和 *5* 年 *5* 月 *31* 日 　　　　　　　　　　　　北　税務署長殿

		※税務署処理欄	一連番号						翌年以降送付不要		法人用

納税地　大阪市北区○○町18番1号
（電話番号　　　－　　　－　　　）

（フリガナ）ナガタ ショウ テン
名称又は屋号　（株）永田商店

個人番号又は法人番号
↓個人番号の記載に当たっては、左端を空欄とし、ここから記載してください。

（フリガナ）ナガタ キョウ ヘイ
代表者氏名又は氏名　永田　恭平

※税務署処理欄
所管 / 要否 / 整理番号
申告年月日　令和　　年　　月　　日
申告区分　指導等　庁指定　局指定
通信日付印　確認印　確認書類　個人番号カード　通知カード・運転免許証　その他（　）　身元確認
指導年月日　相談　区分1　区分2　区分3
令和

第一表

令和元年十月一日以後終了課税期間分（一般用）

自 令和 **04** 年 **04** 月 **01** 日
至 令和 **05** 年 **03** 月 **31** 日

課税期間分の消費税及び地方
消費税の（　確定　）申告書

（中間申告　自 平成／令和　　年　　月　　日
の場合の
対象期間　至 令和　　年　　月　　日）

この申告書による消費税の税額の計算

課税標準額	①	169190 00	03
消費税額	②	1319682	06
控除過大調整税額	③		07
控除税額　控除対象仕入税額	④	856559	08
返還等対価に係る税額	⑤		09
貸倒れに係る税額	⑥		10
控除税額小計（④＋⑤＋⑥）	⑦	856559	11
控除不足還付税額（⑦－②－③）	⑧		13
差引税額（②＋③－⑦）	⑨	463100	15
中間納付税額	⑩	00	16
納付税額（⑨－⑩）	⑪	463100	17
中間納付還付税額（⑩－⑨）	⑫	00	18
この申告書が修正申告である場合　既確定税額	⑬		19
差引納付税額	⑭	00	20
課税売上割合　課税資産の譲渡等の対価の額	⑮	16919520	21
資産の譲渡等の対価の額	⑯	16919520	22

この申告書による地方消費税の税額の計算

地方消費税の課税標準となる消費税額　控除不足還付税額	⑰		51
差引税額	⑱	463100	52
譲渡割額　還付額	⑲		53
納税額	⑳	130600	54
中間納付譲渡割額	㉑	00	55
納付譲渡割額（⑳－㉑）	㉒	130600	56
中間納付還付譲渡割額（㉑－⑳）	㉓	00	57
この申告書が修正申告である場合　既確定譲渡割額	㉔		58
差引納付譲渡割額	㉕	00	59
消費税及び地方消費税の合計（納付又は還付）税額	㉖	593700	60

付記事項				
割賦基準の適用	有	○ 無	31
延払基準等の適用	有	○ 無	32
工事進行基準の適用	有	○ 無	33
現金主義会計の適用	有	○ 無	34
参考事項　課税標準額に対する消費税額の計算の特例の適用	有	○ 無	35

控除税額の計算方法
課税売上高5億円超又は課税売上割合95％未満
　個別対応方式
　一括比例配分方式 … 41
上記以外　○　全額控除

基準期間の課税売上高　**16,791** 千円

還付を受けようとする金融機関等
銀行　本店・支店
金庫・組合　出張所
農協・漁協　本所・支店
預金　口座番号
ゆうちょ銀行の貯金記号番号　－
郵便局名等
※税務署整理欄

税理士署名
（電話番号　　　－　　　－　　　）

○　税理士法第30条の書面提出有
○　税理士法第33条の2の書面提出有

記入例

課税標準額等の内訳書

整理番号									

法人用

納　税　地	大阪市北区○○町18番1号
	（電話番号　　　　－　　　　－　　　　）
（フリガナ）	ナガタ ショウテン
名　　称 又 は 屋 号	（株）永田商店
（フリガナ）	ナガタ　キョウヘイ
代表者氏名 又 は 氏 名	永田　恭平

改正法附則による税額の特例計算		
軽減売上割合（10営業日）	○	附則38① 51
小売等軽減仕入割合	○	附則38② 52

第二表

自 令和 **04** 年 **04** 月 **01** 日

至 令和 **05** 年 **03** 月 **31** 日

課税期間分の消費税及び地方消費税の（　確定　）申告書

中間申告 自 令和 □□ 年 □□ 月 □□ 日
の場合の
対象期間 至 令和 □□ 年 □□ 月 □□ 日

令和四年四月一日以後終了課税期間分

課 税 標 準 額 ※申告書（第一表）の①欄へ	①	十兆千百十億千百十万千百十一円 　　　　　　　　　　１６９１９０００	01

課 税 資 産 の 譲 渡 等 の 対 価 の 額 の 合 計 額	3　％ 適 用 分	②		02
	4　％ 適 用 分	③		03
	6.3　％ 適 用 分	④		04
	6.24％ 適 用 分	⑤		05
	7.8　％ 適 用 分	⑥	１６９１９５２０	06
		⑦	１６９１９５２０	07
特定課税仕入れ に 係 る 支 払 対 価 の 額 の 合 計 額 （注1）	6.3　％ 適 用 分	⑧		11
	7.8　％ 適 用 分	⑨		12
		⑩		13

消 費 税 額 ※申告書（第一表）の②欄へ	⑪			１３１９６８２	21
⑪ の 内 訳	3　％ 適 用 分	⑫		22
	4　％ 適 用 分	⑬		23
	6.3　％ 適 用 分	⑭		24
	6.24％ 適 用 分	⑮		25
	7.8　％ 適 用 分	⑯	１３１９６８２	26

返 還 等 対 価 に 係 る 税 額 ※申告書（第一表）の⑤欄へ	⑰		31
⑰の内訳	売上げの返還等対価に係る税額	⑱		32
	特定課税仕入れの返還等対価に係る税額 （注1）	⑲		33

地 方 消 費 税 の 課 税 標 準 と な る 消 費 税 額 （注2）		⑳	４６３１００	41
	4　％ 適 用 分	㉑		42
	6.3　％ 適 用 分	㉒		43
	6.24%及び7.8% 適 用 分	㉓	４６３１００	44

付表1−1　税率別消費税額計算表 兼 地方消費税の課税標準となる消費税額計算表
〔経過措置対象課税資産の譲渡等を含む課税期間用〕

一 般

課　税　期　間	4·4·1 ~ 5·3·31	氏名又は名称	㈱永田商店

区　　　　　分		旧税率分小計 X	税率6.24％適用分 D	税率7.8％適用分 E	合　計　F (X＋D＋E)
課　税　標　準　額	①	(付表1-2の①X欄の金額)　円 000	円 000	円 16,919,000	※第二表の①欄へ　円 16,919,000
①の内訳 課税資産の譲渡等の対価の額	①-1	(付表1-2の①-1X欄の金額)	※第二表の⑤欄へ	※第二表の⑥欄へ 16,919,520	※第二表の⑦欄へ 16,919,520
①の内訳 特定課税仕入れに係る支払対価の額	①-2	(付表1-2の①-2X欄の金額)	※①-2欄は、課税売上割合が95%未満、かつ、特定課税仕入れがある事業者のみ記載する。 ※第二表の⑨欄へ		※第二表の⑩欄へ
消　費　税　額	②	(付表1-2の②X欄の金額)	※第二表の⑮欄へ	※第二表の⑯欄へ 1,319,682	※第二表の⑪欄へ 1,319,682
控除過大調整税額	③	(付表1-2の③X欄の金額)	(付表2-1の㉕・㉖D欄の合計金額)	(付表2-1の㉕・㉖E欄の合計金額)	※第一表の③欄へ
控除税額 控除対象仕入税額	④	(付表1-2の④X欄の金額)	(付表2-1の㉔D欄の金額)	(付表2-1の㉔E欄の金額) 856,559	※第一表の④欄へ 856,559
控除税額 返還等対価に係る税額	⑤	(付表1-2の⑤X欄の金額)			※第二表の⑰欄へ
⑤の内訳 売上げの返還等対価に係る税額	⑤-1	(付表1-2の⑤-1X欄の金額)			※第二表の⑱欄へ
⑤の内訳 特定課税仕入れの返還等対価に係る税額	⑤-2	(付表1-2の⑤-2X欄の金額)	※⑤-2欄は、課税売上割合が95%未満、かつ、特定課税仕入れがある事業者のみ記載する。		※第二表の⑲欄へ
控除税額 貸倒れに係る税額	⑥	(付表1-2の⑥X欄の金額)			※第一表の⑥欄へ
控除税額小計 (④＋⑤＋⑥)	⑦	(付表1-2の⑦X欄の金額)		856,559	※第一表の⑦欄へ 856,559
控除不足還付税額 (⑦−②−③)	⑧	(付表1-2の⑧X欄の金額)	※⑪E欄へ	※⑪E欄へ	
差　引　税　額 (②＋③−⑦)	⑨	(付表1-2の⑨X欄の金額)	※⑫E欄へ	※⑫E欄へ 463,123	463,123
合計差引税額 (⑨−⑧)	⑩				※マイナスの場合は第一表の⑧欄へ ※プラスの場合は第一表の⑨欄へ 463,123
地方消費税の課税標準となる消費税額 控除不足還付税額	⑪	(付表1-2の⑪X欄の金額)		(⑧D欄と⑧E欄の合計金額)	
地方消費税の課税標準となる消費税額 差　引　税　額	⑫	(付表1-2の⑫X欄の金額)		(⑨D欄と⑨E欄の合計金額) 463,123	463,123
合計差引地方消費税の課税標準となる消費税額 (⑫−⑪)	⑬	(付表1-2の⑬X欄の金額)		※第二表の㉑欄へ 463,100	※マイナスの場合は第一表の⑱欄へ ※プラスの場合は第一表の⑲欄へ ※第二表の㉑欄へ 463,100
譲渡割額 還　付　額	⑭	(付表1-2の⑭X欄の金額)		(⑪E欄×22/78)	
譲渡割額 納　税　額	⑮	(付表1-2の⑮X欄の金額)		(⑫E欄×22/78) 130,617	130,617
合計差引譲渡割額 (⑮−⑭)	⑯				※マイナスの場合は第一表の㉑欄へ ※プラスの場合は第一表の㉒欄へ 130,617

記入例

付表2-1　　課税売上割合・控除対象仕入税額等の計算表　　　　　　　　　　　　　　　一　般

| 課　税　期　間 | 4・4・1～5・3・31 | | 氏名又は名称 | ㈱永田商店 | |

項　　　　　目		旧税率分小計 X	税率6.24%適用分 D	税率7.8%適用分 E	合　　計 F (X+D+E)
課　税　売　上　額　（　税　抜　き　）	①	(付表2-2の①X欄の金額)　　　円	円	16,919,520 円	16,919,520 円
免　　税　　売　　上　　額	②				
非課税資産の輸出等の金額、海外支店等へ移送した資産の価額	③				
課税資産の譲渡等の対価の額（①＋②＋③）	④				※第一表の⑮欄へ ※付表2-2の④X欄へ 16,919,520
課税資産の譲渡等の対価の額（④の金額）	⑤				16,919,520
非　　課　　税　　売　　上　　額	⑥				
資産の譲渡等の対価の額（⑤＋⑥）	⑦				※第一表の⑯欄へ ※付表2-2の⑦X欄へ 16,919,520
課　税　売　上　割　合　（④／⑦）	⑧				※付表2-2の⑧X欄へ [100.00%] ※端数切捨て
課税仕入れに係る支払対価の額（税込み）	⑨	(付表2-2の⑨X欄の金額)		12,079,680	12,079,680
課　税　仕　入　れ　に　係　る　消　費　税　額	⑩	(付表2-2の⑩X欄の金額)	(⑨D欄×6.24/108)	(⑨E欄×7.8/110) 856,559	856,559
特定課税仕入れに係る支払対価の額	⑪	(付表2-2の⑪X欄の金額)	※⑪及び⑫欄は、課税売上割合が95%未満、かつ、特定課税仕入れがある事業者のみ記載する。		
特定課税仕入れに係る消費税額	⑫	(付表2-2の⑫X欄の金額)		(⑪E欄×7.8/100)	
課　税　貨　物　に　係　る　消　費　税　額	⑬	(付表2-2の⑬X欄の金額)			
納税義務の免除を受けない（受ける）こととなった場合における消費税額の調整（加算又は減算）額	⑭	(付表2-2の⑭X欄の金額)			
課税仕入れ等の税額の合計額（⑩＋⑫＋⑬±⑭）	⑮	(付表2-2の⑮X欄の金額)		856,559	856,559
課税売上高が5億円以下、かつ、課税売上割合が95%以上の場合（⑮の金額）	⑯	(付表2-2の⑯X欄の金額)		856,559	856,559
課税売上高が5億円超又は課税売上割合が95%未満の場合 個別対応方式 ⑮のうち、課税売上げにのみ要するもの	⑰	(付表2-2の⑰X欄の金額)			
⑮のうち、課税売上げと非課税売上げに共通して要するもの	⑱	(付表2-2の⑱X欄の金額)			
個別対応方式により控除する課税仕入れ等の税額〔⑰＋（⑱×④／⑦）〕	⑲	(付表2-2の⑲X欄の金額)			
一括比例配分方式により控除する課税仕入れ等の税額　（⑮×④／⑦）	⑳	(付表2-2の⑳X欄の金額)			
控除税額の調整 課税売上割合変動時の調整対象固定資産に係る消費税額の調整（加算又は減算）額	㉑	(付表2-2の㉑X欄の金額)			
調整対象固定資産を課税業務用(非課税業務用)に転用した場合の調整（加算又は減算）額	㉒	(付表2-2の㉒X欄の金額)			
居住用賃貸建物を課税賃貸用に供した（譲渡した）場合の加算額	㉓	(付表2-2の㉓X欄の金額)			
差引 控　除　対　象　仕　入　税　額〔（⑯、⑲又は⑳の金額）±㉑±㉒＋㉓〕がプラスの時	㉔	(付表2-2の㉔X欄の金額)	※付表1-1の④D欄へ	※付表1-1の④E欄へ 856,559	856,559
控　除　過　大　調　整　税　額〔（⑯、⑲又は⑳の金額）±㉑±㉒＋㉓〕がマイナスの時	㉕	(付表2-2の㉕X欄の金額)	※付表1-1の③D欄へ	※付表1-1の③E欄へ	
貸　倒　回　収　に　係　る　消　費　税　額	㉖	(付表2-2の㉖X欄の金額)	※付表1-1の③D欄へ	※付表1-1の③E欄へ	

第二表①欄より転記
税込み
課税売上高
$18,611,472円 \times \dfrac{100}{110} = 16,919,520円$
→16,919,000円
（千円未満切捨て）

第二表⑪欄より転記
（課税標準額　税率
16,919千円 × 7.8%＝1,319,682円）

付表1-1④欄より転記
税込み
課税仕入れ高　税率
$12,079,680円 \times \dfrac{7.8}{110} = 856,559円$

付表2-1④欄より

付表2-1⑦欄より

第二表⑳欄より

付表1-1⑯欄より転記
課税標準額　税率
$463,100円 \times \dfrac{22}{78} = 130,617円$
→130,600円
（百円未満切捨て）

令和　5 年 5 月 31 日　　　　　　　北　税務署長殿

※税務署処理欄

納税地　大阪市北区○○町 18 番 1 号
（電話番号　06 - 6313 -○○○○）

（フリガナ）　ナガタ ショウテン
名　称又は屋号　（株）永田商店

個人番号又は法人番号　↓個人番号の記載に当たっては、左端を空欄とし、ここから記載してください。

（フリガナ）　ナガタ　キョウヘイ
代表者氏名又は氏名　永田　恭平

自 令和　**04** 年 **04** 月 **01** 日
至 令和　**05** 年 **03** 月 **31** 日

課税期間分の消費税及び地方
消費税の（　確定　）申告書

この申告書による消費税の税額の計算		
課税標準額	①	16919000 03
消費税額	②	1319682 06
控除過大調整税額	③	07
控除税額　控除対象仕入税額	④	856559 08
返還等対価に係る税額	⑤	09
貸倒れに係る税額	⑥	10
控除税額小計（④＋⑤＋⑥）	⑦	856559 11
控除不足還付税額（⑦－②－③）	⑧	13
差引税額（②＋③－⑦）	⑨	463100 15
中間納付税額	⑩	00 16
納付税額（⑨－⑩）	⑪	463100 17
中間納付還付税額（⑩－⑨）	⑫	00 18
この申告書が修正申告である場合　既確定税額	⑬	19
この申告書が修正申告である場合　差引納付税額	⑭	00 20
課税売上割合　課税資産の譲渡等の対価の額	⑮	16919520 21
課税売上割合　資産の譲渡等の対価の額	⑯	16919520 22

この申告書による地方消費税の税額の計算		
地方消費税の課税標準となる消費税額　控除不足還付税額	⑰	54
地方消費税の課税標準となる消費税額　差引税額	⑱	463100 52
譲渡割額　還付額	⑲	53
譲渡割額　納税額	⑳	130600 54
中間納付譲渡割額	㉑	00 55
納付譲渡割額（⑳－㉑）	㉒	130600 56
中間納付還付譲渡割額（㉑－⑳）	㉓	00 57
この申告書が修正申告である場合　既確定譲渡割額	㉔	58
この申告書が修正申告である場合　差引納付譲渡割額	㉕	00 59
消費税及び地方消費税の合計（納付又は還付）税額	㉖	593700 60

一　連　番　号			翌年以降 送付不要	○
要否	整理 番号			

申　告　年　月　日　　令和□□年□□月□□日

申　告　区　分	指導等	庁指定	局指定
□□	□	□	□

通信日付印	確認印	確認書類	個人番号カード 通知カード・運転免許証 その他（　　　）	身元 確認
年　月　日				□

指導	年　月　日	相談	区分1	区分2	区分3
令和	□□□□				

第一表

中間申告　自　平成／令和□□年□□月□□日
の場合の
対象期間　至　令和□□年□□月□□日

令和元年十月一日以後終了課税期間分（一般用）

付記事項	割賦基準の適用	○	有	○ 無	31
	延払基準等の適用	○	有	○ 無	32
	工事進行基準の適用	○	有	○ 無	33
	現金主義会計の適用	○	有	○ 無	34
参考事項	課税標準額に対する消費税額の計算の特例の適用	○	有	○ 無	35
	控除税額の計算方法	課税売上高5億円超又は課税売上割合95％未満	○ 個別対応方式 ○ 一括比例配分方式		41
		上　記　以　外	○ 全額控除		
	基準期間の課税売上高	*16,791* 千円			

特殊な販売契約による売上収益の計上基準

小規模個人事業者（所得300万円以下）は、現金主義で経理できる。

端数処理で領収したときの特例

付表2-1⑧欄

前々年の課税売上高

還付を受けようとする金融機関等	銀　行／金庫・組合／農協・漁協	本店・支店／出張所／本所・支所
	預金　口座番号	
	ゆうちょ銀行の貯金記号番号	－
	郵便局名等	

※税務署整理欄

税理士署名　（電話番号　－　－　）

○	税理士法第30条の書面提出有
○	税理士法第33条の2の書面提出有

課税標準額等の内訳書

納　税　地	大阪市北区○○町 18 番 1 号
	（電話番号　　　　－　　　　－　　　　）
（フリガナ）	ナガタ ショウテン
名　　称 又 は 屋 号	㈱永田商店
（フリガナ）	ナガタ　キョウヘイ
代表者氏名 又 は 氏 名	永田　恭平

<table>
<tr><td>整理
番号</td><td></td></tr>
</table>

改 正 法 附 則 に よ る 税 額 の 特 例 計 算			
軽減売上割合（10営業日）	○	附則38①	51
小 売 等 軽 減 仕 入 割 合	○	附則38②	52

第二表

自 令和 **04** 年 **04** 月 **01** 日
至 令和 **05** 年 **03** 月 **31** 日

**課税期間分の消費税及び地方
消費税の（ 確定 ）申告書**

（中間申告 自 令和 ☐☐ 年 ☐☐ 月 ☐☐ 日
の場合の
対象期間 至 令和 ☐☐ 年 ☐☐ 月 ☐☐ 日）

令和四年四月一日以後終了課税期間分

課　　税　　標　　準　　額 ※申告書（第一表）の①欄へ	①	十 兆 千 百 十 億 千 百 十 万 千 百 十 一円 　　　　　　 1 6 9 1 9 0 0 0	01

課 税 資 産 の 譲 渡 等 の 対 価 の 額 の 合 計 額	3 ％ 適 用 分	②		02
	4 ％ 適 用 分	③		03
	6.3 ％ 適 用 分	④		04
	6.24 ％ 適 用 分	⑤		05
	7.8 ％ 適 用 分	⑥	1 6 9 1 9 5 2 0	06
		⑦	1 6 9 1 9 5 2 0	07
特定課税仕入れ に係る支払対価 の 額 の 合 計 額 （注1）	6.3 ％ 適 用 分	⑧		11
	7.8 ％ 適 用 分	⑨		12
		⑩		13

消　　　費　　　税　　　額 ※申告書（第一表）の②欄へ	⑪	1 3 1 9 6 8 2	21
⑪ の 内 訳 　 3 ％ 適 用 分	⑫		22
4 ％ 適 用 分	⑬		23
6.3 ％ 適 用 分	⑭		24
6.24 ％ 適 用 分	⑮		25
7.8 ％ 適 用 分	⑯	1 3 1 9 6 8 2	26

返 還 等 対 価 に 係 る 税 額 ※申告書（第一表）の⑤欄へ	⑰		31
⑰の内訳　売 上 げ の 返 還 等 対 価 に 係 る 税 額	⑱		32
特定課税仕入れの返還等対価に係る税額 （注1）	⑲		33

地 方 消 費 税 の 課税標準となる 消 費 税 額 （注2）		⑳	4 6 3 1 0 0	41
	4 ％ 適 用 分	㉑		42
	6.3 ％ 適 用 分	㉒		43
	6.24%及び7.8% 適 用 分	㉓	4 6 3 1 0 0	44

区分経理困難の中小企業向け特例の
選択欄
　→計算表 5 −(1)・(2)を添付

付表 1 − 1 ①欄より

第一表①欄へ

付表 1 − 1 ①−1欄より

第一表②欄へ

付表 1 − 1 ②欄より

第一表⑱欄へ

付表 1 − 1 ⑬欄より

付表1-1　税率別消費税額計算表　兼　地方消費税の課税標準となる消費税額計算表　　　　　　　　　一　般
〔経過措置対象課税資産の譲渡等を含む課税期間用〕

課　税　期　間	4・4・1 ～ 5・3・31	氏名又は名称	㈱永田商店

区　　分		旧税率分小計 X	税率6.24％適用分 D	税率7.8％適用分 E	合　　計　F (X+D+E)
課 税 標 準 額 ①		(付表1-2の①X欄の金額) 000 円	000 円	16,919 000 円	※第二表の①欄へ 16,919 000 円
①の内訳	課税資産の譲渡等の対価の額 ①-1	(付表1-2の①-1X欄の金額)	※第二表の⑤欄へ	※第二表の⑥欄へ 16,919,520	※第二表の⑦欄へ 16,919,520
	特定課税仕入れに係る支払対価の額 ①-2	(付表1-2の①-2X欄の金額)	※①-2欄は、課税売上割合が95%未満、かつ、特定課税仕入れがある事業者のみ記載する。	※第二表の⑨欄へ	※第二表の⑩欄へ
消　費　税　額 ②		(付表1-2の②X欄の金額)	※第二表の⑮欄へ	※第二表の⑯欄へ 1,319,682	※第二表の⑪欄へ 1,319,682
控除過大調整税額 ③		(付表1-2の③X欄の金額)	(付表2-1の㉕・㉗D欄の合計金額)	(付表2-1の㉕・㉗E欄の合計金額)	※第一表の③欄へ
控除税額	控除対象仕入税額 ④	(付表1-2の④X欄の金額)	(付表2-1の㉔D欄の金額)	(付表2-1の㉔E欄の金額) 856,559	※第二表の④欄へ 856,559
	返還等対価に係る税額 ⑤	(付表1-2の⑤X欄の金額)			※第二表の⑰欄へ
	⑤の内訳 売上げの返還等対価に係る税額 ⑤-1	(付表1-2の⑤-1X欄の金額)			※第二表の⑱欄へ
	特定課税仕入れの返還等対価に係る税額 ⑤-2	(付表1-2の⑤-2X欄の金額)	※⑤-2欄は、課税売上割合が95%未満、かつ、特定課税仕入れがある事業者のみ記載する。		※第二表の⑲欄へ
	貸倒れに係る税額 ⑥	(付表1-2の⑥X欄の金額)			※第一表の⑥欄へ
	控除税額小計 ⑦ (④+⑤+⑥)	(付表1-2の⑦X欄の金額)		856,559	※第一表の⑦欄へ 856,559
控除不足還付税額 ⑧ (⑦-②-③)		(付表1-2の⑧X欄の金額)	※⑪E欄へ	※⑪E欄へ	
差　引　税　額 ⑨ (②+③-⑦)		(付表1-2の⑨X欄の金額)	※⑫E欄へ	※⑫E欄へ 463,123	463,123
合 計 差 引 税 額 ⑩ (⑨-⑧)					※マイナスの場合は第一表の⑧欄へ ※プラスの場合は第一表の⑨欄へ 463,123
地方消費税の課税標準となる消費税額	控除不足還付税額 ⑪	(付表1-2の⑪X欄の金額)		(⑧D欄と⑧E欄の合計金額)	
	差　引　税　額 ⑫	(付表1-2の⑫X欄の金額)		(⑨D欄と⑨E欄の合計金額) 463,123	463,123
	合計差引地方消費税の課税標準となる消費税額 ⑬ (⑫-⑪)	(付表1-2の⑬X欄の金額)		※第二表の㉑欄へ 463,100	※マイナスの場合は第一表の⑯欄へ ※プラスの場合は第一表の⑳欄へ ※第二表の㉚欄へ 463,100
譲渡割額	還　付　額 ⑭	(付表1-2の⑭X欄の金額)		(⑪E欄×22/78)	
	納　税　額 ⑮	(付表1-2の⑮X欄の金額)		(⑫E欄×22/78) 130,617	130,617
合計差引譲渡割額 ⑯ (⑮-⑭)					※マイナスの場合は第一表の㉑欄へ ※プラスの場合は第一表の㉑欄へ 130,617

旧税率（3％・5％・8％）の適用があれば
付表1-2で計算し、この欄に転記

第二表①欄へ

第二表⑥欄へ

第二表⑯欄へ

第一表④欄へ

付表2-1㉔欄より

第二表㉓欄へ

課税標準額×税率
$463,100円×\dfrac{22}{78}=130,617円$

第一表⑳欄へ（百円未満切捨て）

付表2−1　課税売上割合・控除対象仕入税額等の計算表
〔経過措置対象課税資産の譲渡等を含む課税期間用〕　　　　　　　一　般

課　税　期　間	$4・4・1 \sim 5・3・31$	氏名又は名称	㈱永田商店

項　目		旧税率分小計 X（付表2-2の①X欄の金額）円	税率6.24％適用分 D 円	税率7.8％適用分 E 円	合　　計 F (X+D+E) 円
課　税　売　上　額　（　税　抜　き　）	①			16,919,520	16,919,520
免　　税　　売　　上　　額	②				
非課税資産の輸出等の金額、海外支店等へ移送した資産の価額	③				
課税資産の譲渡等の対価の額（①＋②＋③）	④				16,919,520
課税資産の譲渡等の対価の額（④の金額）	⑤				16,919,520
非　　課　　税　　売　　上　　額	⑥				
資産の譲渡等の対価の額（⑤＋⑥）	⑦				16,919,520
課　税　売　上　割　合　（　④／⑦　）	⑧				[100.00％] ※端数切捨て
課税仕入れに係る支払対価の額（税込み）	⑨	（付表2-2の⑨X欄の金額）		12,079,680	12,079,680
課　税　仕　入　れ　に　係　る　消　費　税　額	⑩	（付表2-2の⑩X欄の金額）	（⑨D欄×6.24/108）	（⑨E欄×7.8/110） 856,559	856,559
特　定　課　税　仕　入　れ　に　係　る　支　払　対　価　の　額	⑪	（付表2-2の⑪X欄の金額）	※⑪及び⑫欄は、課税売上割合が95％未満、かつ、特定課税仕入れがある事業者のみ記載する。		
特　定　課　税　仕　入　れ　に　係　る　消　費　税　額	⑫	（付表2-2の⑫X欄の金額）		（⑪E欄×7.8/100）	
課　税　貨　物　に　係　る　消　費　税　額	⑬	（付表2-2の⑬X欄の金額）			
納税義務の免除を受けない（受ける）こととなった場合における消費税額の調整（加算又は減算）額	⑭	（付表2-2の⑭X欄の金額）			
課税仕入れ等の税額の合計額（⑩＋⑫＋⑬±⑭）	⑮	（付表2-2の⑮X欄の金額）		856,559	856,559
課税売上高が5億円以下、かつ、課税売上割合が95％以上の場合（⑮の金額）	⑯	（付表2-2の⑯X欄の金額）		856,559	856,559
課5課95税億税% 売未売円上満上超割の高又合が場はが合 個別対応方式	⑮のうち、課税売上げにのみ要するもの	⑰ （付表2-2の⑰X欄の金額）			
	⑮のうち、課税売上げと非課税売上げに共通して要するもの	⑱ （付表2-2の⑱X欄の金額）			
	個別対応方式により控除する課税仕入れ等の税額〔⑰＋（⑱×④／⑦）〕	⑲ （付表2-2の⑲X欄の金額）			
の控除調整	一括比例配分方式により控除する課税仕入れ等の税額（⑮×④／⑦）	⑳ （付表2-2の⑳X欄の金額）			
税額整	課税売上割合変動時の調整対象固定資産に係る消費税額の調整（加算又は減算）額	㉑ （付表2-2の㉑X欄の金額）			
	調整対象固定資産を課税業務用（非課税業務用）に転用した場合の調整（加算又は減算）額	㉒ （付表2-2の㉒X欄の金額）			
	居住用賃貸建物を課税賃貸用に供した（譲渡した）場合の加算額	㉓ （付表2-2の㉓X欄の金額）			
差引	控　除　対　象　仕　入　税　額〔（⑯、⑲又は⑳の金額）±㉑±㉒＋㉓〕がプラスの時	㉔ （付表2-2の㉔X欄の金額） ※付表1-1の④D欄へ	※付表1-1の④E欄へ 856,559		856,559
	控　除　過　大　調　整　税　額〔（⑯、⑲又は⑳の金額）±㉑±㉒＋㉓〕がマイナスの時	㉕ （付表2-2の㉕X欄の金額） ※付表1-1の③D欄へ	※付表1-1の③E欄へ		
貸　倒　回　収　に　係　る　消　費　税　額	㉖	（付表2-2の㉖X欄の金額） ※付表1-1の③D欄へ	※付表1-1の③E欄へ		

166

旧税率（3％・5％・8％）の適用があれば
付表2−2で計算し、この欄に転記

税込み額
$18,611,472円 \times \dfrac{100}{110} = 16,919,520円$

第一表⑮欄へ

第一表⑯欄へ

$\dfrac{課税売上高}{総売上高} = \dfrac{16,919,520円}{16,919,520円} = 100\%$

税込み課税仕入高

$12,079,680円 \times \dfrac{7.8}{110} = 856,559円$

付表1−1④欄へ

次に、地方税をこんなぐあいに計算する。

$$463,100円 × \frac{22}{78} = 130,617円 ⇒ 130,600円$$
（百円未満切捨て）

最後に、２つの税金を合計。

$$463,100円 + 130,600円 = 593,700円$$

<table>
<tr><td>

**地方税は国税の
$\frac{22}{78}$の金額**

</td><td>

一郎 あの、国税の部分は分かりますけど……地方税で$\frac{22}{78}$をかけるのはどういうことですか？

先生 国税が7.8%で地方税は2.2%——ということは、国税に対する地方税の割合が$\frac{2.2}{7.8}$、つまり$\frac{22}{78}$なんだね。

一郎 ああ、なるほど。国税の金額にその割合をかけたら、地方税の税額が求まる。

先生 申告書では「譲渡割」という言葉を使っているけど、地方消費税の課税標準は国税の消費税額なんだね。その金額に$\frac{22}{78}$の税率をかけて地方消費税を計算することになってるんだよ。

一郎 なるほど、ようやく分かりました。

</td></tr>
<tr><td>

**課税標準は
千円未満切捨て**

</td><td>

先生 では次に、申告書の書き方について説明しておくね。要するに、さっき説明した計算どおり、上から下に書いていくんだけれど……まず最初に、「課税標準額」が16,919,000円。

一郎 税抜きの課税売上高ですね。

先生 課税標準の金額は千円未満の端数を切捨てなんだけど、申告書に最初から0が３つ記入してあるから、間違えることはないね。

爽香 あの、税込みの金額から税抜きに直す計算は書かないんですか？

先生 うむ。計算は別途行い、答えだけ書けばいい。

爽香 ふーん。

</td></tr>
<tr><td>

**消費税額は
7.8%で計算**

</td><td>

先生 次に、②の箇所に「消費税額」を記入する。

一郎 課税標準の7.8%ですね。

先生 そう、10%じゃないよ。国税分の消費税だから7.8%、間違えないようにね。

一郎 はい。

先生 それから次に、④の金額、これ何かな。

一郎 ええと、「控除対象仕入税額」で、付表２－１を使って計算するのですね。

先生 「付表２－１」を書くとき、この表の①は"税抜き"、⑨は"税込み"の金額だからね、気をつけて。

</td></tr>
</table>

一郎　⑨は、税込み金額なんですね。

先生　そう。仕入税額控除の金額は、税込みの仕入高に基づいて計算するんだね。

$$12,079,680円 × \frac{7.8}{110} = 856,559円$$

　この計算の答え（⑩）を、申告書第一表の④に転記することになる。

一郎　はい。

差引税額から中間分を引いたのが納付税額

先生　次に、申告書の⑨の「差引税額」——これは②（消費税額）から⑦（控除税額）を差し引いた金額だね。

一郎　百円未満の端数切捨てですね。

先生　うむ。⑨以下の欄には、0が2つずつ印字されてるね。ここから「中間納付税額」（⑩）を引いた「納付税額」（⑪）、これが国税として納める消費税の金額だよ。

一郎　中間納付の税金はないのですか？

先生　前年の消費税額が48万円以下なら、中間納付は不要だよ。

一郎　あ、そうでしたね。

爽香　先生、⑫が「還付税額」となってますけど、これって何ですか？

先生　中間に納めすぎた場合だよ。たとえば、前年の2分の1の金額を納めたけれど、今年は売上げがうんと落ち込んでしまった、といったケースだね。

爽香　あ、そういうことですか。

課税売上割合の計算根拠も示す

先生　あと、⑮に課税売上高、⑯には総売上高が記入されているね。

一郎　課税売上割合を計算するためですか。

先生　そう、この申告書では同額だから関係ないけど、そうでないときは仕入税額控除の計算に影響してくるからね。

一郎　円単位で書くのですね。

先生　そう。この⑮を千円未満で切り捨てた金額が、①の課税標準額だね。

基準期間の売上高も記載

爽香　右側の列に基準期間の売上高も書くのね。

先生　うむ、どうしてだと思う？

爽香　さあ……。

一郎　簡易課税が適用できるかどうか、ですか？

先生　そのとおり。この金額が5,000万円以下なら、簡易課税で計算できる。

爽香　あ、そうか。

先生 この永田商店も、届出をしていれば簡易課税で申告することができ、実はその計算の方が、納税額は少なくて済むんだよ。

爽香 へーえ、どのぐらい減るのかしら。

先生 伊呂波くん、どうなるのかな。

一郎 ええと、ここは小売業だから「みなし仕入率」が80％で……

$$16,919,000円×10\% - (16,919,000円×80\%)×10\%$$
$$= 16,919,000円×20\%×10\%$$
$$= 16,919,000円×2\%$$
$$= 338,380円 \Rightarrow 338,300円$$

この計算でいいですか。

先生 うん、ＯＫだよ。原則課税は593,700円だけど、簡易課税なら338,300円——25万円も納税額が減るね。

爽香 すごい！

先生 この永田商店のケースで、簡易課税の申告書を書けばどうなるか、それはまたあとで説明するね（事例6）。

一郎 お願いします。

先生 じゃあ次に、地方消費税の計算だよ。さっきも言ったように、地方消費税の課税標準は、国税の消費税で⑨の金額だから、まずそれを⑱の欄に記入する。そこに$\frac{22}{78}$の税率を掛けた金額が⑳の地方消費税額——ざっと、こういう計算だね。

一郎 先生、⑨や⑱の金額って、もともと百円未満切捨てですよね。課税標準って千円未満切捨ての金額じゃないんですか？

先生 お、一郎くん鋭いね、よく気がついた。確かにどんな税目でも、課税標準は原則として千円未満切捨てだけど、地方税法の条文で、地方消費税の課税標準は「消費税額」と定められている。だから、百円未満切捨てでいいんだよ。

一郎 あ、そうなんですか。じゃあ、この金額に税率を掛けて——$463,100円×\frac{22}{78}=130,617円$。これを端数処理した"130,600円"が⑳の納税額なんですね。

先生 うむ。あとはそこから、㉑欄で中間分を差し引いて、㉒が実際に納める税額だよ。

一郎 国税と同じように、中間で納めすぎなら㉓で還付ですね。

先生 最後の㉖欄は、国税（⑪）と地方税（㉒）の合計の金額——この金額で納付書を記入することになるね。

一郎 納付書は合計で書くのですね。

先生 そう。㉖の金額だよ。

**複雑な事例の計算
では付表が必要**

一郎　先生、付表って、何の計算に使うのですか。事例１だったら、申告書だけで十分だと思うんですけど……。

先生　そうだね。これはまるで簡単なケースだから、第一表だけで計算できる。だけど、８％の軽減税率が入ると、もう少し計算が複雑になるね。そういうとき、付表１－１を使うんだよ。さらに、旧税率があると、付表１－２も使うことになるね。

一郎　なるほど、そういうことですか。

先生　あるいは、課税売上割合が95％未満だと仕入税額が全額控除できなくて、個別対応方式か一括比例配分方式の計算が必要になる。そうなると、付表２－１や２－２の出番だね。

爽香　そうかあ、それぞれに役割があるのね。

税抜き経理による一般用の申告書

　㈱モードミセスは、婦人子供服製造業を営んでいる法人です。当期（令和4年4月1日～令和5年3月31日）末現在の税金計上前残高試算表および消費税額の計算資料（税抜き金額）は、次のとおりです。

　なお、基準期間（令和2年4月1日～令和3年3月31日）の課税売上高は163,472,668円（税抜き）、当期の中間申告による納税額（仮払金勘定に計上）は2,594,300円（消費税2,023,600円、地方消費税570,700円）です。

（課：課税、非：非課税、不：不課税）

勘定科目		借方	貸方	課否	消費税対象額	摘要
売上高			175,046,468	課	※175,046,468	すべて課税売上金額
売上原価	当期原材料仕入高	62,702,228		課	62,702,228	
	賃 金 手 当	11,051,800		不		
	工 員 賞 与	2,291,100		不		
	法 定 福 利 費	1,311,190		非		社会保険料、労働保険料等
	福 利 厚 生 費	666,811		課	666,811	工員研修費、作業服代等
	外 注 加 工 費	46,576,410		課	46,576,410	
	工 場 消 耗 品 費	1,726,879		課	1,726,879	
	工 場 雑 費	190,293		課	190,293	
販売費及び一般管理費	役 員 給 与	12,500,000		不		
	給 料 手 当	5,330,700		不		
	従 業 員 賞 与	1,148,200		不		
	法 定 福 利 費	1,307,692		非		
	福 利 厚 生 費	314,259		課	314,259	うち85,700は軽減税率
	旅 費 交 通 費	262,565		課	262,565	
	交 際 費	1,241,089		課(不)	995,889	接待飲食費および贈答品代995,889（祝金等245,200）うち312,200は軽減税率
	通 信 費	372,807		課	372,807	
	運 賃	1,506,325		課	1,506,325	
	保 険 料	224,586		非		
	消 耗 品 費	495,396		課	495,396	
	賃 借 料	3,217,400		課(非)	1,617,400	家賃および事務機器リース料1,617,400（地代1,600,000）
	租 税 公 課	913,200		不		
	寄 付 金	400,000		不		
	雑 費	354,135		課	354,135	うち44,448は軽減税率
営業外収益	受 取 利 息		115,462	非		
	受 取 配 当 金		119,000	不		
	雑 収 入		894,660	課(不)	※679,160	原材料処分代等679,160（商品運送損害保険金215,500）

区分	科目	借方	貸方	税	金額	摘要
営業外費用	支払利息割引料	1,208,999		非		
	雑損失	880,294		課	※300,000 511,550	車両下取り価額300,000（帳簿価額668,744）クレーム処理代等511,550
資産	現金預金	50,705,333		ー		
	受取手形	3,670,336		ー		
	売掛金	23,687,835		ー		
	製品	2,480,720		ー		
	仕掛品	2,834,056		ー		
	原材料	7,730,467		ー		
	前渡金	5,169,400		ー		
	前払費用	490,350		ー		
	仮払金	5,342,800		ー		
	仮払消費税	12,192,656		ー		うち35,353は軽減税率分
	貸倒引当金		380,000	ー		
	建物	4,795,074		ー		
	機械装置	6,427,260		ー		
	車両運搬具	3,372,937		課	2,950,000	当期購入価額 2,950,000
	器具備品	1,491,176		課	824,000	当期購入価額 824,000
	土地	12,145,000		ー		
	電話加入権	143,670		ー		
	投資有価証券	4,231,724		ー		
	長期貸付金	3,500,000		ー		
	差入保証金	1,720,000		ー		
負債	支払手形		6,328,373	ー		
	買掛金		13,456,341	ー		
	短期借入金		15,392,700	ー		
	未払金		4,200,000	ー		
	未払費用		7,826,690	ー		
	未払法人税等		50,900	ー		
	預り金		891,944	非		
	仮受消費税		17,598,462	ー		
	長期借入金		27,600,000	ー		
	退職給付引当金		3,246,700	ー		
純資産	資本金		10,000,000	ー		
	利益準備金		1,800,000	ー		
	別途積立金		24,000,000	ー		
	前期繰越利益		1,377,452	ー		
	合計	310,325,152	310,325,152			

課税売上高合計（税抜き）（※印）	10%	176,025,628円
課税仕入高（税抜き）（※印以外）	10%	121,624,599円
	8%	442,348円

(1) 消費税額の計算

（課税標準額）

$$\underset{\text{売上高}}{175,046,468円} + \underset{\text{雑収入}}{679,160円} + \underset{\text{車両下取り}}{300,000円} + \underset{\text{仮受消費税}}{17,598,462円} = 193,624,090円$$

（注1）雑収入から「損害保険金」215,500円（不課税）を除いています。

（注2）車両売却損益ではなく、売却価額の総額に対して消費税が課されます。

課税売上高（税込み）

$$193,624,090円 \times \frac{100}{110} = 176,021,900円 \;\Rightarrow\; 176,021,000円$$
$$\text{（千円未満切捨て）}$$

（消費税額）

$$176,021,000円 \times 7.8\% = 13,729,638円$$

（課税売上割合）

課税売上高：176,021,900円……①

非課税売上高（受取利息）：115,462円……②

①＋②＝176,137,362円

$$\frac{176,021,900円}{176,137,362円} = 0.9993$$

（控除対象仕入税額）

課税売上高5億円以下、かつ課税売上割合95％以上なので全額控除

標準税率分： $\underset{\text{課税仕入高（税抜き）}}{121,624,599円} + \underset{\text{仮払消費税}}{12,157,303円} = 133,781,902円$

$$133,781,902円 \times \frac{7.8}{110} = 9,486,353円……①$$

軽減税率分： $\underset{\text{課税仕入高（税抜き）}}{442,348円} + \underset{\text{仮払消費税}}{35,353円} = 477,701円$

$$477,701円 \times \frac{6.24}{108} = 27,600円……②$$

①＋②＝9,513,953円

（納付税額）

$$13,729,638円 - 9,513,953円 = 4,215,685円 \;\Rightarrow\; 4,215,600円$$
$$\text{（百円未満切捨て）}$$

$$\underset{}{4,215,600円} - \underset{\text{中間納付税額}}{2,023,600円} = 2,192,000円$$

(2) 地方消費税額の計算

（課税標準額）

差引消費税額：4,215,600円

（納付税額）

$$4,215,600円 \times \frac{22}{78} = 1,189,015円 \;\Rightarrow\; 1,189,000円$$
$$\text{（百円未満切捨て）}$$

中間納付税額
1,189,000円 − 570,700円 ＝618,300円

(3) 合計納付税額

2,192,000円 ＋ 618,300円 ＝ 2,810,300円

記入例

令和 5年 5月31日 　　　　中央 税務署長殿

納税地　大阪市中央区○○町3-7-9
（電話番号　06 - 6942 -○○○○）

（フリガナ）
名　称
又は屋号　**株式会社モードミセス**

個人番号
又は法人番号　↓個人番号の記載に当たっては、左端を空欄とし、ここから記載してください。

（フリガナ）　サナダ　コウジ
代表者氏名
又は氏名　**真田　幸治**

自 令和 **04**年**04**月**01**日
至 令和 **05**年**03**月**31**日

課税期間分の消費税及び地方
消費税の（　確定　）申告書

（中間申告 自 平成令和 ［　］年［　］月［　］日
の場合の
対象期間 至 令和 ［　］年［　］月［　］日）

| 連番号 | | 翌年以降送付不要 ○ | 法人用 |

※税務署処理欄

第一表

令和元年十月一日以後終了課税期間分（一般用）

この申告書による消費税の税額の計算

項目		金額	コード
課税標準額	①	176021000	03
消費税額	②	13729638	06
控除過大調整税額	③		07
控除税額 控除対象仕入税額	④	9513953	08
返還等対価に係る税額	⑤		09
貸倒れに係る税額	⑥		10
控除税額小計（④+⑤+⑥）	⑦	9513953	11
控除不足還付税額（⑦-②-③）	⑧		13
差引税額（②+③-⑦）	⑨	4215600	15
中間納付税額	⑩	2023600	16
納付税額（⑨-⑩）	⑪	2192000	17
中間納付還付税額（⑩-⑨）	⑫	00	18
この申告書が修正申告である場合 既確定税額	⑬		19
差引納付税額	⑭	00	20
課税売上割合 課税資産の譲渡等の対価の額	⑮	176021900	21
資産の譲渡等の対価の額	⑯	176137362	22

この申告書による地方消費税の税額の計算

項目		金額	コード
地方消費税の課税標準となる消費税額 控除不足還付税額	⑰		51
差引税額	⑱	4215600	52
譲渡割額 還付額	⑲		53
納税額	⑳	1189000	54
中間納付譲渡割額	㉑	570700	55
納付譲渡割額（⑳-㉑）	㉒	618300	56
中間納付還付譲渡割額（㉑-⑳）	㉓	00	57
この申告書が修正申告である場合 既確定譲渡割額	㉔		58
差引納付譲渡割額	㉕	00	59
消費税及び地方消費税の合計（納付又は還付）税額	㉖	2810300	60

付記事項 参考事項

	有	無	
割賦基準の適用	○	●	31
延払基準等の適用	○	●	32
工事進行基準の適用	○	●	33
現金主義会計の適用	○	●	34
課税標準額に対する消費税額の計算の特例の適用	○	●	35

控除税額の計算方法
課税売上高5億円超又は課税売上割合95%未満：個別対応方式／一括比例配分方式　41
上記以外：○ 全額控除

基準期間の課税売上高　**163,473**千円

銀行／金庫・組合／農協・漁協　本店・支店／出張所／本所・支所
預金　口座番号
ゆうちょ銀行の貯金記号番号
郵便局名等
※税務署整理欄

税理士署名
（電話番号　-　-　）

○ 税理士法第30条の書面提出有
○ 税理士法第33条の2の書面提出有

176

記入例

課税標準額等の内訳書

整理番号									法人用

納税地	大阪市中央区○○町3-7-9
	（電話番号　06 - 6942 -○○○○）
（フリガナ）	
名　称又は屋号	株式会社モードミセス
（フリガナ）	サナ ダ　コウ ジ
代表者氏名又は氏名	真田　幸治

改正法附則による税額の特例計算		
軽減売上割合（10営業日）	○	附則38① 51
小売等軽減仕入割合	○	附則38② 52

自 令和 **04**年**04**月**01**日　　**課税期間分の消費税及び地方**
至 令和 **05**年**03**月**31**日　　**消費税の（　確定　）申告書**

中間申告　自 令和 □□年□□月□□日
の場合の
対象期間 至 令和 □□年□□月□□日

第二表

令和四年四月一日以後終了課税期間分

課　　　税　　　標　　　準　　　額　※申告書（第一表）の①欄へ	①										**1 7 6 0 2 1 0 0 0**	01

課税資産の譲渡等の対価の額の合計額	3　％適用分	②		02
	4　％適用分	③		03
	6.3　％適用分	④		04
	6.24％適用分	⑤		05
	7.8　％適用分	⑥	**1 7 6 0 2 1 9 0 0**	06
		⑦	**1 7 6 0 2 1 9 0 0**	07
特定課税仕入れに係る支払対価の額の合計額（注1）	6.3　％適用分	⑧		11
	7.8　％適用分	⑨		12
		⑩		13

消　　　費　　　税　　　額　※申告書（第一表）の②欄へ	⑪	**1 3 7 2 9 6 3 8**	21
⑪　の　内　訳	3　％適用分	⑫		22
	4　％適用分	⑬		23
	6.3　％適用分	⑭		24
	6.24％適用分	⑮		25
	7.8　％適用分	⑯	**1 3 7 2 9 6 3 8**	26

返　還　等　対　価　に　係　る　税　額　※申告書（第一表）の⑤欄へ	⑰		31
⑰の内訳	売上げの返還等対価に係る税額	⑱		32
	特定課税仕入れの返還等対価に係る税額　（注1）	⑲		33

地方消費税の課税標準となる消費税額		⑳	**4 2 1 5 6 0 0**	41
	4　％適用分	㉑		42
	6.3　％適用分	㉒		43
（注2）	6.24％及び7.8％適用分	㉓	**4 2 1 5 6 0 0**	44

付表1-1　税率別消費税額計算表　兼　地方消費税の課税標準となる消費税額計算表
〔経過措置対象課税資産の譲渡等を含む課税期間用〕

一般

課税期間	4・4・1～5・3・31	氏名又は名称	㈱モードミセス

区　　分		旧税率分小計 X	税率6.24%適用分 D	税率7.8%適用分 E	合　計　F (X+D+E)
課税標準額	①	(付表1-2の①X欄の金額) 円 000	円 000	円 176,021,000	※第二表の①欄へ 円 176,021,000
①の内訳	課税資産の譲渡等の対価の額 ①-1	(付表1-2の①-1X欄の金額)	※第二表の⑤欄へ	※第二表の⑥欄へ 176,021,900	※第二表の⑦欄へ 176,021,900
	特定課税仕入れに係る支払対価の額 ①-2	(付表1-2の①-2X欄の金額)	※①-2欄は、課税売上割合が95%未満、かつ、特定課税仕入れがある事業者のみ記載する。 ※第二表の⑨欄へ		※第二表の⑩欄へ
消費税額	②	(付表1-2の②X欄の金額)	※第二表の⑮欄へ	※第二表の⑯欄へ 13,729,638	※第二表の⑪欄へ 13,729,638
控除過大調整税額	③	(付表1-2の③X欄の金額)	(付表2-1の㉓・㉕D欄の合計金額)	(付表2-1の㉓・㉕E欄の合計金額)	※第一表の③欄へ
控除税額	控除対象仕入税額 ④	(付表1-2の④X欄の金額)	(付表2-1の㉔D欄の金額) 27,600	(付表2-1の㉔E欄の金額) 9,486,353	※第一表の④欄へ 9,513,953
	返還等対価に係る税額 ⑤	(付表1-2の⑤X欄の金額)			※第二表の⑰欄へ
	⑤の内訳 売上げの返還等対価に係る税額 ⑤-1	(付表1-2の⑤-1X欄の金額)			※第二表の⑱欄へ
	特定課税仕入れの返還等対価に係る税額 ⑤-2	(付表1-2の⑤-2X欄の金額)	※⑤-2欄は、課税売上割合が95%未満、かつ、特定課税仕入れがある事業者のみ記載する。		※第二表の⑲欄へ
	貸倒れに係る税額 ⑥	(付表1-2の⑥X欄の金額)			※第一表の⑥欄へ
	控除税額小計 (④+⑤+⑥) ⑦	(付表1-2の⑦X欄の金額)	27,600	9,486,353	※第一表の⑦欄へ 9,513,953
控除不足還付税額 (⑦-②-③) ⑧		(付表1-2の⑧X欄の金額)	※⑪E欄へ 27,600	※⑪E欄へ	27,600
差引税額 (②+③-⑦) ⑨		(付表1-2の⑨X欄の金額)	※⑫E欄へ	※⑫E欄へ 4,243,285	4,243,285
合計差引税額 (⑨-⑧) ⑩					※マイナスの場合は第一表の⑧欄へ ※プラスの場合は第一表の⑨欄へ 4,215,685
地方消費税の課税標準となる消費税額	控除不足還付税額 ⑪	(付表1-2の⑪X欄の金額)		(⑧D欄と⑧E欄の合計金額) 27,600	27,600
	差引税額 ⑫	(付表1-2の⑫X欄の金額)		(⑨D欄と⑨E欄の合計金額) 4,243,285	4,243,285
合計差引地方消費税の課税標準となる消費税額 (⑫-⑪) ⑬		(付表1-2の⑬X欄の金額)		※第二表の㉓欄へ 4,215,600	※マイナスの場合は第一表の⑰欄へ ※プラスの場合は第一表の⑱欄へ ※第二表の㉟欄へ 4,215,600
譲渡割額	還付額 ⑭	(付表1-2の⑭X欄の金額)		(⑪E欄×22/78)	
	納税額 ⑮	(付表1-2の⑮X欄の金額)		(⑫E欄×22/78) 1,189,015	1,189,015
合計差引譲渡割額 (⑮-⑭) ⑯					※マイナスの場合は第一表の⑲欄へ ※プラスの場合は第一表の⑳欄へ 1,189,015

記入例

付表2－1　課税売上割合・控除対象仕入税額等の計算表
〔経過措置対象課税資産の譲渡等を含む課税期間用〕　　一　般

| 課税期間 | 4・4・1～5・3・31 | 氏名又は名称 | ㈱モードミセス |

項　目			旧税率分小計 X (付表2-2の①X欄の金額)	税率6.24%適用分 D	税率7.8%適用分 E	合　計 F (X+D+E)
課税売上額（税抜き）	①				176,021,900	176,021,900
免税売上額	②					
非課税資産の輸出等の金額、海外支店等へ移送した資産の価額	③					
課税資産の譲渡等の対価の額（①＋②＋③）	④					※第一表の⑮欄へ ※付表2-2の④X欄へ 176,021,900
課税資産の譲渡等の対価の額（④の金額）	⑤					176,021,900
非課税売上額	⑥					115,462
資産の譲渡等の対価の額（⑤＋⑥）	⑦					※第一表の⑯欄へ ※付表2-2の⑦X欄へ 176,137,362
課税売上割合（④／⑦）	⑧					※付表2-2の⑧X欄へ [99.93%] ※端数切捨て
課税仕入れに係る支払対価の額（税込み）	⑨	(付表2-2の⑨X欄の金額)	477,701	133,781,902	134,259,603
課税仕入れに係る消費税額	⑩	(付表2-2の⑩X欄の金額)	(⑨D欄×6.24/108) 27,600	(⑨E欄×7.8/110) 9,486,353	9,513,953
特定課税仕入れに係る支払対価の額	⑪	(付表2-2の⑪X欄の金額)	※⑪及び⑫欄は、課税売上割合が95%未満、かつ、特定課税仕入れがある事業者のみ記載する。		
特定課税仕入れに係る消費税額	⑫	(付表2-2の⑫X欄の金額)		(⑪E欄×7.8/100)	
課税貨物に係る消費税額	⑬	(付表2-2の⑬X欄の金額)			
納税義務の免除を受けない（受ける）こととなった場合における消費税額の調整（加算又は減算）額	⑭	(付表2-2の⑭X欄の金額)			
課税仕入れ等の税額の合計額（⑩＋⑫＋⑬±⑭）	⑮	(付表2-2の⑮X欄の金額)	27,600	9,486,353	9,513,953
課税売上高が5億円以下、かつ、課税売上割合が95%以上の場合（⑮の金額）	⑯	(付表2-2の⑯X欄の金額)	27,600	9,486,353	9,513,953
課税売上高が5億円超又は課税売上割合が95%未満の場合 個別対応方式	⑮のうち、課税売上げにのみ要するもの	⑰	(付表2-2の⑰X欄の金額)			
	⑮のうち、課税売上げと非課税売上げに共通して要するもの	⑱	(付表2-2の⑱X欄の金額)			
	個別対応方式により控除する課税仕入れ等の税額〔⑰＋（⑱×④／⑦）〕	⑲	(付表2-2の⑲X欄の金額)			
一括比例配分方式により控除する課税仕入れ等の税額（⑮×④／⑦）	⑳	(付表2-2の⑳X欄の金額)			
課税売上割合変動時の調整対象固定資産に係る消費税額の調整（加算又は減算）額	㉑	(付表2-2の㉑X欄の金額)			
調整対象固定資産を課税業務用（非課税業務用）に転用した場合の調整（加算又は減算）額	㉒	(付表2-2の㉒X欄の金額)			
居住用賃貸建物を課税賃貸用に供した（譲渡した）場合の加算額	㉓	(付表2-2の㉓X欄の金額)			
差引 控除対象仕入税額〔（⑯、⑲又は⑳の金額）±㉑±㉒＋㉓〕がプラスの時	㉔	(付表2-2の㉔X欄の金額)	※付表1-1の④D欄へ 27,600	※付表1-1の④E欄へ 9,486,353	9,513,953
控除過大調整税額〔（⑯、⑲又は⑳の金額）±㉑±㉒＋㉓〕がマイナスの時	㉕	(付表2-2の㉕X欄の金額)	※付表1-1の③D欄へ	※付表1-1の③E欄へ	
貸倒回収に係る消費税額	㉖	(付表2-2の㉖X欄の金額)	※付表1-1の③D欄へ	※付表1-1の③E欄へ	

記入要領

第二表①欄より転記

売上高	175,046,468円
雑収入	679,160円
車両下取り	300,000円
計	176,025,628円
仮受消費税	17,598,462円
合計	193,624,090円

$$193,624,090円 \times \frac{100}{110}$$
$$= 176,021,900円$$
$$\rightarrow 176,021,000円$$

第二表⑪欄より転記
$$\left(\begin{array}{l} 課税標準額 \quad 税率 \\ 176,021千円 \times 7.8\% \\ = 13,729,638円 \end{array} \right)$$

付表1-1④欄より

付表2-1④欄より

付表2-1⑦欄より

第二表⑳欄より

付表1-1⑯欄より転記
$$\left(\begin{array}{l} 課税標準額 \quad 税率 \\ 4,215,600円 \times \dfrac{22}{78} = 1,189,000円 \\ （百円未満切捨て） \end{array} \right)$$

令和 5 年 5 月 31日

収受印

中央 税務署長殿

※税務署処理欄 所管

納税地	大阪市中央区○○町3-7-9
	（電話番号 06 - 6942 -○○○○）
（フリガナ）	
名 称 又は屋号	株式会社モードミセス
	↓ 個人番号の記載に当たっては、左端を空欄とし、ここから記載してください。
個人番号 又は法人番号	
（フリガナ）	サナダ コウジ
代表者氏名 又は氏名	真田 幸治

自 令和 **04**年**04**月**01**日
至 令和 **05**年**03**月**31**日

課税期間分の消費税及び地方
消費税の（ 確定 ）申告書

この申告書による消費税の税額の計算

			十兆千百十億千百十万千百十一円	
課税標準額	①		1 7 6 0 2 1 0 0 0	03
消費税額	②		1 3 7 2 9 6 3 8	06
控除過大調整税額	③			07
控除税額 控除対象仕入税額	④		9 5 1 3 9 5 3	08
返還等対価に係る税額	⑤			09
貸倒れに係る税額	⑥			10
控除税額小計（④+⑤+⑥）	⑦		9 5 1 3 9 5 3	11
控除不足還付税額（⑦-②-③）	⑧			13
差引税額（②+③-⑦）	⑨		4 2 1 5 6 0 0	15
中間納付税額	⑩		2 0 2 3 6 0 0	16
納付税額（⑨-⑩）	⑪		2 1 9 2 0 0 0	17
中間納付還付税額（⑩-⑨）	⑫		0 0	18
この申告書が修正申告である場合 既確定税額	⑬			19
差引納付税額	⑭		0 0	20
課税売上割合 課税資産の譲渡等の対価の額	⑮		1 7 6 0 2 1 9 0 0	21
資産の譲渡等の対価の額	⑯		1 7 6 1 3 7 3 6 2	22

この申告書による地方消費税の税額の計算

地方消費税の課税標準となる消費税額 控除不足還付税額	⑰			51
差引税額	⑱		4 2 1 5 6 0 0	52
譲渡割額 還付額	⑲			53
納税額	⑳		1 1 8 9 0 0 0	54
中間納付譲渡割額	㉑		5 7 0 7 0 0	55
納付譲渡割額（⑳-㉑）	㉒		6 1 8 3 0 0	56
中間納付還付譲渡割額（㉑-⑳）	㉓		0 0	57
この申告書が修正申告である場合 既確定譲渡割額	㉔			58
差引納付譲渡割額	㉕		0 0	59
消費税及び地方消費税の合計（納付又は還付）税額	㉖		2 8 1 0 3 0 0	60

一　連　番　号				翌年以降送付不要	○

要否	整理番号							

申　告　年　月　日　　令和　　年　　月　　日

申　告　区　分	指導等	庁指定	局指定

通信日付印	確認印	確認書類	個人番号カード 通知カード・運転免許証 その他（　　　）	身元確認

年　月　日

指　　導　　年　　月　　日	相談	区分1	区分2	区分3

令和

中間申告 自 平成令和　　年　　月　　日
の場合の
対象期間 至 令和　　年　　月　　日

令和元年十月一日以後終了課税期間分（一般用）

第一表

付記事項	割 賦 基 準 の 適 用	○	有	○	無	31
	延 払 基 準 等 の 適 用	○	有	○	無	32
	工 事 進 行 基 準 の 適 用	○	有	○	無	33
	現 金 主 義 会 計 の 適 用	○	有	○	無	34
参考事項	課税標準額に対する消費税額の計算の特例の適用	○	有	○	無	35
	控除税額の計算方法	課税売上高5億円超又は課税売上割合95％未満	個別対応方式	一括比例配分方式 ○	41
		上 記 以 外	○	全 額 控 除	
	基準期間の課税売上高	**16,791** 千円			

特殊な販売契約による売上収益の計上基準

小規模個人事業者（所得300万円以下）は、現金主義で経理できる。

端数処理で領収したときの特例

付表2-1⑧欄

前々年の課税売上高

還付を受けようとする金融機関等	銀　行 金庫・組合 農協・漁協	本店・支店 出 張 所 本所・支所
	預金　口座番号	
	ゆうちょ銀行の貯金記号番号	－
	郵 便 局 名 等	

※税務署整理欄

税 理 士 署　　名	
（電話番号　　－　　－　　）	

○	税 理 士 法 第 30 条 の 書 面 提 出 有
○	税 理 士 法 第 33 条 の 2 の 書 面 提 出 有

課税標準額等の内訳書

整理番号										法人用

納税地	大阪市中央区○○町3-7-9
	（電話番号　06 - 6942 -○○○○）
（フリガナ）	
名称又は屋号	**株式会社モードミセス**
（フリガナ）	サナダ　コウジ
代表者氏名又は氏名	**真田　幸治**

改正法附則による税額の特例計算			
軽減売上割合（10営業日）	◯	附則38①	51
小売等軽減仕入割合	◯	附則38②	52

第二表

自 令和 **04** 年 **04** 月 **01** 日
至 令和 **05** 年 **03** 月 **31** 日

課税期間分の消費税及び地方消費税の（　確定　）申告書

中間申告の場合の　自 令和 □□ 年 □□ 月 □□ 日　対象期間 至 令和 □□ 年 □□ 月 □□ 日

令和四年四月一日以後終了課税期間分

課税標準額　※申告書（第一表）の①欄へ	①	十 兆 千 百 十 億 千 百 十 万 千 百 十 一　**1 7 6 0 2 1 0 0 0**	01

課税資産の譲渡等の対価の額の合計額	3 ％ 適用分	②		02
	4 ％ 適用分	③		03
	6.3 ％ 適用分	④		04
	6.24 ％ 適用分	⑤		05
	7.8 ％ 適用分	⑥	**1 7 6 0 2 1 9 0 0**	06
		⑦	**1 7 6 0 2 1 9 0 0**	07
特定課税仕入れに係る支払対価の額の合計額 （注1）	6.3 ％ 適用分	⑧		11
	7.8 ％ 適用分	⑨		12
		⑩		13

消費税額　※申告書（第一表）の②欄へ	⑪	**1 3 7 2 9 6 3 8**	21
⑪ の 内 訳	3 ％ 適用分	⑫		22
	4 ％ 適用分	⑬		23
	6.3 ％ 適用分	⑭		24
	6.24 ％ 適用分	⑮		25
	7.8 ％ 適用分	⑯	**1 3 7 2 9 6 3 8**	26

返還等対価に係る税額　※申告書（第一表）の⑤欄へ	⑰		31
⑰の内訳	売上げの返還等対価に係る税額	⑱		32
	特定課税仕入れの返還等対価に係る税額 （注1）	⑲		33

地方消費税の課税標準となる消費税額		⑳	**4 2 1 5 6 0 0**	41
	4 ％ 適用分	㉑		42
	6.3 ％ 適用分	㉒		43
（注2）	6.24％及び7.8% 適用分	㉓	**4 2 1 5 6 0 0**	44

区分経理困難の中小企業向け特例の選択欄
→計算表5－(1)・(2)を添付

付表1－1①欄より

第一表①欄へ

付表1－1①－1欄より

第一表②欄へ

付表1－1②欄より

第一表⑱欄へ

付表1－1⑬欄より

付表1-1　税率別消費税額計算表　兼　地方消費税の課税標準となる消費税額計算表
〔経過措置対象課税資産の譲渡等を含む課税期間用〕

一 般

| 課　税　期　間 | 4・4・1 ～ 5・3・31 | 氏名又は名称 | ㈱モードミセス |

区　　　分		旧税率分小計 X	税率6.24%適用分 D	税率7.8%適用分 E	合　計　F (X+D+E)
課　税　標　準　額	①	(付表1-2の①X欄の金額) 000 円	000 円	176,021,000 円	※第二表の①欄へ 176,021,000 円
①の内訳　課税資産の譲渡等の対価の額	①-1	(付表1-2の①-1X欄の金額)	※第二表の⑤欄へ	※第二表の⑥欄へ 176,021,900	※第二表の⑦欄へ 176,021,900
①の内訳　特定課税仕入れに係る支払対価の額	①-2	(付表1-2の①-2X欄の金額)	※①-2欄は、課税売上割合が95%未満、かつ、特定課税仕入れがある事業者のみ記載する。 ※第二表の⑨欄へ	※第二表の⑩欄へ	※第二表の⑪欄へ
消　費　税　額	②	(付表1-2の②X欄の金額)	※第二表の⑮欄へ	※第二表の⑯欄へ 13,729,638	※第二表の⑪欄へ 13,729,638
控除過大調整税額	③	(付表1-2の③X欄の金額)	(付表2-1の㉕・㉘D欄の合計金額) 27,600	(付表2-1の㉕・㉘E欄の合計金額) 9,486,353	※第一表の③欄へ 9,513,953
控除対象仕入税額	④	(付表1-2の④X欄の金額)	(付表2-1の㉔D欄の金額)	(付表2-1の㉔E欄の金額)	※第一表の④欄へ
控除税額　返還等対価に係る税額	⑤	(付表1-2の⑤X欄の金額)			※第二表の⑰欄へ
⑤の内訳　売上げの返還等の対価に係る税額	⑤-1	(付表1-2の⑤-1X欄の金額)			※第二表の⑱欄へ
⑤の内訳　特定課税仕入れの返還等対価に係る税額	⑤-2	(付表1-2の⑤-2X欄の金額)	※⑤-2欄は、課税売上割合が95%未満、かつ、特定課税仕入れがある事業者のみ記載する。		※第二表の⑲欄へ
貸倒れに係る税額	⑥	(付表1-2の⑥X欄の金額)			※第一表の⑥欄へ
控除税額小計 (④+⑤+⑥)	⑦	(付表1-2の⑦X欄の金額)	27,600	9,486,353	※第一表の⑦欄へ 9,513,953
控除不足還付税額 (⑦-②-③)	⑧	(付表1-2の⑧X欄の金額)	※⑪E欄へ 27,600	※⑪E欄へ	27,600
差　引　税　額 (②+③-⑦)	⑨	(付表1-2の⑨X欄の金額)	※⑫E欄へ	※⑫E欄へ 4,243,285	4,243,285
合　計　差　引　税　額 (⑨-⑧)	⑩				※マイナスの場合は第一表の⑧欄へ ※プラスの場合は第一表の⑨欄へ 4,215,685
地方消費税の課税標準となる消費税額　控除不足還付税額	⑪	(付表1-2の⑪X欄の金額)		(⑧D欄と⑧E欄の合計金額) 27,600	27,600
差　引　税　額	⑫	(付表1-2の⑫X欄の金額)		(⑨D欄と⑨E欄の合計金額) 4,243,285	4,243,285
合計差引地方消費税の課税標準となる消費税額 (⑫-⑪)	⑬	(付表1-2の⑬X欄の金額)		※第二表の㉓欄へ 4,215,600	※マイナスの場合は第一表の⑰欄へ ※プラスの場合は第一表の⑱欄へ ※第二表の㉓欄へ 4,215,600
譲渡割額　還　付　額	⑭	(付表1-2の⑭X欄の金額)		(⑪E欄×22/78)	
譲渡割額　納　税　額	⑮	(付表1-2の⑮X欄の金額)		(⑫E欄×22/78) 1,189,015	1,189,015
合計差引譲渡割額 (⑮-⑭)	⑯				※マイナスの場合は第一表の⑲欄へ ※プラスの場合は第一表の⑳欄へ 1,189,015

第二表①欄へ

第二表⑥欄へ

第二表⑯欄へ

第一表④欄へ

付表２－１の㉔E欄より

付表２－１の㉔D欄より

第二表㉓欄へ

課税標準額　税率
$$4,215,600円 \times \frac{22}{78} = 1,189,015円$$

第一表⑳欄へ（百円未満切捨て）

付表2-1 課税売上割合・控除対象仕入税額等の計算表
〔経過措置対象課税資産の譲渡等を含む課税期間用〕

一 般

課 税 期 間	4・4・1 ～ 5・3・31	氏名又は名称	㈱モードミセス

項　目		旧税率分小計 X (付表2-2の①X欄の金額) 円	税率6.24％適用分 D 円	税率7.8％適用分 E 円	合　計 F (X+D+E) 円
課 税 売 上 額 （ 税 抜 き ）	①			176,021,900	176,021,900
免 税 売 上 額	②				
非課税資産の輸出等の金額、海外支店等へ移送した資産の価額	③				
課税資産の譲渡等の対価の額（①+②+③）	④				※第一表の②欄へ ※付表2-2の④X欄へ 176,021,900
課税資産の譲渡等の対価の額（④の金額）	⑤				176,021,900
非 課 税 売 上 額	⑥				115.462
資産の譲渡等の対価の額（⑤+⑥）	⑦				※第一表の③欄へ ※付表2-2の⑦X欄へ 176,137,362
課 税 売 上 割 合 （ ④ / ⑦ ）	⑧				※付表2-2の⑧X欄へ [99.93%] ※端数切捨て
課税仕入れに係る支払対価の額（税込み）	⑨	(付表2-2の⑨X欄の金額)	477.701	133,781,902	134,259,603
課 税 仕 入 れ に 係 る 消 費 税 額	⑩	(付表2-2の⑩X欄の金額)	(⑨D欄×6.24/108) 27,600	(⑨E欄×7.8/110) 9,486,353	9,513,953
特定課税仕入れに係る支払対価の額	⑪	(付表2-2の⑪X欄の金額)		※⑪及び⑫欄は、課税売上割合が95％未満、かつ、特定課税仕入れがある事業者のみ記載する。	
特定課税仕入れに係る消費税額	⑫	(付表2-2の⑫X欄の金額)		(⑪E欄×7.8/100)	
課 税 貨 物 に 係 る 消 費 税 額	⑬	(付表2-2の⑬X欄の金額)			
納税義務の免除を受けない（受ける）こととなった場合における消費税額の調整（加算又は減算）額	⑭	(付表2-2の⑭X欄の金額)			
課 税 仕 入 れ 等 の 税 額 の 合 計 額（⑩+⑫+⑬+⑭）	⑮	(付表2-2の⑮X欄の金額)	27,600	9,486.353	9,513,953
課 税 売 上 高 が 5 億 円 以 下 、 か つ、課 税 売 上 割 合 が 95 ％ 以 上 の 場 合（⑮の金額）	⑯	(付表2-2の⑯X欄の金額)	27,600	9,486.353	9,513,953
課税売上高が5億円超又は課税売上割合が95％未満の場合	個別対応方式	⑮のうち、課税売上げにのみ要するもの	⑰	(付表2-2の⑰X欄の金額)			
		⑮のうち、課税売上げと非課税売上げに共通して要するもの	⑱	(付表2-2の⑱X欄の金額)			
		個別対応方式により控除する課税仕入れ等の税額〔⑰+（⑱×④/⑦）〕	⑲	(付表2-2の⑲X欄の金額)			
	一括比例配分方式により控除する課税仕入れ等の税額 （⑮×④/⑦）		⑳	(付表2-2の⑳X欄の金額)			
控除税額の調整	課税売上割合変動時の調整対象固定資産に係る消費税額の調整（加算又は減算）額		㉑	(付表2-2の㉑X欄の金額)			
	調整対象固定資産を課税業務用（非課税業務用）に転用した場合の調整（加算又は減算）額		㉒	(付表2-2の㉒X欄の金額)			
	居住用賃貸建物を課税賃貸用に供した（譲渡した）場合の加算額		㉓	(付表2-2の㉓X欄の金額)			
差引	控 除 対 象 仕 入 税 額〔（⑯、⑲又は⑳の金額）±㉑±㉒+㉓〕がプラスの時		㉔	(付表2-2の㉔X欄の金額)	※付表1-1の④D欄へ 27,600	※付表1-1の④E欄へ 9,486.353	9,513,953
	控 除 過 大 調 整 税 額〔（⑯、⑲又は⑳の金額）±㉑±㉒+㉓〕がマイナスの時		㉕	(付表2-2の㉕X欄の金額)	※付表1-1の③D欄へ	※付表1-1の③E欄へ	
貸 倒 回 収 に 係 る 消 費 税 額			㉖	(付表2-2の㉖X欄の金額)	※付表1-1の③D欄へ	※付表1-1の③E欄へ	

旧税率（3％・5％・8％）の適用があれば
付表2－2で計算し、この欄に転記

税込み額
$193.624.090円 \times \dfrac{100}{110} = 176,021,900円$

第一表⑮欄へ

第一表⑯欄へ

$\dfrac{課税売上高}{総売上高} = \dfrac{176,021,900円}{176,137,362円} = 99.93\%$

税込み課税仕入高

$133.781.902円 \times \dfrac{7.8}{110} = 9,486,353円$

$477,701円 \times \dfrac{6.24}{108} = 27,600円$

付表1－1の④D欄へ

付表1－1の④E欄へ

先生 本格的な一般用の申告書を書くとき、表形式で数字をまとめてお
くと分かりやすいね。

一郎 残高試算表から課税取引の金額を抜き出した表ですね。

先生 うむ。まず、課税売上げは「売上高」と「雑収入」、それと「雑損
失」にも含まれているね。

爽香 損失が売上げ？　どういうこと？

一郎 車の買い替えがあったんですよね。

先生 簿価668,744円の車を300,000円で引き取ってもらって、差引き
368,744円の"売却損"が雑損失の科目に計上されている。そのとき消費
税の計算では、あくまで30万円で売却したという点に着目するんだね。

爽香 ふーん、30万円の課税売上げ？

先生 そう。これって見逃しやすい点だから気をつけなきゃ。それから、
雑収入の中に不課税取引がひとつ紛れ込んでる。

一郎 損害保険金ですね。

先生 うむ。これは除外して課税売上げの雑収入は、894,660円－215,500
円＝679,160円になるね。そこで、課税売上高はこういう金額になる。

売上高　　　　　雑収入　　　車両下取り
175,046,468円＋679,160円＋300,000円＝176,025,628円

爽香 「$\times \frac{100}{110}$」って、しなくていいんですか？

先生 お、爽香くん、冴えてる。前に「端数処理」（Ⅱ－7）で、説明し
た話だね。

爽香 はい。税込み売上高$\times \frac{100}{110}$＝税抜き売上高、なんでしょう。

先生 そのとおりだよ。ということは、この場合、どういう計算をした
らいいのかな。

爽香 ええと……どうすればいいの、伊呂波さん。

一郎　税抜き売上高　　　仮受消費税　　　税込み売上高
176,025,628円＋17,598,462円＝193,624,090円、ですよね。

先生 そうだね。受け取った消費税は、「仮受消費税」の科目に計上して
いるから、それを加えると税込みの金額になって、これに$\frac{100}{110}$をかけ
た金額が、税抜きの課税売上高ということになるね。

課税売上高（税抜き）
193,624,090円$\times \frac{100}{110}$＝　176,021,900円

爽香 あの、この金額って、さっきの176,025,628円と、どうして違うん
ですか？

先生 伊呂波くん、どうしてだろうね。

| 端数処理の関係で
金額が不一致 | 一郎 | ええと、取引のつど端数処理しているから、だったかな。 |

一郎　ええと、取引のつど端数処理しているから、だったかな。

先生　そうだね。通常、端数を切り捨てるから、税抜きの売上高に10%をかけた金額よりも、受け取った金額の方が少ないだろうね。

$$176,025,628円 \times 10\% = \underset{\text{10\%相当額}}{17,602,562円} > \underset{\text{仮受消費税}}{17,598,462円}$$

　その場合、消費税の課税標準額は、原則として税込みの売上高に$\frac{100}{110}$をかけた金額とする、というルールになってるんだよ。

一郎　あ、そうでした。そういえば、税抜き経理をしているときの特例がありましたね。

爽香　税抜き経理って、何だったかしら？

先生　たとえば、1,000円の商品に消費税を100円上乗せして売ったとき、こういう処理をするんだね。

　　（借）現　　　金　　1,100　　（貸）売　　　　上　　1,000
　　　　　　　　　　　　　　　　　　　　仮受消費税　　　100

爽香　あ、そうか。仮受消費税の科目を使って処理するのね。

**仮払消費税を
10%で割り戻せば
課税売上高**

先生　この場合、課税売上高は税込みの売上高に基づいて、こう計算するのが原則だね。

$$1,100円 \times \frac{100}{110} = 1,000円$$

　だけど、仮受消費税の金額から、こんな具合に課税売上高を逆算することもできる。

$$100円 \div 10\% = 1,000円$$

爽香　ええ、分かります。

先生　じゃあ、 事例2 の場合だと、どういう計算になるかな？

爽香　ええと、仮受消費税が17,598,462円だから……17,598,462円÷10%＝175,984,620円、ですね。

一郎　さっきの計算（176,021,900円）より、金額が小さくなりますけど、いいんですか？

先生　いいんだよ。ただし、この計算ができるのは、次の2つの要件を満たすとき、ということだったね。

　　　① 取引ごとに本体価格と消費税を区分して領収していること
　　　② 取引ごとに消費税の1円未満の端数を処理していること

一郎　あ、そうでした。

先生　じゃあ次に、課税仕入高の計算の話に移ろうか。

課税仕入れの
集計は複雑

一郎 これも残高試算表で、科目ごとに課税・非課税をまとめてありますね。

先生 うむ。だいたいは科目によって、課税・非課税・不課税に分類されるけど、中にはそれが入り混じってる科目もあるね。

一郎 交際費、賃借料がそうですね。

先生 一つずつ取引をより分けていって、課税取引の金額を抜き出してあるんだね。

一郎 資産の科目でも、課税仕入れが出てきますね。

爽香 ほんとだ、車両運搬具と器具備品。

先生 今年、車と備品を買ったんだよ。消費税の計算では、それも当期の仕入れになるんだったね。

爽香 はい、そうでした。

課税標準は
千円未満を
切り捨てた金額

先生 じゃあ、以上の数字に基づいて、申告書を見ていこうか。まず⑮欄の金額、これが課税売上高だね。

一郎 さっきの原則的な計算ですね。

先生 うむ。次に、①が「課税標準額」で、課税売上高の千円未満を切り捨てた金額だね。

一郎 ②はそこに7.8％を掛けて、176,021,000円×7.8％＝13,729,638円——これが国税の消費税ですね。

爽香 残り2.2％の地方税は、後でまとめて計算するのよね。

先生 二人とも、もう手馴れたものだね。じゃあ、④はどうかな。

控除仕入税額は
付表2－1で計算

一郎 ええとこれは——税込み課税仕入高×税率、の計算でしたね。

先生 少々やっかいなのは、令和元年10月から軽減税率が導入されて、今は複数税率になってるんだね。

一郎 はい。標準税率が10％で、飲食料品は8％です。

先生 そうだね。残高試算表の摘要欄に書かれているけど、福利厚生費、交際費、雑費の3つの科目に、8％のものが紛れ込んでるね。前の2つは飲食料品で、雑費は定期購読の新聞代じゃないかな。

一郎 あ、そうか、新聞も軽減税率でしたね。

先生 試算表の最終欄に、2種類の仕入れの合計額が記されているね。

　　標準税率：121,624,599円

　　軽減税率：　　442,348円

さて、ここからどう計算をするんだろう、一郎くん。

一郎 ええと2種類の税率分を、それぞれ別に計算するんですね。

**2種類の税率分を
それぞれ計算**

先生　そうだね。まず、10％の標準税率からいこうか。税込みの課税仕入高はいくらかな。

一郎　試算表の仮払消費税の摘要欄に、"35,353円は軽減税率分"と書いてあるから、標準税率分は12,192,656円－35,353円＝12,157,303円ですよね。そうすると税込みの仕入高は、こういう計算です。

　　課税仕入高（税抜き）　　　　仮払消費税
　　　121,624,599円　　＋　　12,157,303円　　＝133,781,902円

先生　そうだね。で、そこに掛ける税率は？

一郎　ええと、まず国税部分を計算するから——税込みで110％の中に含まれている7.8％を抜き出すため $\frac{7.8}{110}$ を掛ける、でしたね。

　　課税仕入高（税込み）
　　　133,781,902円　　$\times \frac{7.8}{110}$ ＝9,486,353円

先生　そのとおり。じゃあ次に、軽減税率分の消費税は？

一郎　442,348円（税抜き仕入高）＋35,353円（仮払消費税）＝477,701円
　　477,701円 $\times \frac{6.24}{108}$ ＝27,600円

先生　お見事、一郎くん。実は、その計算をしているのが、付表2−1の⑨と⑩の行なんだよ。

一郎　——あ、そうか。D列が軽減税率、E列が標準税率ですね。

先生　そう。で、F列の⑩行目にある合計額"9,513,953円"が、申告書第一表の④に記入されているね。

**仕入税額を
全額控除できない
場合もある**

爽香　あの、⑩行目から下に、同じ数字が何度も出てきてるけど、どうしてなの？

先生　どうかな、一郎くん。

一郎　ええと、課税売上割合がどうのこうの……あ、そうか。課税売上割合が95％未満だったら、仕入税額の全額を控除できなくて、按分計算しなきゃならないんですね。

先生　正確に言えば、課税売上高が5億円を超えていれば、95％以上でも常に按分計算だね。

一郎　あ、そうでした。

爽香　うーん、思い出した——お医者さんは非課税売上げがほとんどだから、按分計算しないと常に大きな還付になってしまう、と前に教えて頂きました（P.44）。

先生　そうだったね。要するに、課税売上高が5億円以下で、かつ、課税売上割合が95％以上なら、全額控除できるけれど、そうでない場合、個別対応方式または一括比例配分方式のいずれかで、按分計算しなければならない。ま、詳しい話は、次の事例ですることにしよう。

一郎 先生、仮払消費税や仮受消費税の科目って、最後に精算するんですよね。

先生 あ、そうだね。その話もしておこうか。税抜き経理だと、期中はそういう科目を使って処理するけど、最後に相殺して、差額を「未払消費税」に振り替えるんだね。この会社の場合、こういう処理をすることになるね。

  （借）仮受消費税　　17,598,462円　（貸）仮払消費税　12,192,656

                                                  仮　払　金　　2,594,300

                                                未払消費税　　2,810,300

                                                雑　収　入　　　　1,206

爽香 仮払金って、何ですか？

一郎 中間納付の消費税だよ。仮払金の科目に計上してたんだね。

爽香 ふーん。じゃあ、雑収入は？

一郎 うーん、仕訳の貸借を一致させるために計上するんだけど……何なんですか、先生。

先生 以前、端数処理（Ⅱ−7）の話をしたときに、端数切り捨てで消費税をもらうと、切り捨てた分を事業者が負担することになる、と説明したよね。

一郎 え、ええ——それが雑収入ですか。

先生 この1,206円というのは結構複雑な数字で、雑収入だけでなく、雑損失も発生しているね。

一郎 といいますと？

先生 さっきの税額計算で、課税標準は千円未満切捨て、最終の税額は百円未満切捨てだから、仕入れに関してその分の"益税"が発生してるよね。事例の会社が負担した損失とこの益税を相殺した金額が、その雑収入なんだね。

一郎 なるほど、そういうことですか。

事例3　税込み経理による一般用の申告書

　㈱モードミセスは、婦人子供服製造業を営んでいる法人です。当期（令和4年4月1日〜令和5年3月31日）末現在の税金計上前残高試算表および消費税額の計算資料（税込み金額）は、次のとおりです。

　なお、基準期間（令和2年4月1日〜令和3年3月31日）の課税売上高は179,819,935円（税込み）、当期の中間申告による納税額（仮払金勘定に計上）は2,594,300円（消費税2,023,600円、地方消費税570,700円）です。

（課：課税、非：非課税、不：不課税）

	勘定科目	借方	貸方	課否	消費税対象額	摘要
	売上高		192,547,078	課	※192,547,078	すべて課税売上金額
売上原価	当期原材料仕入高	68,969,456		課	68,969,456	
	賃 金 手 当	11,051,800		不		
	工 員 賞 与	2,291,100		不		
	法 定 福 利 費	1,311,190		非		社会保険料、労働保険料等
	福 利 厚 生 費	733,492		課	733,492	工員研修費、作業服代等
	外 注 加 工 費	51,231,895		課	51,231,895	
	工 場 消 耗 品 費	1,899,566		課	1,899,566	
	工 場 雑 費	209,322		課	209,322	
販売費及び一般管理費	役 員 給 与	12,500,000		不		
	給 料 手 当	5,330,700		不		
	従 業 員 賞 与	1,148,200		不		
	法 定 福 利 費	1,307,692		非		
	福 利 厚 生 費	343,964		課	343,964	うち92,550は軽減税率
	旅 費 交 通 費	288,821		課	288,821	
	交 際 費	1,334,408		課（不）	1,089,208	接待飲食費および贈答品代1,089,208（祝金等245,200）うち337,151は軽減税率
	通 信 費	410,087		課	410,087	
	運 賃	1,656,957		課	1,656,957	
	保 険 料	224,586		非		
	消 耗 品 費	544,935		課	544,935	
	賃 借 料	3,379,140		課（非）	1,779,140	家賃および事務機器リース料1,779,140（地代1,600,000）
	租 税 公 課	913,200		不		
	寄 付 金	400,000		不		
	雑 費	388,655		課	388,655	うち48,000は軽減税率
営業外収益	受 取 利 息		115,462	非		
	受 取 配 当 金		119,000	不		
	雑 収 入		962,512	課（不）	※747,012	原材料処分代等747,012商品運送損害保険金215,500
営業外費用	支払利息割引料	1,208,999		非		
	雑 損 失	901,449		課	※330,000 562,705	車両下取り価額330,000（帳簿価額702,181）クレーム処理代等562,705

	科目	借方	貸方	区分	金額	摘要	金額
資	現 金 預 金	50,705,333		ー			
	受 取 手 形	3,670,336		ー			
	売 掛 金	23,687,835		ー			
	製 品	2,480,720		ー			
	仕 掛 品	2,834,056		ー			
	原 材 料	7,730,467		ー			
	前 渡 金	5,169,400		ー			
	前 払 費 用	490,350		ー			
	仮 払 金	5,342,800		ー			
	貸 倒 引 当 金		380,000	ー			
産	建 物	4,795,074		ー			
	機 械 装 置	6,427,260		ー			
	車 両 運 搬 具	3,667,937		課	3,245,000	当期購入価額	3,245,000
	器 具 備 品	1,573,576		課	906,400	当期購入価額	906,400
	土 地	12,145,000		ー			
	電 話 加 入 権	143,670		ー			
	投 資 有 価 証 券	4,231,724		ー			
	長 期 貸 付 金	3,500,000		ー			
	差 入 保 証 金	1,720,000		ー			
負	支 払 手 形		6,328,373	ー			
	買 掛 金		13,456,341	ー			
	短 期 借 入 金		15,392,700	ー			
	未 払 金		4,200,000	ー			
	未 払 費 用		7,826,690	ー			
債	未 払 法 人 税 等		50,900	ー			
	預 り 金		891,944	ー			
	長 期 借 入 金		27,600,000	ー			
	退 職 給 付 引 当 金		3,246,700	ー			
純資産	資 本 金		10,000,000	ー			
	利 益 準 備 金		1,800,000	ー			
	別 途 積 立 金		24,000,000	ー			
	前 期 繰 越 利 益		1,377,452	ー			
	合 計	310,295,152	310,295,152				

課税売上高合計（税込み）（※印）		10%	193,624,090円
課税仕入高（税込み）（※印以外）		10%	133,781,902円
		8%	477,701円

計算

(1)　消費税額の計算

（課税標準額）

　　　　売上高　　　　　雑収入　　　車両下取り
　192,547,078円＋747,012円＋330,000円＝193,624,090円

　（注１）雑収入から「損害保険金」215,500円（不課税）を除いています。

　（注２）車両売却損益ではなく、売却価額の総額に対して消費税が課されます。

　193,624,090円 $\times \dfrac{100}{110}$ ＝176,021,900円　➡　176,021,000円
　　　　　　　　　　　　　　　　　　　　　　　　（千円未満切捨て）

（消費税額）

　176,021,000円×7.8％＝13,729,638円

（課税売上割合）

　課税売上高：176,021,900円……①

　非課税売上高（受取利息）：115,462円……②

　　①＋②＝176,137,362円

$\dfrac{176,021,900円}{176,137,362円}＝0.9993$

（控除対象仕入税額）

　課税売上高５億円以下、かつ課税売上割合95％以上なので全額控除

　　　　　　　　　　課税仕入高（税込み）
　標準税率分：　　133,781,902円　$\times \dfrac{7.8}{110}$ ＝　9,486,353円　……①

　軽減税率分：　　　477,701円　$\times \dfrac{6.24}{108}$　27,600円　……②

　　①＋②＝9,513,953円

（納付税額）

　13,729,638円－9,513,953円＝4,215,685円　➡　4,215,600円
　　　　　　　　　　　　　　　　　　　　　（百円未満切捨て）

　　　　　　　　中間納付税額
　4,215,600円－2,023,600円＝2,192,000円

(2)　地方消費税額の計算

（課税標準額）

　差引消費税額：4,215,600円

（納付税額）

　4,215,600円　$\times \dfrac{22}{78}$ ＝1,189,015円　➡　1,189,000円
　　　　　　　　　　　　　　　　　　　　（百円未満切捨て）

　　　　　　　中間納付税額
　1,189,000円－　570,700円　＝618,300円

(3)　合計納付税額

　2,192,000円＋618,300円＝2,810,300円

令和 5 年 5 月 31 日　　　　　　　　　　　中央 税務署長殿

※税務署処理欄

| 一　連　番　号 | 翌年以降送付不要 ○ | 法人用 |
| 整理番号 | | |

申告年月日　　令和　　年　　　月　　日
申告区分　　　指導等　　庁指定　　局指定
通信日付印　確認印　確認書類　個人番号カード　通知カード・運転免許証　その他（　　）　身元確認
指導　年　月　日　　相談　区分1　区分2　区分3
令和

納税地　　大阪市中央区○○町3丁目7番9号
（電話番号　　　－　　　－　　　）

（フリガナ）
名　称又は屋号　**株式会社モードミセス**

↓個人番号の記載に当たっては、左端を空欄とし、ここから記載してください。

個人番号又は法人番号

（フリガナ）　サナダ　コウジ
代表者氏名又は氏名　**真田　幸治**

自 令和 **04** 年 **04** 月 **01** 日
至 令和 **05** 年 **03** 月 **31** 日

課税期間分の消費税及び地方消費税の（　確定　）申告書

中間申告の場合の対象期間　自 平成令和　　年　　月　　日　至 令和　　年　　月　　日

第一表

令和元年十月一日以後終了課税期間分（一般用）

この申告書による消費税の税額の計算

		十兆千百十億千百十万千百十一円	
課 税 標 準 額	①	176021000 0	03
消 費 税 額	②	13729638	06
控除過大調整税額	③		07
控除税額　控除対象仕入税額	④	9513953	08
返還等対価に係る税額	⑤		09
貸倒れに係る税額	⑥		10
控除税額小計（④+⑤+⑥）	⑦	9513953	11
控除不足還付税額（⑦-②-③）	⑧		13
差 引 税 額（②+③-⑦）	⑨	4215600	15
中間納付税額	⑩	2023600	16
納 付 税 額（⑨-⑩）	⑪	2192000	17
中間納付還付税額（⑩-⑨）	⑫	00	18
この申告書が修正申告である場合　既確定税額	⑬		19
差引納付税額	⑭	00	20
課税売上割合　課税資産の譲渡等の対価の額	⑮	176021900	21
資産の譲渡等の対価の額	⑯	176137362	22

この申告書による地方消費税の税額の計算

地方消費税の課税標準となる消費税額　控除不足還付税額	⑰		51
差引税額	⑱	4215600	52
譲渡割額　還付額	⑲		53
納税額	⑳	1189000	54
中間納付譲渡割額	㉑	570700	55
納付譲渡割額（⑳-㉑）	㉒	618300	56
中間納付還付譲渡割額（㉑-⑳）	㉓	00	57
この申告書が修正申告である場合　既確定譲渡割額	㉔		58
差引納付譲渡割額	㉕	00	59
消費税及び地方消費税の合計（納付又は還付）税額	㉖	2810300	60

付記事項・参考事項

	有	無	
割 賦 基 準 の 適 用	有	○ 無	31
延 払 基 準 等 の 適 用	有	○ 無	32
工 事 進 行 基 準 の 適 用	有	○ 無	33
現 金 主 義 会 計 の 適 用	有	○ 無	34
課税標準額に対する消費税額の計算の特例の適用	有	○ 無	35

控除税額の計算方法		
課税売上高5億円超又は課税売上割合95%未満	個別対応方式　一括比例配分方式	41
上 記 以 外 ○	全 額 控 除	

基準期間の課税売上高　**163,473**千円

還付を受けようとする金融機関等

銀行　　本店・支店
金庫・組合　出張所
農協・漁協　本所・支所

預金　口座番号

ゆうちょ銀行の貯金記号番号　　－

郵便局名等

※税務署整理欄

税理士署名
（電話番号　　　－　　　－　　　）

○ 税理士法第30条の書面提出有
○ 税理士法第33条の2の書面提出有

経理処理が違っても申告書は同じ	**先生** 事例3 は、事例2 とまったく同じ会社が「税込み経理」をしているケースだよ。

一郎 売上高や費用の金額が、事例2 より少しずつ大きいですね。

先生 そうだね。その代わり、仮払消費税と仮受消費税の科目は出てこない。

一郎 税込み経理だから、そうなりますね。

爽香 申告書の数字は、事例2 とまったく同じなのね。

先生 そうだね。税抜き、税込みのどちらで経理処理しても、消費税の計算自体は同じ、ということだね。

　ところで、この事例の場合、期末の仕訳はどうなるのかな、伊呂波くん。

税込み経理では消費税を費用に計上

一郎 ええと、税込み経理の場合は、納める消費税を費用で計上するから……

　　（借）租 税 公 課　　5,404,600　　（貸）仮 払 金　　2,594,300
　　　　　　　　　　　　　　　　　　　　　　未払消費税　　2,810,300

先生 はい、それで正解だよ。さらに、翌期の納付時にはこういう仕訳だね。

　　（借）未払消費税　　2,810,300　　（貸）現 金 預 金　　2,810,300

　ついでに説明しておくと、期末に未払い計上をしない、こういう処理の仕方もあるね。

〈中間納付時〉

　　（借）租 税 公 課　　2,594,300　　（貸）現 金 預 金　　2,594,300

〈期末時〉

　　　　　仕訳なし

〈翌期の確定分納付時〉

　　（借）租 税 公 課　　2,810,300　　（貸）現 金 預 金　　2,810,300

一郎 現金主義経理ですね。

先生 うむ、もちろん会計的には、伊呂波くんのように発生主義で処理するのが正しいね。

一括比例配分方式による一般用の申告書（税抜き経理）

　不動産賃貸業を営む㈱中央エステート（資本金10,000千円）の当期（令和４年４月１日～令和５年３月31日）の課税売上高等の状況は、次のとおりです。

- ・課税売上高　　　　　　　　62,594,130円
  （事務所分家賃および駐車場収入）
- ・非課税売上高　　　　　　　18,993,500円
  （住宅分家賃および地代収入）
- ・課税仕入高　　　　　　　　36,502,860円
- ・仮払消費税　　　　　　　　3,649,083円
- ・仮受消費税　　　　　　　　6,258,407円
- ・基準期間の課税売上高　　　62,849,500円
- ・中間納付税額　　　　　　　1,660,400円

$$\begin{cases} 消　費　税 & 1,295,100円 \\ 地方消費税 & 365,300円 \end{cases}$$

計算

(1)　消費税額の計算

（課税標準額）

　　課税売上高（税抜き）　　仮受消費税
　　　62,594,130円　　＋6,258,407円＝68,852,537円

　　課税売上高（税込み）
　　　68,852,537円　　$\times \dfrac{100}{110} = 62,593,215円$ ➡ 62,593,000円
　　　　　　　　　　　　　　　　　　　　　　（千円未満切捨て）

（消費税額）

　　62,593,000円×7.8％＝4,882,254円

（課税売上割合）

　　課税売上高：62,593,215円……①

　　非課税売上高：18,993,500円……②

　　　①＋②＝81,586,715円

　　$\dfrac{62,593,215円}{81,586,715円} = 0.7671$

（控除対象仕入税額）

　　課税売上割合が95％未満なので、全額は控除できません。「一括比例配分方式」により計算するものとします。

　　課税仕入高（税抜き）　　仮払消費税
　　　36,502,860円　　＋3,649,083円　＝40,151,943円

　　40,151,943円×$\dfrac{7.8}{110}$＝2,847,137円

　　2,847,137円×$\dfrac{62,593,215円}{81,586,715円}$＝2,184,319円

（納付税額）

　　4,882,254円 − 2,184,319円 = 2,697,935円 ➡ 2,697,900円
　　　　　　　　　　　　　　　　　　　　　（百円未満切捨て）

　　　　　　　　中間納付税額
　　2,697,900円 − 1,295,100円 = 1,402,800円

⑵　**地方消費税額の計算**

（課税標準額）

　　差引消費税額：2,697,900円

（納付税額）

　　$2,697,900円 × \dfrac{22}{78} = 760,946円$ ➡ 760,900円
　　　　　　　　　　　　　　　　　　　　（百円未満切捨て）

　　　　　　　中間納付税額
　　760,900円 − 365,300円 = 395,600円

⑶　**合計納付税額**

　　1,402,800円 + 395,600円 = 1,798,400円

記入例

令和 5年 5月 31日	北 税務署長殿
収受印	

納税地　大阪市北区○○町1-5-35
（電話番号　06 - 6346 -○○○○）

（フリガナ）
名　称
又は屋号　**株式会社中央エステート**

個人番号
又は法人番号　↓個人番号の記載に当たっては、左端を空欄とし、ここから記載してください。

（フリガナ）　キノシタ　ケイイチ
代表者氏名
又は氏名　**木下　恵一**

※税務署処理欄

一 連 番 号		翌年以降送付不要	○
所管	要否	整理番号	

申 告 年 月 日	令和　　年　　月　　日
申 告 区 分	指導等　庁指定　局指定

通 信 日 付 印	確認印	確認書類	個人番号カード 通知カード・運転免許証 その他（　）	身元確認
年　月　日				

指　導　年　月　日　　相談　区分1　区分2　区分3
令和

法人用　第一表

自 令和 **04** 年 **04** 月 **01** 日
至 令和 **05** 年 **03** 月 **31** 日

課税期間分の消費税及び地方
消費税の（　確定　）申告書

中間申告　自 平成／令和　　年　　月　　日
の場合の
対象期間　至 令和　　年　　月　　日

令和元年十月一日以後終了課税期間分（一般用）

この申告書による消費税の税額の計算

項目		十兆千百十億千百十万千百十一円	番号
課 税 標 準 額	①	6 2 5 9 3 0 0 0	03
消 費 税 額	②	4 8 8 2 2 5 4	06
控除過大調整税額	③		07
控除 控除対象仕入税額	④	2 1 8 4 3 1 9	08
税 返還等対価に係る税額	⑤		09
額 貸倒れに係る税額	⑥		10
控除税額小計（④+⑤+⑥）	⑦	2 1 8 4 3 1 9	
控除不足還付税額（⑦-②-③）	⑧		13
差 引 税 額（②+③-⑦）	⑨	2 6 9 7 9 0 0	15
中 間 納 付 税 額	⑩	1 2 9 5 1 0 0	16
納 付 税 額（⑨-⑩）	⑪	1 4 0 2 8 0 0	17
中間納付還付税額（⑩-⑨）	⑫	0 0	18
この申告書 既確定税額	⑬		19
が修正申告 である場合 差引納付税額	⑭	0 0	20
課税売上 課税資産の譲渡等の対価の額	⑮	6 2 5 9 3 2 1 5	21
割合 資産の譲渡等の対価の額	⑯	8 1 5 8 6 7 1 5	22

この申告書による地方消費税の税額の計算

項目		十兆千百十億千百十万千百十一円	番号
地方消費税の課税標準となる消費税額 控除不足還付税額	⑰		51
差 引 税 額	⑱	2 6 9 7 9 0 0	52
譲渡割額 還 付 額	⑲		53
納 税 額	⑳	7 6 0 9 0 0	54
中間納付譲渡割額	㉑	3 6 5 3 0 0	55
納 付 譲 渡 割 額（⑳-㉑）	㉒	3 9 5 6 0 0	56
中間納付還付譲渡割額（㉑-⑳）	㉓	0 0	57
この申告書 既確定譲渡割額	㉔		58
が修正申告 である場合 差引納付譲渡割額	㉕	0 0	59
消費税及び地方消費税の合計（納付又は還付）税額	㉖	1 7 9 8 4 0 0	60

付記事項

割 賦 基 準 の 適 用	○ 有	○ 無	31
延 払 基 準 等 の 適 用	○ 有	○ 無	32
工 事 進 行 基 準 の 適 用	○ 有	○ 無	33
現 金 主 義 会 計 の 適 用	○ 有	○ 無	34

参考事項

課税標準額に対する消費税額の計算の特例の適用	○ 有	○ 無	35

控除税額の計算方法	課税売上高5億円超又は課税売上割合95％未満	○	個別対応方式 一括比例配分方式	○	41
	上 記 以 外	○	全額控除		

基準期間の課税売上高　　**62,850** 千円

還付を受けようとする金融機関等	銀　行 本店・支店
	金庫・組合 出張所
	農協・漁協 本所・支所
	預金 口座番号
	ゆうちょ銀行の貯金記号番号 －
	郵 便 局 名 等

※税務署整理欄

税理士署名

（電話番号　　　-　　　-　　　）

○	税理士法第30条の書面提出有
○	税理士法第33条の2の書面提出有

200

課税標準額等の内訳書

納 税 地	大阪市北区○○町1-5-35
	（電話番号 06 _ 6346 _ ○○○○ ）
（フリガナ）	
名　称 又は屋号	株式会社中央エステート
（フリガナ）	キノシタ　ケイイチ
代表者氏名 又は氏名	木下　恵一

整理 番号								

法人用

第二表

改 正 法 附 則 に よ る 税 額 の 特 例 計 算

軽減売上割合（10営業日）	○	附則38①	51
小 売 等 軽 減 仕 入 割 合	○	附則38②	52

自 令和 **04** 年 **04** 月 **01** 日
至 令和 **05** 年 **03** 月 **31** 日

**課税期間分の消費税及び地方
消費税の（　確定　）申告書**

中間申告　自 令和 □□ 年 □□ 月 □□ 日
の場合の
対象期間　至 令和 □□ 年 □□ 月 □□ 日

令和四年四月一日以後終了課税期間分

課　税　標　準　額 ※申告書（第一表）の①欄へ	①								6	2	5	9	3	0	0	0	01

課 税 資 産 の 譲 渡 等 の 対 価 の 額 の 合 計 額	3 ％ 適用分	②																02
	4 ％ 適用分	③																03
	6.3 ％ 適用分	④																04
	6.24％ 適用分	⑤																05
	7.8 ％ 適用分	⑥							6	2	5	9	3	2	1	5	06
		⑦							6	2	5	9	3	2	1	5	07
特定課税仕入れ に係る支払対価 の額の合計額 （注1）	6.3 ％ 適用分	⑧																11
	7.8 ％ 適用分	⑨																12
		⑩																13

消　費　税　額 ※申告書（第一表）の②欄へ	⑪									4	8	8	2	2	5	4	21

⑪ の 内 訳	3 ％ 適用分	⑫																22
	4 ％ 適用分	⑬																23
	6.3 ％ 適用分	⑭																24
	6.24％ 適用分	⑮																25
	7.8 ％ 適用分	⑯								4	8	8	2	2	5	4	26

返 還 等 対 価 に 係 る 税 額 ※申告書（第一表）の⑤欄へ	⑰																31
⑰の内訳	売上げの返還等対価に係る税額	⑱																32
	特定課税仕入れの返還等対価に係る税額（注1）	⑲																33

地 方 消 費 税 の 課 税 標 準 と な る 消 費 税 額 （注2）		⑳									2	6	9	7	9	0	0	41
	4 ％ 適用分	㉑																42
	6.3 ％ 適用分	㉒																43
	6.24%及び7.8% 適用分	㉓									2	6	9	7	9	0	0	44

付表1-1　税率別消費税額計算表　兼　地方消費税の課税標準となる消費税額計算表
〔経過措置対象課税資産の譲渡等を含む課税期間用〕

一　般

課　税　期　間	4・4・1 ～ 5・3・31	氏 名 又 は 名 称	㈱中央エステート

区　　　　　分		旧税率分小計 X	税率6.24％適用分 D	税率7.8％適用分 E	合　　計　　F (X+D+E)
課　税　標　準　額	①	(付表1-2の①X欄の金額)　円 000	円 000	円 62,593,000	※第二表の①欄へ　円 62,593,000
①の内訳	課税資産の譲渡等の対価の額	①-1	(付表1-2の①-1X欄の金額)	※第二表の⑤欄へ	※第二表の⑥欄へ 62,593,215	※第二表の⑦欄へ 62,593,215
	特定課税仕入れに係る支払対価の額	①-2	(付表1-2の①-2X欄の金額)	※①-2欄は、課税売上割合が95%未満、かつ、特定課税仕入れがある事業者のみ記載する。	※第二表の⑩欄へ	※第二表の⑪欄へ
消　　費　　税　　額	②	(付表1-2の②X欄の金額)	※第二表の⑮欄へ	※第二表の⑯欄へ 4,882,254	※第二表の⑪欄へ 4,882,254
控　除　過　大　調　整　税　額	③	(付表1-2の③X欄の金額)	(付表2-1の㉕・㉖D欄の合計金額)	(付表2-1の㉕・㉖E欄の合計金額)	※第一表の③欄へ
控除税額	控除対象仕入税額	④	(付表1-2の④X欄の金額)	(付表2-1の㉔D欄の金額)	(付表2-1の㉔E欄の金額) 2,184,319	※第一表の④欄へ 2,184,319
	返還等対価に係る税額	⑤	(付表1-2の⑤X欄の金額)			※第二表の⑰欄へ
	⑤の内訳 売上げの返還等対価に係る税額	⑤-1	(付表1-2の⑤-1X欄の金額)			※第二表の⑱欄へ
	特定課税仕入れの返還等対価に係る税額	⑤-2	(付表1-2の⑤-2X欄の金額)	※⑤-2欄は、課税売上割合が95%未満、かつ、特定課税仕入れがある事業者のみ記載する。		※第二表の⑲欄へ
	貸倒れに係る税額	⑥	(付表1-2の⑥X欄の金額)			※第一表の⑥欄へ
	控除税額小計 (④+⑤+⑥)	⑦	(付表1-2の⑦X欄の金額)		2,184,319	※第一表の⑦欄へ 2,184,319
控除不足還付税額 (⑦-②-③)	⑧	(付表1-2の⑧X欄の金額)	※⑪E欄へ	※⑪E欄へ	
差　　引　　税　　額 (②+③-⑦)	⑨	(付表1-2の⑨X欄の金額)	※⑫E欄へ	※⑫E欄へ 2,697,935	2,697,935
合　計　差　引　税　額 (⑨-⑧)	⑩				※マイナスの場合は第一表の⑧欄へ ※プラスの場合は第一表の⑨欄へ 2,697,935
地方消費税の課税標準となる消費税額	控除不足還付税額	⑪	(付表1-2の⑪X欄の金額)	(⑧D欄と⑧E欄の合計金額)	
	差　引　税　額	⑫	(付表1-2の⑫X欄の金額)	(⑨D欄と⑨E欄の合計金額) 2,697,935	2,697,935
合計差引地方消費税の課税標準となる消費税額 (⑫-⑪)	⑬	(付表1-2の⑬X欄の金額)	※第二表の㉓欄へ 2,697,900	※マイナスの場合は第一表の⑰欄へ ※プラスの場合は第一表の⑱欄へ ※第二表の㉑欄へ 2,697,900
譲渡割額	還　付　額	⑭	(付表1-2の⑭X欄の金額)	(⑪E欄×22/78)	
	納　税　額	⑮	(付表1-2の⑮X欄の金額)	(⑫E欄×22/78) 760,946	760,946
合　計　差　引　譲　渡　割　額 (⑮-⑭)	⑯			※マイナスの場合は第一表の⑲欄へ ※プラスの場合は第一表の⑳欄へ 760,946

記入例

付表2－1　　課税売上割合・控除対象仕入税額等の計算表　　　　　　　　　　　　　　　　　　　　　一　般
〔経過措置対象課税資産の譲渡等を含む課税期間用〕

| 課　税　期　間 | 4・4・1〜5・3・31 | 氏名又は名称 | ㈱中央エステート |

項　目	旧税率分小計 X (付表2-2の①X欄の金額)	税率6.24％適用分 D	税率7.8％適用分 E	合　計　F (X+D+E)
課　税　売　上　額（税抜き）①			62,593,215	62,593,215
免　税　売　上　額 ②				
非課税資産の輸出等の金額、海外支店等へ移送した資産の価額 ③				
課税資産の譲渡等の対価の額（①＋②＋③）④				※第一表の⑤欄へ ※付表2-2の④X欄へ 62,593,215
課税資産の譲渡等の対価の額（④の金額）⑤				62,593,215
非　課　税　売　上　額 ⑥				18,993,500
資産の譲渡等の対価の額（⑤＋⑥）⑦				※第一表の⑤欄へ ※付表2-2の⑦X欄へ 81,586,715
課　税　売　上　割　合（④／⑦）⑧				※付表2-2の⑧X欄へ ［76.71％］ ※端数切捨て
課税仕入れに係る支払対価の額（税込み）⑨ (付表2-2の⑨X欄の金額)			40,151,943	40,151,943
課税仕入れに係る消費税額 ⑩ (付表2-2の⑩X欄の金額)		(⑨D欄×6.24/108)	(⑨E欄×7.8/110) 2,847,137	2,847,137
特定課税仕入れに係る支払対価の額 ⑪ (付表2-2の⑪X欄の金額)		※⑪及び⑫欄は、課税売上割合が95％未満、かつ、特定課税仕入れがある事業者のみ記載する。		
特定課税仕入れに係る消費税額 ⑫ (付表2-2の⑫X欄の金額)			(⑪E欄×7.8/100)	
課税貨物に係る消費税額 ⑬ (付表2-2の⑬X欄の金額)				
納税義務の免除を受けない（受ける）こととなった場合における消費税額の調整（加算又は減算）額 ⑭ (付表2-2の⑭X欄の金額)				
課税仕入れ等の税額の合計額（⑩＋⑫＋⑬±⑭）⑮ (付表2-2の⑮X欄の金額)			2,847,137	2,847,137
課税売上高が5億円以下、かつ、課税売上割合が95％以上の場合（⑮の金額）⑯ (付表2-2の⑯X欄の金額)				
課5課95 税億税％ 売円売未 上満上満 高又割の はが合場 がは合	個別対応方式	⑮のうち、課税売上げにのみ要するもの ⑰ (付表2-2の⑰X欄の金額)			
		⑮のうち、課税売上げと非課税売上げに共通して要するもの ⑱ (付表2-2の⑱X欄の金額)			
		個別対応方式により控除する課税仕入れ等の税額〔⑰＋（⑱×④／⑦）〕⑲ (付表2-2の⑲X欄の金額)			
	一括比例配分方式により控除する課税仕入れ等の税額（⑮×④／⑦）⑳ (付表2-2の⑳X欄の金額)			2,184,319	2,184,319
控除税額調整	課税売上割合変動時の調整対象固定資産に係る消費税額の調整（加算又は減算）額 ㉑ (付表2-2の㉑X欄の金額)				
	調整対象固定資産を課税業務用（非課税業務用）に転用した場合の調整（加算又は減算）額 ㉒ (付表2-2の㉒X欄の金額)				
	居住用賃貸建物を課税賃貸用に供した（譲渡した）場合の加算額 ㉓ (付表2-2の㉓X欄の金額)				
差引	控　除　対　象　仕　入　税　額〔（⑯、⑲又は⑳の金額）±㉑±㉒＋㉓〕がプラスの時 ㉔ (付表2-2の㉔X欄の金額)	※付表1-1の④D欄へ	※付表1-1の④E欄へ 2,184,319	2,184,319
	控　除　過　大　調　整　税　額〔（⑯、⑲又は⑳の金額）±㉑±㉒＋㉓〕がマイナスの時 ㉕ (付表2-2の㉕X欄の金額)	※付表1-1の③D欄へ	※付表1-1の③E欄へ	
貸倒回収に係る消費税額 ㉖ (付表2-2の㉖X欄の金額)		※付表1-1の③D欄へ	※付表1-1の③E欄へ	

記入要領

<table>
<tr><td colspan="2">

第二表①欄より転記

事務所家賃・駐車場収入	62,594,130円
仮受消費税	6,258,407円
計	68,852,537円

$$68,852,537円 \times \frac{100}{110}$$
$$= 62,593,215円$$
$$\rightarrow 62,593,000円$$

</td></tr>
</table>

第二表⑪欄より転記

課税標準額　税率
$$62,593,000円 \times 7.8\% = 4,882,254円$$

付表2-1㉔欄より

課税売上高	62,593,215円
非課税売上高	18,993,500円
計	81,586,715円

第二表⑳欄より

付表1-1⑯欄より転記

課税標準額　税率
$$2,697,900円 \times \frac{22}{78} = 760,946円$$
$$\rightarrow 760,900円$$
（百円未満切捨て）

令和 5年 5月31日　　収受印　　北 税務署長殿　　※税務署処理欄

納税地	大阪市北区○○町1-5-35　（電話番号 06-6346-○○○○）
（フリガナ）名称又は屋号	株式会社中央エステート
個人番号又は法人番号	↓個人番号の記載に当たっては、左端を空欄とし、ここから記載してください。
（フリガナ）代表者氏名又は氏名	キノシタ ケイイチ　木下 恵一

自 令和 04年04月01日
至 令和 05年03月31日

課税期間分の消費税及び地方消費税の（ 確定 ）申告書

この申告書による消費税の税額の計算

項目	No.	金額	コード
課税標準額	①	62593000	03
消費税額	②	4882254	06
控除過大調整税額	③		07
控除税額　控除対象仕入税額	④	2184319	08
返還等対価に係る税額	⑤		09
貸倒れに係る税額	⑥		10
控除税額小計（④+⑤+⑥）	⑦	2184319	
控除不足還付税額（⑦-②-③）	⑧		13
差引税額（②+③-⑦）	⑨	2697900	15
中間納付税額	⑩	1295100	16
納付税額（⑨-⑩）	⑪	1402800	17
中間納付還付税額（⑩-⑨）	⑫	00	18
この申告書が修正申告である場合　既確定税額	⑬		19
差引納付税額	⑭	00	20
課税売上割合　課税資産の譲渡等の対価の額	⑮	62593215	21
資産の譲渡等の対価の額	⑯	81586715	22

この申告書による地方消費税の税額の計算

項目	No.	金額	コード
地方消費税の課税標準となる消費税額　控除不足還付税額	⑰		51
差引税額	⑱	2697900	52
譲渡割額　還付額	⑲		53
納税額	⑳	760900	54
中間納付譲渡割額	㉑	365300	55
納付譲渡割額（⑳-㉑）	㉒	395600	56
中間納付還付譲渡割額（㉑-⑳）	㉓	00	57
この申告書が修正申告である場合　既確定譲渡割額	㉔		58
差引納付譲渡割額	㉕	00	59
消費税及び地方消費税の合計（納付又は還付）税額	㉖	17984000	60

一 連 番 号							翌年以降 送付不要	○

要否 整理番号

申 告 年 月 日　令和　　年　　月　　日

申 告 区 分　指 導 等　庁 指 定　局 指 定

通 信 日 付 印　確 認 印　確認書類　個人番号カード　身元確認
通知カード・運転免許証
その他（　　　）

年　月　日

指 導　年　月　日　相談　区分1　区分2　区分3

令和

第一表

（中間申告　自 平成
　令和　　年　　月　　日
の場合の
対象期間　至 令和　　年　　月　　日）

令和元年十月一日以後終了課税期間分（一般用）

特殊な販売契約による
売上収益の計上基準

小規模個人事業者（所得300万円以下）
は、現金主義で経理できる。

端数処理で領収したときの特例

付表2-1⑧欄

前々年の課税売上高

付記事項	割 賦 基 準 の 適 用	有	○ 無	31
	延 払 基 準 等 の 適 用	○ 有	○ 無	32
	工 事 進 行 基 準 の 適 用	○ 有	○ 無	33
	現 金 主 義 会 計 の 適 用	○ 有	○ 無	34
参考事項	課税標準額に対する消費 税額の計算の特例の適用	○ 有	○ 無	35

控除税額の計算方法	課税売上高5億円超又は 課税売上割合95％未満	○	個 別 対 応 方 式	
		○	一 括 比 例 配 分 方 式	41
上 記 以 外		○	全 額 控 除	

基準期間の 課税売上高	62,850 千円

還付を受けようとする金融機関等	銀 行　　　　本店・支店 金庫・組合　　出 張 所 農協・漁協　　本所・支所	
	預金 口座番号	
	ゆうちょ銀行の 貯金記号番号	－
	郵 便 局 名 等	

※税務署整理欄

税 理 士
署　　名

（電話番号　　－　　－　　）

○	税 理 士 法 第 30 条 の 書 面 提 出 有
○	税 理 士 法 第 33 条 の 2 の 書 面 提 出 有

付表2-1　課税売上割合・控除対象仕入税額等の計算表
〔経過措置対象課税資産の譲渡等を含む課税期間用〕

一般

課税期間	4・4・1 ～ 5・3・31	氏名又は名称	㈱中央エステート

項　目		旧税率分小計 X	税率6.24％適用分 D	税率7.8％適用分 E	合　計　F (X+D+E)
課 税 売 上 額 （ 税 抜 き ）	①	(付表2-2の①X欄の金額) 円	円	62,593,215 円	62,593,215 円
免 税 売 上 額	②				
非 課 税 資 産 の 輸 出 等 の 金 額 、海 外 支 店 等 へ 移 送 し た 資 産 の 価 額	③				
課税資産の譲渡等の対価の額（①＋②＋③）	④				※第一表の⑮欄へ ※付表2-2の④X欄へ 62,593,215
課税資産の譲渡等の対価の額（④の金額）	⑤				62,593,215
非 課 税 売 上 額	⑥				18,993,500
資 産 の 譲 渡 等 の 対 価 の 額 （ ⑤ ＋ ⑥ ）	⑦				※第一表の⑯欄へ ※付表2-2の⑦X欄へ 81,586,715
課 税 売 上 割 合 （ ④ ／ ⑦ ）	⑧				※付表2-2の⑧X欄へ [76.71％] ※端数切捨
課税仕入れに係る支払対価の額（税込み）	⑨	(付表2-2の⑨X欄の金額)		40,151,943	40,151,943
課 税 仕 入 れ に 係 る 消 費 税 額	⑩	(付表2-2の⑩X欄の金額)	(⑨D欄×6.24/108)	(⑨E欄×7.8/110) 2,847,137	2,847,137
特 定 課 税 仕 入 れ に 係 る 支 払 対 価 の 額	⑪	(付表2-2の⑪X欄の金額)	※⑪及び⑫欄は、課税売上割合が95％未満、かつ、特定課税仕入れがある事業者のみ記載する。		
特 定 課 税 仕 入 れ に 係 る 消 費 税 額	⑫	(付表2-2の⑫X欄の金額)		(⑪E欄×7.8/100)	
課 税 貨 物 に 係 る 消 費 税 額	⑬	(付表2-2の⑬X欄の金額)			
納 税 義 務 の 免 除 を 受 け な い （ 受 け る ）こ と と な っ た 場 合 に お け る 消 費 税 額 の 調 整 （ 加 算 又 は 減 算 ） 額	⑭	(付表2-2の⑭X欄の金額)			
課 税 仕 入 れ 等 の 税 額 の 合 計 額（⑩＋⑫＋⑬±⑭）	⑮	(付表2-2の⑮X欄の金額)		2,847,137	2,847,137
課税売上高が5億円以下、かつ、課税売上割合が95％以上の場合（⑮の金額）	⑯	(付表2-2の⑯X欄の金額)			
課5課95 税億税％ 売未売 上満上 高又割 がは合 5場が	個別対応方式	⑮のうち、課税売上げにのみ要するもの	⑰	(付表2-2の⑰X欄の金額)			
		⑮のうち、課税売上げと非課税売上げに共 通 し て 要 す る も の	⑱	(付表2-2の⑱X欄の金額)			
		個別対応方式により控除する課 税 仕 入 れ 等 の 税 額〔⑰＋（⑱×④／⑦）〕	⑲	(付表2-2の⑲X欄の金額)			
億 円 超の 控場 除合 税が 額	一括比例配分方式により控除する課税仕入れ等の税額　（⑮×④／⑦）		⑳	(付表2-2の⑳X欄の金額)		2,184,319	2,184,319
調 整 税 額	課税売上割合変動時の調整対象固定資産に係る消費税額の調整（加算又は減算）		㉑	(付表2-2の㉑X欄の金額)			
	調整対象固定資産を課税業務用(非課税業務用)に 転 用 し た 場 合 の 調 整 （ 加 算 又 は 減 算 ）		㉒	(付表2-2の㉒X欄の金額)			
	居 住 用 賃 貸 建 物 を 課 税 賃 貸 用に 供 し た （ 譲 渡 し た ） 場 合 の 加 算 額		㉓	(付表2-2の㉓X欄の金額)			
差 引	控 除 対 象 仕 入 税 額〔（⑯、⑲又は⑳の金額）±㉑±㉒＋㉓〕がプラスの時		㉔	(付表2-2の㉔X欄の金額) ※付表1-1の④X欄へ	※付表1-1の④D欄へ	※付表1-1の④E欄へ 2,184,319	2,184,319
	控 除 過 大 調 整 税 額〔（⑯、⑲又は⑳の金額）±㉑±㉒＋㉓〕がマイナスの時		㉕	(付表2-2の㉕X欄の金額) ※付表1-1の③X欄へ	※付表1-1の③D欄へ	※付表1-1の③E欄へ	
貸 倒 回 収 に 係 る 消 費 税 額			㉖	(付表2-2の㉖X欄の金額) ※付表1-1の③X欄へ	※付表1-1の③D欄へ	※付表1-1の③E欄へ	

旧税率（3％・5％・8％）の適用があれば
付表2－2で計算し、この欄に転記

軽減税率の適用があれば、この欄に記入

第一表⑮欄へ

第一表⑯欄へ

$$\frac{課税売上高}{総売上高} = \frac{62,593,215円}{81,586,715円} = 76.71\%$$

税込み課税仕入高

$$40,151,943円 \times \frac{7.8}{110} = 2,847,137円$$

（一括比例配分方式）

$$2,847,137円 \times \frac{62,593,215円}{81,586,715円} = 2,184,319円$$

課税売上割合 95％未満のときは 一部だけ税額控除	**一郎** この事例は、課税売上割合が95％未満の場合ですね。
	先生 うむ。付表2-1で計算しているように、76％しかない。こういう場合、どうなるんだったかな、爽香くん。
	爽香 ええと、仕入れ分の消費税を全額は控除できない……。
	先生 そうだね。いくら控除できるか、その計算を⑰以下の欄でしてるんだね。
	一郎 「一括比例配分方式」で、2,184,319円が控除額になるのですね。
	先生 うむ。総額のうち課税売上割合の割合分しか控除できないね。
課税売上割合の 端数処理は どうする	**爽香** あの、課税売上割合って、この場合76.71％なんでしょう。
	先生 うーん、伊呂波くん、どうかな。
	一郎 え、ええ──⑧の欄にそう書いてますね。
	爽香 だったら、2,847,137円×0.7671＝2,184,038円の計算ではダメなんですか？
	先生 おお、なかなか鋭い質問だ。どう、伊呂波くん？
	一郎 うーん、何桁で端数処理するか、決まってるのかなあ。
	先生 実は、端数処理のことは、条文には何も書かれていない。
	一郎 はあ、ということは……。
課税売上割合は 分数のまま適用	**先生** 76％というのは、95％未満かどうかの判定に使うだけでね。税額控除の金額を計算するときは、端数処理せず分数の割合をそのまま掛けるんだよ。
	一郎 ふーん、そうなんですか。
	先生 ただし、計算が大変だから端数処理したいというときは、"切捨て"だけ認められる。
	一郎 ふーん、切上げや四捨五入はダメなんですね。
	爽香 でもよかった、計算が楽になるわね。
	先生 楽は楽だけど、納める税金は高くつくね。
	爽香 え？
	先生 どの位で端数処理してもいいんだけど、切り捨てるということは控除できる金額が減るんだから、納税額が増えてしまうね。
	爽香 あ、そうか。
	先生 だから一般には、分数の割合をそのまま使って計算する場合が多いと思うよ。
	一郎 なるほど、そういうことですか。

**控除できない
消費税は
雑損失？**

先生　じゃあ次に、この事例では税抜き経理になってるから、期末に仮払消費税と仮受消費税の相殺処理が必要だね。伊呂波くん、どういう仕訳かな。

一郎　ええと、こうかなあ。

（借）仮受消費税　　6,258,407　　（貸）仮払消費税　　3,649,083
　　　雑　損　失　　　849,476　　　　仮　払　金　　1,660,400
　　　　　　　　　　　　　　　　　　　未払消費税　　1,798,400

爽香　雑損失って、なあに？

一郎　仕入税額控除が全額できないから……ですよね、先生。

**課税売上割合
80％未満の場合は
要注意**

先生　うむ、そういうことだね。ただし気をつけるべきは、このケースでは課税売上割合が80％未満だから、法人税の計算をするとき、この雑損失が全額、当期の損金になるとは限らない。

一郎　あ、そうでした。固定資産で消費税が20万円以上のものは、一度に費用にならなくて「繰延消費税額」の科目で5年償却でしたね。

先生　そうそう、よく覚えていたね。繰延経理方式と資産計上方式があるけど、いずれにせよ仕入税額の内容を検討しなきゃならない、ということだったね。

一郎　消費税が20万円ということは、250万円以上の固定資産を買ったとき要注意、ということでした（P.115）。

先生　あと最後に、この事例でもしも税込み経理していれば、計算は次のようになるね。

　一括比例配分方式による一般用の申告書（税込み経理）

　不動産賃貸業を営む㈱中央エステート（資本金10,000千円）の当期（令和４年４月１日〜令和５年３月31日）の課税売上高等の状況は、次のとおりです。

- ・課税売上高　　　　　　　　68,852,537円
  （事務所分家賃および駐車場収入）
- ・非課税売上高　　　　　　　18,993,500円
  （住宅分家賃および地代収入）
- ・課税仕入高　　　　　　　　40,151,943円
- ・基準期間の課税売上高　　　62,849,500円
- ・中間納付税額　　　　　　　 1,660,400円

  $\begin{cases} 消　費　税　　1,295,100円 \\ 地方消費税　　　365,300円 \end{cases}$

計算

(1)　消費税額の計算

（課税標準額）

事務所分家賃および駐車場収入（税込み）　　　68,852,537円

$68,852,537円 \times \dfrac{100}{110} = 62,593,215円 \Rightarrow 62,593,000円$
　　　　　　　　　　　　　　　　　　　　（千円未満切捨て）

（消費税額）

$62,593,000円 \times 7.8\% = 4,882,254円$

（課税売上割合）

課税売上高：62,593,215円……①

非課税売上高：18,993,500円……②

　①＋②＝81,586,715円

$\dfrac{62,593,215円}{81,586,715円} = 0.7671$

（控除対象仕入税額）

　課税売上割合が95％未満なので、全額は控除できません。「一括比例配分方式」により計算するものとします。

課税仕入高合計（税込み）　　　40,151,943円

$40,151,943円 \times \dfrac{7.8}{110} = 2,847,137円$

$2,847,137円 \times \dfrac{62,593,215円}{81,586,715円} = 2,184,319円$

（納付税額）

$4,882,254円 - 2,184,319円 = 2,697,935円 \Rightarrow 2,697,900円$
　　　　　　　　　　　　　　　　　　　（百円未満切捨て）

中間納付税額
$2,697,900円 - 1,295,100円 = 1,402,800円$

⑵　地方消費税額の計算

（課税標準額）

　　差引消費税額：2,697,900円

（納付税額）

　　$2,697,900円 \times \dfrac{22}{78} = 760,946円 \implies 760,900円$

　　　　　　　　　　　　　　　　　　　（百円未満切捨て）

　　　　　　　　中間納付税額

　　$760,900円 - \quad 365,300円 \quad = 395,600円$

⑶　合計納付税額

　　$1,402,800円 + 395,600円 = 1,798,400円$

計算結果は同じ

　　先生　仮払消費税と仮受消費税の科目がなくなって、その金額分だけ売
　　　　　上げと仕入れが上乗せになるんだね。

　　爽香　計算の答えは、さっきのとまったく同じだわ。

　　一郎　もちろん、申告書の記入も同じですよね。

　　先生　そういうこと。

事例5　個別対応方式による一般用の申告書（税抜き経理）

　不動産賃貸業を営む㈱中央エステート（資本金10,000千円）の当期（令和4年4月1日～令和5年3月31日）の課税売上高等の状況は、次のとおりです。

- 課税売上高　　　　　　　　　62,594,130円
 （事務所分家賃および駐車場収入）
- 非課税売上高　　　　　　　　18,993,500円
 （住宅分家賃および地代収入）
- 課税仕入高　　　　　　　　　36,502,860円
  - 課税売上げ対応分　　　　18,897,900円
  - 非課税売上げ対応分　　　 2,488,160円
  - 課税・非課税共通分　　　15,116,800円
- 仮払消費税　　　　　　　　　 3,649,083円
  - 課税売上げ対応分　　　　 1,889,518円
  - 非課税売上げ対応分　　　　 248,720円
  - 課税・非課税共通分　　　 1,510,845円
- 仮受消費税　　　　　　　　　 6,258,407円
- 基準期間の課税売上高　　　　62,849,500円
- 中間納付税額　　　　　　　　 1,660,400円
  - 消　費　税　　　　　　　 1,295,100円
  - 地方消費税　　　　　　　　 365,300円

計算

(1)　**消費税額の計算**

（課税標準額）

課税売上高（税抜き）　　仮受消費税
$$62,594,130円 + 6,258,407円 = 68,852,537円$$

課税売上高（税込み）
$$68,852,537円 \times \frac{100}{110} = 62,593,215円 \Rightarrow 62,593,000円$$
（千円未満切捨て）

（消費税額）

$$62,593,000円 \times 7.8\% = 4,882,254円$$

（課税売上割合）

課税売上高：62,593,215円……①

非課税売上高：18,993,500円……②

①＋②＝81,586,715円

$$\frac{62,593,215円}{81,586,715円} = 0.7671$$

（控除対象仕入税額）

　課税売上割合が95％未満なので、全額は控除できません。「個別対応方式」により計算するものとします。

$$課税売上げ対応分：(\underset{\text{課税仕入高（税抜き）}}{18,897,900円} + \underset{\text{仮払消費税}}{1,889,518円}) \times \frac{7.8}{110}$$

$$= 1,474,016円$$

$$課税・非課税共通分：(15,116,800円 + 1,510,845円) \times \frac{7.8}{110}$$

$$= 1,179,051円$$

$$1,474,016円 + \left(1,179,051円 \times \frac{62,593,215円}{81,586,715円}\right) = 2,378,582円$$

（納付税額）

$$4,882,254円 - 2,378,582円 = 2,503,672円 \;\Rightarrow\; \underset{\text{（百円未満切捨て）}}{2,503,600円}$$

$$\underset{\text{中間納付税額}}{2,503,600円 - 1,295,100円} = 1,208,500円$$

(2)　地方消費税額の計算

（課税標準額）

　差引消費税額：2,503,600円

（納付税額）

$$2,503,600円 \times \frac{22}{78} = 706,143円 \;\Rightarrow\; \underset{\text{（百円未満切捨て）}}{706,100円}$$

$$706,100円 - \underset{\text{中間納付税額}}{365,300円} = 340,800円$$

(3)　合計納付税額

$$1,208,500円 + 340,800円 = 1,549,300円$$

令和 5 年 5 月 31 日　　　　　　　　　　　　　北 税務署長殿

納税地	大阪市北区○○町1-5-35
	（電話番号）　06 - 6346 -○○○○
（フリガナ）名　称又は屋号	株式会社中央エステート
個人番号又は法人番号	↓個人番号の記載に当たっては、左端を空欄とし、ここから記載してください。
（フリガナ）	キノシタ　ケイイチ
代表者氏名又は氏名	木下　恵一

※税務署処理欄

一　連　番　号			翌年以降送付不要
所管 要否	整理番号		
申告年月日	令和　年　月　日		
申告区分	指導等　庁指定　局指定		
通信日付印　確認印	確認書類	個人番号カード 通知カード・運転免許証 その他（　　）	身元確認
年　月　日			
指導年月日		相談 区分1 区分2 区分3
令和		

法人用

第一表

自 令和 **04** 年 **04** 月 **01** 日
至 令和 **05** 年 **03** 月 **31** 日

課税期間分の消費税及び地方
消費税の（　確定　）申告書

中間申告 自 平成令和 □□年 □□月 □□日
の場合の
対象期間 至 令和 □□年 □□月 □□日

令和元年十月一日以後終了課税期間分（一般用）

この申告書による消費税の税額の計算

		十兆千百十億千百十万千百十一円	
課税標準額	①	62593000	03
消費税額	②	4882254	06
控除過大調整税額	③		07
控除税額　控除対象仕入税額	④	2378582	08
返還等対価に係る税額	⑤		09
貸倒れに係る税額	⑥		10
控除税額小計（④+⑤+⑥）	⑦	2378582	11
控除不足還付税額（⑦-②-③）	⑧		13
差引税額（②+③-⑦）	⑨	2503600	15
中間納付税額	⑩	1295100	16
納付税額（⑨-⑩）	⑪	1208500	17
中間納付還付税額（⑩-⑨）	⑫	00	18
この申告書が修正申告である場合　既確定税額	⑬		19
差引納付税額	⑭	00	20
課税売上割合　課税資産の譲渡等の対価の額	⑮	62593215	21
資産の譲渡等の対価の額	⑯	81586715	22

この申告書による地方消費税の税額の計算

		十兆千百十億千百十万千百十一円	
地方消費税の課税標準となる消費税額　控除不足還付税額	⑰		51
差引税額	⑱	2503600	52
譲渡割額　還付額	⑲		53
納税額	⑳	706100	54
中間納付譲渡割額	㉑	365300	55
納付譲渡割額（⑳-㉑）	㉒	340800	56
中間納付還付譲渡割額（㉑-⑳）	㉓	00	57
この申告書が修正申告である場合　既確定譲渡割額	㉔		58
差引納付譲渡割額	㉕	00	59
消費税及び地方消費税の合計（納付又は還付）税額	㉖	1549300	60

付記事項

割賦基準の適用	○有	○無	31
延払基準等の適用	○有	○無	32
工事進行基準の適用	○有	○無	33
現金主義会計の適用	○有	○無	34

参考事項

課税標準額に対する消費税額の計算の特例の適用	○有	○無	35

控除税額の計算方法	課税売上高5億円超又は課税売上割合95%未満	○個別対応方式 ○一括比例配分方式	41
	上記以外	○全額控除	

基準期間の課税売上高　**62,850** 千円

還付を受けよう とする金融機関等

銀行	本店・支店
金庫・組合	出張所
農協・漁協	本所・支所
預金　口座番号	
ゆうちょ銀行の貯金記号番号	－
郵便局名等	

※税務署整理欄

税理士署名	
	（電話番号　　－　　－　　）

○ 税理士法第30条の書面提出有
○ 税理士法第33条の2の書面提出有

課税標準額等の内訳書

納税地	大阪市北区○○町1-5-35
	（電話番号） 06 _ 6346 _ ○○○○
（フリガナ）	
名称 又は屋号	株式会社中央エステート
（フリガナ）	キノシタ ケイイチ
代表者氏名 又は氏名	木下 恵一

整理番号 □□□□□□□□

改正法附則による税額の特例計算		
軽減売上割合（10営業日）	○	附則38① 51
小売等軽減仕入割合	○	附則38② 52

第二表

自 令和 **04** 年 **04** 月 **01** 日

課税期間分の消費税及び地方消費税の（ 確定 ）申告書

至 令和 **05** 年 **03** 月 **31** 日

中間申告 自 令和 □□ 年 □□ 月 □□ 日
の場合の
対象期間 至 令和 □□ 年 □□ 月 □□ 日

令和四年四月一日以後終了課税期間分

課　税　標　準　額 ※申告書（第一表）の①欄へ	①	6 2 5 9 3 0 0 0	01

	3 ％ 適用分	②		02
課税資産の	4 ％ 適用分	③		03
譲渡等の	6.3 ％ 適用分	④		04
対価の額	6.24％ 適用分	⑤		05
の合計額	7.8 ％ 適用分	⑥	6 2 5 9 3 2 1 5	06
		⑦	6 2 5 9 3 2 1 5	07
特定課税仕入れ	6.3 ％ 適用分	⑧		11
に係る支払対価	7.8 ％ 適用分	⑨		12
の額の合計額 （注1）		⑩		13

消　費　税　額 ※申告書（第一表）の②欄へ	⑪	4 8 8 2 2 5 4	21

	3 ％ 適用分	⑫		22
	4 ％ 適用分	⑬		23
⑪ の 内 訳	6.3 ％ 適用分	⑭		24
	6.24％ 適用分	⑮		25
	7.8 ％ 適用分	⑯	4 8 8 2 2 5 4	26

返　還　等　対　価　に　係　る　税　額 ※申告書（第一表）の⑤欄へ	⑰		31
⑰の内訳 売上げの返還等対価に係る税額	⑱		32
特定課税仕入れの返還等対価に係る税額 （注1）	⑲		33

地方消費税の		⑳	2 5 0 3 6 0 0	41
課税標準となる	4 ％ 適用分	㉑		42
消費税額	6.3 ％ 適用分	㉒		43
（注2）	6.24%及び7.8% 適用分	㉓	2 5 0 3 6 0 0	44

記入例

付表1－1　税率別消費税額計算表　兼　地方消費税の課税標準となる消費税額計算表
〔経過措置対象課税資産の譲渡等を含む課税期間用〕

一 般

課 税 期 間	4・4・1 ～ 5・3・31	氏名又は名称	㈱中央エステート

区　　　　　分		旧税率分小計 X	税率6.24％適用分 D	税率7.8％適用分 E	合　　計　　F (X＋D＋E)
課 税 標 準 額	①	(付表1-2の①X欄の金額)　円 000	円 000	円 62,593,000	※第二表の①欄へ　円 62,593,000
①の内訳　課税資産の譲渡等の対価の額	①-1	(付表1-2の①-1X欄の金額)	※第二表の⑤欄へ	※第二表の⑥欄へ 62,593,215	※第二表の⑦欄へ 62,593,215
特定課税仕入れに係る支払対価の額	①-2	(付表1-2の①-2X欄の金額)	※①-2欄は、課税売上割合が95%未満、かつ、特定課税仕入れがある事業者のみ記載する。 ※第二表の⑨欄へ		※第二表の⑩欄へ
消 費 税 額	②	(付表1-2の②X欄の金額)	※第二表の⑮欄へ	※第二表の⑯欄へ 4,882,254	※第二表の⑪欄へ 4,882,254
控 除 過 大 調 整 税 額	③	(付表1-2の③X欄の金額)	(付表2-1の㉕・㉖D欄の合計金額)	(付表2-1の㉕・㉖E欄の合計金額)	※第一表の③欄へ
控除税額　控除対象仕入税額	④	(付表1-2の④X欄の金額)	(付表2-1の㉔D欄の金額)	(付表2-1の㉔E欄の金額) 2,378,582	※第一表の④欄へ 2,378,582
返 還 等 対 価 に 係 る 税 額	⑤	(付表1-2の⑤X欄の金額)			※第二表の⑰欄へ
⑤の内訳　売上げの返還等対価に係る税額	⑤-1	(付表1-2の⑤-1X欄の金額)			※第二表の⑱欄へ
特定課税仕入れの返還等対価に係る税額	⑤-2	(付表1-2の⑤-2X欄の金額)	※⑤-2欄は、課税売上割合が95%未満、かつ、特定課税仕入れがある事業者のみ記載する。		※第二表の⑲欄へ
貸倒れに係る税額	⑥	(付表1-2の⑥X欄の金額)			※第一表の⑥欄へ
控 除 税 額 小 計 (④＋⑤＋⑥)	⑦	(付表1-2の⑦X欄の金額)		2,378,582	※第一表の⑦欄へ 2,378,582
控 除 不 足 還 付 税 額 (⑦－②－③)	⑧	(付表1-2の⑧X欄の金額)	※⑪E欄へ	※⑪E欄へ	
差 引 税 額 (②＋③－⑦)	⑨	(付表1-2の⑨X欄の金額)	※⑫E欄へ	※⑫E欄へ 2,503,672	2,503,672
合 計 差 引 税 額 (⑨－⑧)	⑩				※マイナスの場合は第一表の⑧欄へ ※プラスの場合は第一表の⑨欄へ 2,503,672
地方消費税の課税標準となる消費税額　控除不足還付税額	⑪	(付表1-2の⑪X欄の金額)	(⑧D欄と⑧E欄の合計金額)		
差 引 税 額	⑫	(付表1-2の⑫X欄の金額)	(⑨D欄と⑨E欄の合計金額)		2,503,672	2,503,672
合 計 差 引 地 方 消 費 税 の 課税標準となる消費税額 (⑫－⑪)	⑬	(付表1-2の⑬X欄の金額)	※第二表の㉓欄へ		2,503,600 | ※マイナスの場合は第一表の⑰欄へ ※プラスの場合は第一表の⑱欄へ ※第二表の㉚欄へ 2,503,600
譲渡割額　還 付 額	⑭	(付表1-2の⑭X欄の金額)	(⑪E欄×22/78)		
納 税 額	⑮	(付表1-2の⑮X欄の金額)	(⑫E欄×22/78)		706,143	706,143
合 計 差 引 譲 渡 割 額 (⑮－⑭)	⑯				※マイナスの場合は第一表の⑲欄へ ※プラスの場合は第一表の⑳欄へ 706,143

付表2－1　　課税売上割合・控除対象仕入税額等の計算表
〔経過措置対象課税資産の譲渡等を含む課税期間用〕

一般

課　税　期　間	4・4・1～5・3・31	氏名又は名称	㈱中央エステート

項　　　目			旧税率分小計 X	税率6.24％適用分 D	税率7.8％適用分 E	合　　　計　　F (X＋D＋E)
課　税　売　上　額　（　税　抜　き　）	①		(付表2-2の①X欄の金額)　円	円	62,593,215　円	62,593,215　円
免　　税　　売　　上　　額	②					
非　課　税　資　産　の　輸　出　等　の　金　額、海　外　支　店　等　へ　移　送　し　た　資　産　の　価　額	③					
課税資産の譲渡等の対価の額（①＋②＋③）	④					※第一表の⑮欄へ ※付表2-2の④X欄へ 62,593,215
課税資産の譲渡等の対価の額（④の金額）	⑤					62,593,215
非　　課　　税　　売　　上　　額	⑥					18,993,500
資産の譲渡等の対価の額（⑤＋⑥）	⑦					※第一表の㉖欄へ ※付表2-2の⑦X欄へ 81,586,715
課　税　売　上　割　合　（　④／⑦　）	⑧					※付表2-2の⑧X欄へ [76.71％] ※端数切捨て
課　税　仕　入　れ　に　係　る　支　払　対　価　の　額（税込み）	⑨		(付表2-2の⑨X欄の金額)		40,151,943	40,151,943
課　税　仕　入　れ　に　係　る　消　費　税　額	⑩		(付表2-2の⑩X欄の金額)	(⑨D欄×6.24/108)	(⑨E欄×7.8/110) 2,847,137	2,847,137
特　定　課　税　仕　入　れ　に　係　る　支　払　対　価　の　額	⑪		(付表2-2の⑪X欄の金額)	※⑪及び⑫欄は、課税売上割合が95％未満、かつ、特定課税仕入れがある事業者のみ記載する。		
特　定　課　税　仕　入　れ　に　係　る　消　費　税　額	⑫		(付表2-2の⑫X欄の金額)		(⑪E欄×7.8/100)	
課　税　貨　物　に　係　る　消　費　税　額	⑬		(付表2-2の⑬X欄の金額)			
納　税　義　務　の　免　除　を　受　け　な　い（受　け　る）こ　と　と　な　っ　た　場　合　に　お　け　る　消　費　税　額　の　調　整（加　算　又　は　減　算）額	⑭		(付表2-2の⑭X欄の金額)			
課　税　仕　入　れ　等　の　税　額　の　合　計　額（⑩＋⑫＋⑬±⑭）	⑮		(付表2-2の⑮X欄の金額)		2,847,137	2,847,137
課　税　売　上　高　が　5　億　円　以　下　、か　つ、課　税　売　上　割　合　が　95　％　以　上　の　場　合（⑮の金額）	⑯		(付表2-2の⑯X欄の金額)			
課5課95税億税％売円売未上満上満割高又割合又はが合がはの合⑮のうち、課税売上げにのみ要するもの	個別対応方式	⑰	(付表2-2の⑰X欄の金額)		1,474,016	1,474,016
⑮のうち、課税売上げと非課税売上げに共　通　し　て　要　す　る　も　の		⑱	(付表2-2の⑱X欄の金額)		1,179,051	1,179,051
個別対応方式により控除する課　税　仕　入　れ　等　の　税　額〔⑰＋（⑱×④／⑦）〕		⑲	(付表2-2の⑲X欄の金額)		2,378,582	2,378,582
控除税額の調整控一括比例配分方式により控除する課税仕入れ等の税額（⑮×④／⑦）		⑳	(付表2-2の⑳X欄の金額)			
課税売上割合変動時の調整対象固定資産に係る消費税額の調整（加算又は減算）額	㉑		(付表2-2の㉑X欄の金額)			
調整対象固定資産を課税業務用（非課税業務用）に転用した場合の調整（加算又は減算）額	㉒		(付表2-2の㉒X欄の金額)			
居住用賃貸建物を課税賃貸用に供した（譲渡した）場合の加算額	㉓		(付表2-2の㉓X欄の金額)			
差引控　除　対　象　仕　入　税　額〔（⑯、⑲又は⑳の金額）±㉑±㉒＋㉓〕がプラスの時	㉔		(付表2-2の㉔X欄の金額)	※付表1-1の④D欄へ	※付表1-1の④E欄へ 2,378,582	2,378,582
控　除　過　大　調　整　税　額〔（⑯、⑲又は⑳の金額）±㉑±㉒＋㉓〕がマイナスの時	㉕		(付表2-2の㉕X欄の金額)	※付表1-1の③D欄へ	※付表1-1の③E欄へ	
貸　倒　回　収　に　係　る　消　費　税　額	㉖		(付表2-2の㉖X欄の金額)	※付表1-1の③D欄へ	※付表1-1の③E欄へ	

217

記入要領

第二表①欄より転記

事務所家賃
・駐車場収入　62,594,130円

仮受消費税　6,258,407円

計　68,852,537円

$68,852,537円 \times \dfrac{100}{110}$

$= 62,593,215円$
$\rightarrow 62,593,000円$

第二表⑪欄より転記

$\left(\begin{array}{l}課税標準額　税率 \\ 62,593,000円 \times 7.8\% \\ = 4,882,254円\end{array}\right)$

付表2-1㉔欄より

課税売上高　62,593,215円
非課税売上高　18,993,500円

計　81,586,715円

第二表⑳欄より

付表1-1⑯欄より転記

課税標準額　税率

$\left(\begin{array}{l}2,503,600円 \times \dfrac{22}{78} = 706,143円 \\ \rightarrow 706,100円 \\ (百円未満切捨て)\end{array}\right)$

令和 5年 5月31日　収受印

北 税務署長殿

※税務署処理欄

納税地	大阪市北区○○町1-5-35
	（電話番号　06- 6346 -○○○○）
（フリガナ）	
名　称又は屋号	株式会社中央エステート
	↓個人番号の記載に当たっては、左端を空欄とし、ここから記載してください。
個人番号又は法人番号	
（フリガナ）	キノシタ　ケイイチ
代表者氏名又は氏名	木下　恵一

自 令和 **04**年**04**月**01**日

至 令和 **05**年**03**月**31**日

課税期間分の消費税及び地方消費税の（ 確定 ）申告書

この申告書による消費税の税額の計算

		十兆千百十億千百十万千百十一円	
課税標準額	①	62593000	03
消費税額	②	4882254	06
控除過大調整税額	③		07
控除税額 控除対象仕入税額	④	2378582	08
返還等対価に係る税額	⑤		09
貸倒れに係る税額	⑥		10
控除税額小計（④+⑤+⑥）	⑦	2378582	
控除不足還付税額（⑦-②-③）	⑧		13
差引税額（②+③-⑦）	⑨	2503600	15
中間納付税額	⑩	1295100	16
納付税額（⑨-⑩）	⑪	1208500	17
中間納付還付税額（⑩-⑨）	⑫	00	18
この申告書が修正申告である場合 既確定税額	⑬		19
差引納付税額	⑭	00	20
課税売上割合 課税資産の譲渡等の対価の額	⑮	62593215	21
資産の譲渡等の対価の額	⑯	81586715	22

この申告書による地方消費税の税額の計算

地方消費税の課税標準となる消費税額 控除不足還付税額	⑰		51
差引税額	⑱	2503600	52
譲渡割額 還付額	⑲		53
納税額	⑳	706100	54
中間納付譲渡割額	㉑	365300	55
納付譲渡割額（⑳-㉑）	㉒	340800	56
中間納付還付譲渡割額（㉑-⑳）	㉓	00	57
この申告書が修正申告である場合 既確定譲渡割額	㉔		58
差引納付譲渡割額	㉕	00	59
消費税及び地方消費税の合計（納付又は還付）税額	㉖	15493000	60

218

一 連 番 号	翌年以降 送付不要 ○

署合 | 整理
番号 | □□□□□□□□

申 告 年 月 日　令和 □ 年 □ 月 □ 日

申 告 区 分　指導等 □　庁指定 □　局指定 □

通信日付印　確認印　確認
書類　個人番号カード
通知カード・運転免許証
その他（　　　）　身元
確認 □

　年　月　日

指 導　年　月　日　相談 区分1 区分2 区分3

令和 □□□□□

（中間申告　自 平成
　　　　　令和 □□年□□月□□日
の場合の
対象期間　至 令和 □□年□□月□□日）

令和元年十月一日以後終了課税期間分（一般用）

第一表

付記事項	割 賦 基 準 の 適 用	○ 有 ○ 無	31
	延 払 基 準 等 の 適 用	○ 有 ○ 無	32
	工 事 進 行 基 準 の 適 用	○ 有 ○ 無	33
	現 金 主 義 会 計 の 適 用	○ 有 ○ 無	34
参考事項	課税標準額に対する消費 税額の計算の特例の適用	○ 有 ○ 無	35
	控除税額の計算方法	課税売上高5億円超又は 課税売上割合95%未満	○ 個 別 対 応 　 方 式 ○ 一 括 比 例 　 配 分 方 式	41
		上 記 以 外	○ 全 額 控 除	
	基準期間の 課税売上高	**62,850** 千円	

付 す る 金 を 受 け よ う 関 と 等

	銀　行	本店・支店
	金庫・組合	出 張 所
	農協・漁協	本所・支所
預金	口座番号	

ゆうちょ銀行の
貯金記号番号　　－

郵 便 局 名 等

※税務署整理欄

税 理 士
署 名

（電話番号　　－　　－　　）

○ 税 理 士 法 第 30 条 の 書 面 提 出 有

○ 税 理 士 法 第 33 条 の 2 の 書 面 提 出 有

特殊な販売契約による
売上収益の計上基準

小規模個人事業者（所得300万円以下）
は、現金主義で経理できる。

端数処理で領収したときの特例

付表2-1⑧欄

前々年の課税売上高

付表2−1 課税売上割合・控除対象仕入税額等の計算表
〔経過措置対象課税資産の譲渡等を含む課税期間用〕

一 般

| 課 税 期 間 | 4 · 4 · 1 ~ 5 · 3 · 31 | 氏名又は名称 | ㈱中央エステート |

項　目			旧税率分小計 X (付表2-2の①X欄の金額)	税率6.24%適用分 D	税率7.8%適用分 E	合　計　F (X+D+E)
課 税 売 上 額 （ 税 抜 き ）	①		円	円	62,593,215 円	62,593,215 円
免 税 売 上 額	②					
非課税資産の輸出等の金額、海外支店等へ移送した資産の価額	③					
課税資産の譲渡等の対価の額（①＋②＋③）	④					※第一表の⑮欄へ ※付表2-2の④X欄へ 62,593,215
課税資産の譲渡等の対価の額（④の金額）	⑤					62,593,215
非 課 税 売 上 額	⑥					18,993,500
資産の譲渡等の対価の額（⑤＋⑥）	⑦					※第一表の⑯欄へ ※付表2-2の⑦X欄へ 81,586,715
課 税 売 上 割 合 （ ④ ／ ⑦ ）	⑧					※付表2-2の⑧X欄へ [76.71%] ※端数切捨て
課税仕入れに係る支払対価の額（税込み）	⑨		(付表2-2の⑨X欄の金額)		40,151,943	40,151,943
課 税 仕 入 れ に 係 る 消 費 税 額	⑩		(付表2-2の⑩X欄の金額)	(⑨D欄×6.24/108)	(⑨E欄×7.8/110) 2,847,137	2,847,137
特 定 課 税 仕 入 れ に 係 る 支 払 対 価 の 額	⑪		(付表2-2の⑪X欄の金額)		※⑪及び⑫欄は、課税売上割合が95%未満、かつ、特定課税仕入れがある事業者のみ記載する。	
特 定 課 税 仕 入 れ に 係 る 消 費 税 額	⑫		(付表2-2の⑫X欄の金額)		(⑪E欄×7.8/100)	
課 税 貨 物 に 係 る 消 費 税 額	⑬		(付表2-2の⑬X欄の金額)			
納税義務の免除を受けない（受ける）こととなった場合における消費税額の調整（加算又は減算）額	⑭		(付表2-2の⑭X欄の金額)			
課税仕入れ等の税額の合計額（⑩＋⑫＋⑬±⑭）	⑮		(付表2-2の⑮X欄の金額)		2,847,137	2,847,137
課税売上高が5億円以下、かつ、課税売上割合が95%以上の場合（⑮の金額）	⑯		(付表2-2の⑯X欄の金額)			
課税売上高が5億円超又は課税売上割合が95%未満の場合	個別対応方式	⑮のうち、課税売上げにのみ要するもの	⑰	(付表2-2の⑰X欄の金額)		1,474,016	1,474,016
		⑮のうち、課税売上げと非課税売上げに共通して要するもの	⑱	(付表2-2の⑱X欄の金額)		1,179,051	1,179,051
		個別対応方式により控除する課税仕入れ等の税額〔⑰＋（⑱×④／⑦）〕	⑲	(付表2-2の⑲X欄の金額)		2,378,582	2,378,582
	一括比例配分方式により控除する課税仕入れ等の税額（⑮×④／⑦）		⑳	(付表2-2の⑳X欄の金額)			
控除税額の調整	課税売上割合変動時の調整対象固定資産に係る消費税額の調整（加算又は減算）額		㉑	(付表2-2の㉑X欄の金額)			
	調整対象固定資産を課税業務用（非課税業務用）に転用した場合の調整（加算又は減算）額		㉒	(付表2-2の㉒X欄の金額)			
	居住用賃貸建物を課税賃貸用に供した（譲渡した）場合の加算額		㉓	(付表2-2の㉓X欄の金額)			
差引	控 除 対 象 仕 入 税 額〔（⑯、⑲又は⑳の金額）±㉑±㉒＋㉓〕がプラスの時		㉔	(付表2-2の㉔X欄の金額)	※付表1-1の④D欄へ	※付表1-1の④E欄へ 2,378,528	2,378,528
	控 除 過 大 調 整 税 額〔（⑯、⑲又は⑳の金額）±㉑±㉒＋㉓〕がマイナスの時		㉕	(付表2-2の㉕X欄の金額)	※付表1-1の③D欄へ	※付表1-1の③E欄へ	
貸 倒 回 収 に 係 る 消 費 税 額	㉖		(付表2-2の㉖X欄の金額)	※付表1-1の③D欄へ	※付表1-1の③E欄へ	

旧税率（3％・5％・8％）の適用があれば
付表2−2で計算し、この欄に転記

軽減税率の適用があれば、この欄に記入

第一表⑮欄へ

第一表⑯欄へ

$$\frac{課税売上高}{総売上高} = \frac{62,593,215円}{81,586,715円} = 76.71\%$$

税込み課税仕入高

$$40,151,943円 \times \frac{7.8}{110} = 2,847,137円$$

（個別対応方式）

課税仕入高（税込み）　税率　課税売上対応
$$20,787,418円 \times \frac{7.8}{110} = 1,474,016円 ①$$

課税仕入高（税込み）　税率　共通対応
$$16,627,645円 \times \frac{7.8}{110} = 1,179,051円 ②$$

$$① + ② \times \frac{課税売上割合}{ } \frac{62,593,215円}{81,586,715円} = 2,378,582円$$

先生　これは 事例４－１ と同じ数字で、「個別対応方式」で計算した場
合だね。

一郎　納税額がかなり減りますね。

　　　　事例４－１　（一括比例配分方式）　　　1,798,400円

　　　　事例５　　　（個別対応方式）　　　　　1,549,300円

先生　個別対応方式って、どういう計算だったかな、伊呂波くん。

一郎　ええと、まず課税仕入れの消費税を３つに分類するんですね。

　(a)　課税売上げに対応するもの

　(b)　非課税売上げに対応するもの

　(c)　課税売上げと非課税売上げに共通するもの

　で、(a)の消費税は全額控除、(c)は課税売上割合分だけ控除、です。

先生　そうそう、完璧な答えだね。その計算を、付表２－１の⑰～⑲で行
っているよ。税抜き経理だから、(a)と(c)についてそれぞれ税抜き仕入
高に仮払消費税を加えて、そこに"$\frac{7.8}{110}$"を掛けて消費税額を求める。

　　で、⑰は全額控除、⑱は課税売上割合の分だけOK、という計算結
果になってるね。

一郎　答えだけ書くのですね。

先生　うむ。計算過程がどこにも出てこないから、ちょっと分かりにく
い箇所ではあるね。

事例6　通常の簡易課税用の申告書

　雑貨小売業を営む㈱永田商店の当課税期間（令和4年4月1日～令和5年3月31日）の課税売上高等の状況は、次のとおりです。

- ・課税売上高（税込み）　　　18,611,472円
- ・基準期間の課税売上高　　　16,790,451円
- ・小売業（第2種事業）

計算

(1)　消費税額の計算

（課税標準額）

$$18,611,472円 \times \frac{100}{110} = 16,919,520円 ➡ 16,919,000円$$
（千円未満切捨て）

（消費税額）

$$16,919,000円 \times 7.8\% = 1,319,682円$$

（控除対象仕入税額）

　　　　　　　　　　　　みなし仕入率
$$1,319,682円 \times 80\% = 1,055,745円$$

（納付税額）

$$1,319,682円 - 1,055,745円 = 263,937円 ➡ 263,900円$$
（百円未満切捨て）

(2)　地方消費税額の計算

（課税標準額）

　　差引消費税額　　263,900円

（納付税額）

$$263,900円 \times \frac{22}{78} = 74,433円 ➡ 74,400円$$
（百円未満切捨て）

(3)　合計納付税額

$$263,900円 + 74,400円 = 338,300円$$

記入例

令和 5 年 5 月 31 日		北 税務署長殿

収受印

納 税 地　大阪市北区○○町18番1号
（電話番号　　-　　-　　）

（フリガナ）　ナガタ ショウテン
名　称
又は屋号　（株）永田商店

↓個人番号の記載に当たっては、左端を空欄とし、ここから記載してください。

個人番号
又は法人番号

（フリガナ）　ナガタ　キョウヘイ
代表者氏名
又は氏名　永田　恭平

※税務署処理欄

一 連 番 号					翌年以降送付不要	○
所管	要否	整理番号				
申 告 年 月 日		令和	年	月	日	
申 告 区 分		指導等	庁指定	局指定		
通信日付印	確認印	確認書類	個人番号カード 通知カード・運転免許証 その他（ ）		身元確認	
年　月　日						
指 導	年	月	日	相談	区分1	区分2	区分3
令和							

簡

法人用　第一表

令和元年十月一日以後終了課税期間分（簡易課税用）

自 令和 04 年 04 月 01 日
至 令和 05 年 03 月 31 日

課税期間分の消費税及び地方
消費税の（ 確定 ）申告書

中間申告 自 平成/令和 □□ 年 □□ 月 □□ 日
の場合の
対象期間 至 令和 □□ 年 □□ 月 □□ 日

この申告書による消費税の税額の計算

項目		金額	コード
課 税 標 準 額	①	1 6 9 1 9 0 0 0	03
消 費 税 額	②	1 3 1 9 6 8 2	06
貸倒回収に係る消費税額	③		07
控除税額　控除対象仕入税額	④	1 0 5 5 7 4 5	08
返還等対価に係る税額	⑤		09
貸倒れに係る税額	⑥		10
控除税額小計（④+⑤+⑥）	⑦	1 0 5 5 7 4 5	11
控除不足還付税額（⑦-②-③）	⑧		13
差 引 税 額（②+③-⑦）	⑨	2 6 3 9 0 0	15
中 間 納 付 税 額	⑩	0 0	16
納 付 税 額（⑨-⑩）	⑪	2 6 3 9 0 0	17
中間納付還付税額（⑩-⑨）	⑫	0 0	18
この申告書が修正申告である場合　既確定税額	⑬		19
差引納付税額	⑭	0 0	20
この課税期間の課税売上高	⑮	1 6 9 1 9 5 2 0	21
基準期間の課税売上高	⑯	1 6 7 9 0 4 5 1	

この申告書による地方消費税の税額の計算

項目		金額	コード
地方消費税の課税標準となる消費税額　控除不足還付税額	⑰		51
差 引 税 額	⑱	2 6 3 9 0 0	52
譲渡割額　還 付 額	⑲		53
納 税 額	⑳	7 4 4 0 0	54
中間納付譲渡割額	㉑	0 0	55
納 付 譲 渡 割 額（⑳-㉑）	㉒	7 4 4 0 0	56
中間納付還付譲渡割額（㉑-⑳）	㉓	0 0	57
この申告書が修正申告である場合　既確定譲渡割額	㉔		58
差引納付譲渡割額	㉕	0 0	59
消費税及び地方消費税の合計（納付又は還付）税額	㉖	3 3 8 3 0 0	60

付記事項				
割 賦 基 準 の 適 用	○ 有	○ 無	31
延 払 基 準 等 の 適 用	有	○ 無	32
工 事 進 行 基 準 の 適 用	有	○ 無	33
現 金 主 義 会 計 の 適 用	有	○ 無	34

参考事項	課税標準額に対する消費税額の計算の特例の適用	○ 有	○ 無	35

事業区分	区分	課税売上高（免税売上高を除く）	売上割合 ％	
	第1種	千円	.	36
	第2種	16,919	1 0 0 . 0	37
	第3種		.	38
	第4種		.	39
	第5種		.	42
	第6種		.	43

特例計算適用（令57③）	有	○ 無	40

還付を受けようとする金融機関等

銀　行	本店・支店
金庫・組合	出 張 所
農協・漁協	本所・支所

預金 口座番号

ゆうちょ銀行の貯金記号番号　　-

郵 便 局 名 等

※税務署整理欄

税 理 士
署 名

（電話番号　　-　　-　　）

○	税 理 士 法 第 30 条 の 書 面 提 出 有
○	税 理 士 法 第 33 条 の 2 の 書 面 提 出 有

付表5-1　　控除対象仕入税額等の計算表

簡 易

課 税 期 間	4・4・1 ～ 5・3・31	氏名又は名称	㈱永田商店

Ⅰ　控除対象仕入税額の計算の基礎となる消費税額

項　　目		旧税率分小計 X	税率6.24%適用分 D	税率7.8%適用分 E	合計 F (X+D+E)
課 税 標 準 額 に 対 す る 消 費 税 額	①	(付表5-2の①X欄の金額)　円	(付表4-1の②D欄の金額)　円	(付表4-1の②E欄の金額)　円 1,319,682	(付表4-1の②F欄の金額)　円 1,319,682
貸 倒 回 収 に 係 る 消 費 税 額	②	(付表5-2の②X欄の金額)	(付表4-1の③D欄の金額)	(付表4-1の③E欄の金額)	(付表4-1の③F欄の金額)
売 上 対 価 の 返 還 等 に 係 る 消 費 税 額	③	(付表5-2の③X欄の金額)	(付表4-1の⑤D欄の金額)	(付表4-1の⑤E欄の金額)	(付表4-1の⑤F欄の金額)
控 除 対 象 仕 入 税 額 の 計 算 の 基 礎 と な る 消 費 税 額 （ ① ＋ ② － ③ ）	④	(付表5-2の④X欄の金額)		1,319,682	1,319,682

Ⅱ　1種類の事業の専業者の場合の控除対象仕入税額

項　　目		旧税率分小計 X	税率6.24%適用分 D	税率7.8%適用分 E	合計 F (X+D+E)
④ × みなし仕入率 （90%・80%・70%・60%・50%・40%）	⑤	(付表5-2の⑤X欄の金額)　円	※付表4-1の④D欄へ　円	※付表4-1の④E欄へ　円 1,055,745	※付表4-1の④F欄へ　円 1,055,745

Ⅲ　2種類以上の事業を営む事業者の場合の控除対象仕入税額
(1)　事業区分別の課税売上高（税抜き）の明細

項　　目		旧税率分小計 X	税率6.24%適用分 D	税率7.8%適用分 E	合計 F (X+D+E)	売上割合
事 業 区 分 別 の 合 計 額	⑥	(付表5-2の⑥X欄の金額)　円	円	円	円	
第 一 種 事 業 （ 卸 売 業 ）	⑦	(付表5-2の⑦X欄の金額)			※第一表「事業区分」欄へ	%
第 二 種 事 業 （ 小 売 業 等 ）	⑧	(付表5-2の⑧X欄の金額)			※ 〃	
第 三 種 事 業 （ 製 造 業 等 ）	⑨	(付表5-2の⑨X欄の金額)			※ 〃	
第 四 種 事 業 （ そ の 他 ）	⑩	(付表5-2の⑩X欄の金額)			※ 〃	
第 五 種 事 業 （ サ ー ビ ス 業 等 ）	⑪	(付表5-2の⑪X欄の金額)			※ 〃	
第 六 種 事 業 （ 不 動 産 業 ）	⑫	(付表5-2の⑫X欄の金額)			※ 〃	

(2)　(1)の事業区分別の課税売上高に係る消費税額の明細

項　　目		旧税率分小計 X	税率6.24%適用分 D	税率7.8%適用分 E	合計 F (X+D+E)
事 業 区 分 別 の 合 計 額	⑬	(付表5-2の⑬X欄の金額)　円	円	円	円
第 一 種 事 業 （ 卸 売 業 ）	⑭	(付表5-2の⑭X欄の金額)			
第 二 種 事 業 （ 小 売 業 等 ）	⑮	(付表5-2の⑮X欄の金額)			
第 三 種 事 業 （ 製 造 業 等 ）	⑯	(付表5-2の⑯X欄の金額)			
第 四 種 事 業 （ そ の 他 ）	⑰	(付表5-2の⑰X欄の金額)			
第 五 種 事 業 （ サ ー ビ ス 業 等 ）	⑱	(付表5-2の⑱X欄の金額)			
第 六 種 事 業 （ 不 動 産 業 ）	⑲	(付表5-2の⑲X欄の金額)			

自 令和 **04** 年 **04** 月 **01** 日

至 令和 **05** 年 **03** 月 **31** 日

課税期間分の消費税及び地方
消費税の(確定)申告書

この申告書による消費税の税額の計算		十 兆 千 百 十 億 千 百 十 万 千 百 十 一円	
課 税 標 準 額	①	1 6 9 1 9 0 0 0	03
消 費 税 額	②	1 3 1 9 6 8 2	06
貸倒回収に係る消費税額	③		07
控除税額 控除対象仕入税額	④	1 0 5 5 7 4 5	08
返還等対価に係る税額	⑤		09
貸倒れに係る税額	⑥		10
控除税額小計(④+⑤+⑥)	⑦	1 0 5 5 7 4 5	
控除不足還付税額(⑦-②-③)	⑧		13
差 引 税 額(②+③-⑦)	⑨	2 6 3 9 0 0	15
中 間 納 付 税 額	⑩	0 0	16
納 付 税 額(⑨-⑩)	⑪	2 6 3 9 0 0	17
中間納付還付税額(⑩-⑨)	⑫	0 0	18
この申告書が修正申告である場合 既確定税額	⑬		19
差引納付税額	⑭	0 0	20
この課税期間の課税売上高	⑮	1 6 9 1 9 5 2 0	21
基準期間の課税売上高	⑯	1 6 7 9 0 4 5 1	

(転記)

この申告書による地方消費税の税額の計算			
地方消費税の課税標準となる消費税額 控除不足還付税額	⑰		51
差 引 税 額	⑱	2 6 3 9 0 0	52
譲渡割額 還 付 額	⑲		53
納 税 額	⑳	7 4 4 0 0	54
中間納付譲渡割額	㉑	0 0	55
納 付 譲 渡 割 額(⑳-㉑)	㉒	7 4 4 0 0	56
中間納付還付譲渡割額(㉑-⑳)	㉓	0 0	57
この申告書が修正申告である場合 既確定譲渡割額	㉔		58
差引納付譲渡割額	㉕	0 0	59
消費税及び地方消費税の合計(納付又は還付)税額	㉖	3 3 8 3 0 0	60

付記事項

割賦

延払

工事進

現金主

参考事項

課税標準額の計

区分

事業区分

第1種

第2種

第3種

第4種

第

特

①及び②の内訳

区

3

4

6.3%

⑫又は⑱の内訳

区

4 %

6.3%分

還付を受けようとする金融機関等

ゆうちょ銀行貯金記号

郵便局名

※税務署整理機

税理士署名押印

税

226

税抜きの課税売上高を記入します。

$$18,611,472円 \times \frac{100}{110} = 16,919,000円$$
（千円未満切捨て）

課税標準額（①）に税率を掛けて税額を算出します。
16,919,000円×7.8％＝1,319,682円

付表5-1の⑤の金額を転記します。
1,319,682円×80％（みなし仕入率）＝1,055,745円

消費税額（②）から控除税額（⑦）を差し引いた金額を記入します。
1,319,682円－1,055,745円＝263,937円
→263,900円
（百円未満切捨て）

税抜きの課税売上高を円単位で記入します。

$$18,611,472円 \times \frac{100}{110} = 16,919,520円$$

2年前の申告書の⑮の金額を記入します。
2年前が免税事業者のときは、税込みの課税売上高を記入します。
⟹この金額が5,000万円を超えるとき、簡易課税の計算はできません。

課税標準額（差引消費税額）に税率を掛けて税額を算出します。

$$263,900円 \times \frac{22}{78} = 74,400円$$
（百円未満切捨て）

⑪＋㉒の金額を記入します。
263,900円＋74,400円＝338,300円
⟹これが納付すべき税額です。

仕入税額控除が
増えるので
納税額は減少

先生　事例1 で説明した永田商店の原則課税の計算を、簡易課税で行ったのがこの申告書だね。

一郎　納税額が593,700円から、338,300円に減っていますね。

先生　うむ。仕入税額控除の金額が、事例1 では856,559円だったのが、ここでは1,055,745円に増加したから、その分納める税金が減少したんだね。

仕入税額控除の増加：1,055,745円 − 856,559円 = 199,186円

$$199,186円 \times \frac{10}{7.8} = 255,366円$$

納税額の減少：593,700円 − 338,300円 = 255,400円

爽香　199,186円に $\frac{10}{7.8}$ を掛けてるのは何ですか？

先生　199,186円は国税分だけで、地方消費税がその $\frac{22}{78}$ かかるからね。

爽香　あ、そうか。増加額の合計は255,400円なのね。

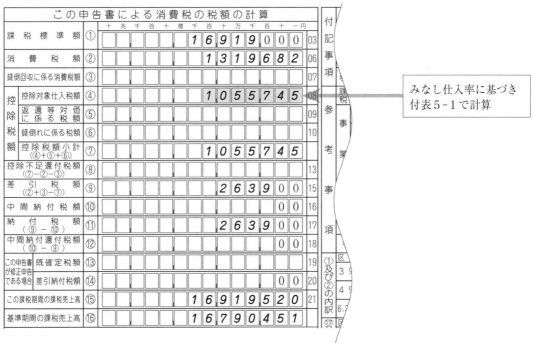

（一般用）

この申告書による消費税の税額の計算		十 兆 千 百 十 億 千 百 十 万 千 百 十 一 円		
課 税 標 準 額	①	1 6 9 1 9 0 0 0	03	
消 費 税 額	②	1 3 1 9 6 8 2	06	
控除過大調整税額	③		07	
控除税額	控除対象仕入税額	④	8 5 6 5 5 9	08
	返還等対価に係る税額	⑤		09
	貸倒れに係る税額	⑥		10
	控除税額小計(④+⑤+⑥)	⑦	8 5 6 5 5 9	12
控除不足還付税額(⑦-②-③)	⑧		13	
差 引 税 額(②+③-⑦)	⑨	4 6 3 1 0 0	15	
中 間 納 付 税 額	⑩	0 0	16	
納 付 税 額(⑨-⑩)	⑪	4 6 3 1 0 0	17	
中間納付還付税額(⑩-⑨)	⑫	0 0	18	
この申告書が修正申告である場合	既確定税額	⑬		19
	差引納付税額	⑭	0 0	20
課税売上割合	課税資産の譲渡等の対価の額	⑮	1 6 9 1 9 5 2 0	21
	資産の譲渡等の対価の額	⑯	1 6 9 1 9 5 2 0	22

実際の課税仕入高を集計

（簡易課税用）

この申告書による消費税の税額の計算		十 兆 千 百 十 億 千 百 十 万 千 百 十 一 円		
課 税 標 準 額	①	1 6 9 1 9 0 0 0	03	
消 費 税 額	②	1 3 1 9 6 8 2	06	
貸倒回収に係る消費税額	③		07	
控除税額	控除対象仕入税額	④	1 0 5 5 7 4 5	08
	返還等対価に係る税額	⑤		09
	貸倒れに係る税額	⑥		10
	控除税額小計(④+⑤+⑥)	⑦	1 0 5 5 7 4 5	12
控除不足還付税額(⑦-②-③)	⑧		13	
差 引 税 額(②+③-⑦)	⑨	2 6 3 9 0 0	15	
中 間 納 付 税 額	⑩	0 0	16	
納 付 税 額(⑨-⑩)	⑪	2 6 3 9 0 0	17	
中間納付還付税額(⑩-⑨)	⑫	0 0	18	
この申告書が修正申告である場合	既確定税額	⑬		19
	差引納付税額	⑭	0 0	20
この課税期間の課税売上高	⑮	1 6 9 1 9 5 2 0	21	
基準期間の課税売上高	⑯	1 6 7 9 0 4 5 1		

みなし仕入率に基づき
付表５-１で計算

2種類の申告書で 違うのは ④欄の金額	**先生** 事例1 と 事例6 の申告書を比べて、計算過程で違っているのは この④の欄だけなんだね。

一郎 実際の仕入高の数字か、みなし仕入れ率で計算した数字かという
違いですね。

先生 うむ。簡易課税で仕入税額控除の金額は、付表5-1を使って計算
するんだよ。

一郎 先生——永田商店は小売業で、みなし仕入れ率が80%だから、申
告書の④の金額は②の80%なんでしょう。

　　　1,319,682円×80％＝1,055,745円

　　こんな付表を使わなくても、簡単に計算できますよね。

兼業なら 計算が ややこしい	**爽香** そんな簡単な計算、どうしてわざわざ別の表に書くんですか？

先生 お、鋭い質問だね。伊呂波くん、どうしてかな。

一郎 ええと——どうしてだろう。

先生 その付表でさらに下の箇所、何を書くようになってるかな。

一郎 ２種類以上の事業を営む事業者の場合……あ、そうか。兼業の場
合、ややこしい計算をするんだ。

先生 そう。外食産業で、テイクアウトもやってる場合の話、以前にし
たよね。

加重平均で みなし仕入率を 計算	**爽香** 思い出したわ。店内飲食は第４種（飲食業）で、お持ち帰りは第 ３種（製造業）、でしたっけ？

先生 そうだね。みなし仕入率が60％と70％——伊呂波くん、こういう
場合、どう計算するのだったかな。

一郎 ええと、加重平均で仕入率を計算するんでした。

先生 うむ。税率も店内飲食は10％（標準税率）、持ち帰りは８％（軽減
税率）と異なるね。そういう複雑なケースの計算を、付表の⑥以下で
するんだよ。まあ、永田商店は小売りだけだから簡単に計算できるけ
ど、一応、この付表も提出しなきゃならない。

一郎 なるほど、分かりました。

先生 では申告書に戻って、次に⑨で差引税額を求め、以下㉖まで、原
則課税の場合とまったく同じ記入の仕方だね。両者の違いは、④の欄
の求め方だけなんだよ。

⑯欄の金額が 5,000万円以下	**爽香** 先生、⑯の欄が一般用の申告書と違ってます。

先生 お、爽香くん、さえてるねえ。そう、一般用では「総売上高」だ
けど、簡易課税用では「基準期間の課税売上高」を書くんだね。

一郎　この欄の金額が5,000万円以下でないと、簡易課税は適用できませんね。

先生　そうだよ。この欄が5,000万円超なのに簡易課税用の申告書を提出したら、たちどころに税務署から電話がかかってくるから、くれぐれも気をつけてね。

一郎　はい、気をつけます。

事例7　兼業の場合の簡易課税用の申告書（原則計算の例）

　飲食店を営む㈲太陽軒の当課税期間（令和4年4月1日〜令和5年3月31日）の課税売上高等の状況は、次のとおりです。

・課税売上高（税込み）

$\begin{cases} 店内売上げ（標準税率）　28,465,310円……その他事業（第4種事業）\\ 持ち帰り弁当（軽減税率）　8,696,280円……製造業（第3種事業） \end{cases}$

・基準期間の課税売上高　33,819,220円

・中間納付税額

$\begin{cases} 消　費　税　459,700円\\ 地方消費税　129,600円 \end{cases}$

計算

(1)　消費税額の計算

（課税標準額）

	課税売上高（税込み）		課税売上高（税抜き）		課税標準額 （千円未満切捨て）
標準税率分（第4種）：	28,465,310円	$\times \dfrac{100}{110} =$	25,877,554円	⇒	25,877,000円
軽減税率分（第3種）：	8,696,280円	$\times \dfrac{100}{108} =$	8,052,111円	⇒	8,052,000円

（消費税額）

標準税率分：25,877,000円×7.8％＝2,018,406円……①

軽減税率分：8,052,000円×6.24％＝502,444円……②

　　　　①＋②＝2,520,850円……③

（控除対象仕入税額）

第3種事業分：

　課税標準額にかかる消費税額：8,052,000円×6.24％＝502,444円……③

　課税売上高にかかる消費税額：8,052,111円×6.24％＝502,451円……④

　みなし仕入率＝$\dfrac{④×70％}{④}$

　控除税額＝③×$\dfrac{④×70％}{④}$＝351,710円……⑤

第4種事業分：

課税標準額にかかる消費税額：$25{,}877{,}000円 \times 7.8\% = 2{,}018{,}406円\cdots\cdots ⑥$

課税売上高にかかる消費税額：$25{,}877{,}554円 \times 7.8\% = 2{,}018{,}449円\cdots\cdots ⑦$

みなし仕入率 $= \dfrac{⑦ \times 60\%}{⑦}$

控除税額 $= ⑥ \times \dfrac{⑦ \times 60\%}{⑦} = 1{,}211{,}043円\cdots\cdots ⑧$

$⑤ + ⑧ = 1{,}562{,}753円$

（納付税額）

$2{,}520{,}850円 - 1{,}562{,}753円 = 958{,}097円 \Rightarrow 958{,}000円$
（百円未満切捨て）

中間納付税額
$958{,}000円 - 459{,}700円 = 498{,}300円$

(2)　地方消費税額の計算

（課税標準額）

差引消費税額　958,000円

（納付税額）

$958{,}000円 \times \dfrac{22}{78} = 270{,}205円 \Rightarrow 270{,}200円$
（百円未満切捨て）

中間納付税額
$270{,}200円 - 129{,}600円 = 140{,}600円$

(3)　合計納付税額

$498{,}300円 + 140{,}600円 = 638{,}900円$

記入例

令和 5 年 5 月 31 日　　　　　中央 税務署長殿

収受印

納税地	大阪市中央区○○町2丁目13番18号
	（電話番号　　－　　－　　）
（フリガナ）	タイヨウケン
名称又は屋号	（有）太陽軒
個人番号又は法人番号	↓ 個人番号の記載に当たっては、左端を空欄とし、ここから記載してください。
（フリガナ）	カンダ　ヒロシ
代表者氏名又は氏名	神田　裕志

税務署処理欄

一 連 番 号		翌年以降送付不要	○	簡

※税務署処理欄：申告年月日、申告区分、指導等、庁指定、局指定、通信日付印、確認印、個人番号カード等

法人用　第一表

自 令和 04 年 04 月 01 日
至 令和 05 年 03 月 31 日

課税期間分の消費税及び地方消費税の（　確定　）申告書

中間申告の場合の対象期間　自 令和　年　月　日　至 令和　年　月　日

令和元年十月一日以後終了課税期間分（簡易課税用）

この申告書による消費税の税額の計算

		十兆千百十億千百十万千百十一円	
課税標準額	①	3 3 9 2 9 0 0 0	03
消費税額	②	2 5 2 0 8 5 0	06
貸倒回収に係る消費税額	③		07
控除税額 控除対象仕入税額	④	1 5 6 2 7 5 3	08
返還等対価に係る税額	⑤		09
貸倒れに係る税額	⑥		10
控除税額小計（④+⑤+⑥）	⑦	1 5 6 2 7 5 3	
控除不足還付税額（⑦-②-③）	⑧		13
差引税額（②+③-⑦）	⑨	9 5 8 0 0 0	15
中間納付税額	⑩	4 5 9 7 0 0	16
納付税額（⑨-⑩）	⑪	4 9 8 3 0 0	17
中間納付還付税額（⑩-⑨）	⑫	0 0	18
この申告書が修正申告である場合 既確定税額	⑬		19
差引納付税額	⑭	0 0	20
この課税期間の課税売上高	⑮	3 3 9 2 9 6 6 5	21
基準期間の課税売上高	⑯	3 3 8 1 9 2 2 0	

この申告書による地方消費税の税額の計算

地方消費税の課税標準となる消費税額 控除不足還付税額	⑰		51
差引税額	⑱	9 5 8 0 0 0	52
譲渡割額 還付額	⑲		53
納税額	⑳	2 7 0 2 0 0	54
中間納付譲渡割額	㉑	1 2 9 6 0 0	55
納付譲渡割額（⑳-㉑）	㉒	1 4 0 6 0 0	56
中間納付還付譲渡割額（㉑-⑳）	㉓	0 0	57
この申告書が修正申告である場合 既確定譲渡割額	㉔		58
差引納付譲渡割額	㉕	0 0	59
消費税及び地方消費税の合計（納付又は還付）税額	㉖	6 3 8 9 0 0	60

付記事項

	有	無	
割賦基準の適用		○	31
延払基準等の適用		○	32
工事進行基準の適用		○	33
現金主義会計の適用		○	34
課税標準額に対する消費税額の計算の特例の適用		○	35

参考事項 事業区分

区分	課税売上高（免税売上高を除く） 千円	売上割合 %	
第1種			36
第2種			37
第3種	8,052	2 3.7	38
第4種	25,878	7 6.2	39
第5種			42
第6種			43
特例計算適用（令57③）	有 ○ 無		40

還付を受けようとする金融機関等

銀行	本店・支店
金庫・組合	出張所
農協・漁協	本所・支所
預金 口座番号	
ゆうちょ銀行の貯金記号番号	－
郵便局名等	

※税務署整理欄

税理士署名	
（電話番号　　－　　－　　）	

○ 税理士法第30条の書面提出有
○ 税理士法第33条の2の書面提出有

課税標準額等の内訳書

納　税　地	大阪市中央区○○町2丁目13番18号
	（電話番号　　－　　　－　　　）
（フリガナ）	タイヨウケン
名　　称又は屋号	（有）太陽軒
（フリガナ）	カンダ　ヒロシ
代表者氏名又は氏名	神田　裕志

整理番号										法人用

改正法附則による税額の特例計算		
軽減売上割合（10営業日）	○	附則38① 51
小売等軽減仕入割合	○	附則38② 52

第二表

自 令和 **04**年**04**月**01**日
至 令和 **05**年**03**月**31**日

課税期間分の消費税及び地方消費税の（　確定　）申告書

中間申告の場合の対象期間　自 令和　□□年□□月□□日　至 令和　□□年□□月□□日

令和四年四月一日以後終了課税期間分

課　税　標　準　額※申告書（第一表）の①欄へ	①	十 兆 千 百 十 億 千 百 十 万 千 百 十 一 円									3 3 9 2 9 0 0 0	01

課 税 資 産 の譲 渡 等 の対 価 の 額の 合 計 額	3　％ 適 用 分	②		02
	4　％ 適 用 分	③		03
	6.3　％ 適 用 分	④		04
	6.24　％ 適 用 分	⑤	8 0 5 2 1 1 1	05
	7.8　％ 適 用 分	⑥	2 5 8 7 7 5 5 4	06
		⑦	3 3 9 2 9 6 6 5	07
特定課税仕入れに係る支払対価の額の合計額（注1）	6.3　％ 適 用 分	⑧		11
	7.8　％ 適 用 分	⑨		12
		⑩		13

消　費　税　額※申告書（第一表）の②欄へ	⑪	2 5 2 0 8 5 0	21
⑪　の　内　訳	3　％ 適 用 分 ⑫		22
	4　％ 適 用 分 ⑬		23
	6.3　％ 適 用 分 ⑭		24
	6.24　％ 適 用 分 ⑮	5 0 2 4 4 4	25
	7.8　％ 適 用 分 ⑯	2 0 1 8 4 0 6	26

返 還 等 対 価 に 係 る 税 額※申告書（第一表）の⑤欄へ	⑰		31
⑰の内訳	売 上 げ の 返 還 等 対 価 に 係 る 税 額 ⑱		32
	特定課税仕入れの返還等対価に係る税額 （注1） ⑲		33

地 方 消 費 税 の課 税 標 準 と な る消　費　税　額（注2）		⑳	9 5 8 0 0 0	41
	4　％ 適 用 分	㉑		42
	6.3　％ 適 用 分	㉒		43
	6.24%及び7.8% 適 用 分	㉓	9 5 8 0 0 0	44

付表4−1　税率別消費税額計算表　兼　地方消費税の課税標準となる消費税額計算表　　　簡　易

課　税　期　間	4・4・1 ～ 5・3・31		氏名又は名称	㈲太陽軒	

区　　　　分		旧 税 率 分 小 計 X	税率6.24％適用分 D	税率7.8％適用分 E	合　　計　　F (X＋D＋E)
課　税　標　準　額	①	(付表4-2の①X欄の金額)　円 000	円 8,052,000	円 25,877,000	※第二表の①欄へ　円 33,929,000
課税資産の譲渡等の対価の額	①-1	(付表4-2の①-1X欄の金額)	※第二表の⑤欄へ 8,052,111	※第二表の⑥欄へ 25,877,554	※第二表の⑦欄へ 33,929,665
消　費　税　額	②	(付表4-2の②X欄の金額)	※付表5-1の①D欄へ ※第二表の⑮欄へ 502,444	※付表5-1の①E欄へ ※第二表の⑯欄へ 2,018,406	※付表5-1の①F欄へ ※第二表の⑪欄へ 2,520,850
貸倒回収に係る消費税額	③	(付表4-2の③X欄の金額)	※付表5-1の②D欄へ	※付表5-1の②E欄へ	※付表5-1の②F欄へ ※第一表の③欄へ
控除税額 控除対象仕入税額	④	(付表4-2の④X欄の金額)	(付表5-1の⑤D欄又は㉒D欄の金額) 351,710	(付表5-1の⑤E欄又は㉑E欄の金額) 1,211,043	(付表5-1の⑤F欄又は㉑F欄の金額) ※第一表の④欄へ 1,562,753
返還等対価に係る税額	⑤	(付表4-2の⑤X欄の金額)	※付表5-1の③D欄へ	※付表5-1の③E欄へ	※付表5-1の③F欄へ ※第二表の⑰欄へ
貸倒れに係る税額	⑥	(付表4-2の⑥X欄の金額)			※第一表の⑥欄へ
控除税額小計 (④＋⑤＋⑥)	⑦	(付表4-2の⑦X欄の金額)	351,710	1,211,043	※第一表の⑦欄へ 1,562,753
控除不足還付税額 (⑦−②−③)	⑧	(付表4-2の⑧X欄の金額)	※⑪E欄へ	※⑪E欄へ	
差　引　税　額 (②＋③−⑦)	⑨	(付表4-2の⑨X欄の金額)	※⑫E欄へ 150,734	※⑫E欄へ 807,363	958,097
合　計　差　引　税　額 (⑨−⑧)	⑩				※マイナスの場合は第一表の⑧欄へ ※プラスの場合は第一表の⑨欄へ 958,097
地方消費税の課税標準となる消費税額 控除不足還付税額	⑪	(付表4-2の⑪X欄の金額)		(⑧D欄と⑧E欄の合計金額)	
差　引　税　額	⑫	(付表4-2の⑫X欄の金額)		(⑨D欄と⑨E欄の合計金額) 958,097	958,097
合計差引地方消費税の課税標準となる消費税額 (⑫−⑪)	⑬	(付表4-2の⑬X欄の金額)		※第二表の㉑欄へ 958,000	※マイナスの場合は第一表の⑰欄へ ※プラスの場合は第一表の⑱欄へ ※第二表の㉓欄へ 958,000
譲渡割額 還　付　額	⑭	(付表4-2の⑭X欄の金額)		(⑪E欄×22/78)	
納　税　額	⑮	(付表4-2の⑮X欄の金額)		(⑫E欄×22/78) 270,205	270,205
合計差引譲渡割額 (⑮−⑭)	⑯				※マイナスの場合は第一表の⑲欄へ ※プラスの場合は第一表の⑳欄へ 270,205

付表5-1　控除対象仕入税額等の計算表
　　　　　　　〔経過措置対象課税資産の譲渡等を含む課税期間用〕

簡易

| 課税期間 | 4·4·1~5·3·31 | 氏名又は名称 | ㈲太陽軒 |

Ⅰ　控除対象仕入税額の計算の基礎となる消費税額

項　　目		旧税率分小計 X	税率6.24%適用分 D	税率7.8%適用分 E	合計 F (X+D+E)
課税標準額に対する消費税額	①	(付表5-2の①X欄の金額)　円	(付表4-1の②D欄の金額)　円 502,444	(付表4-1の②E欄の金額)　円 2,018,406	(付表4-1の②F欄の金額)　円 2,520,850
貸倒回収に係る消費税額	②	(付表5-2の②X欄の金額)	(付表4-1の③D欄の金額)	(付表4-1の③E欄の金額)	(付表4-1の③F欄の金額)
売上対価の返還等に係る消費税額	③	(付表5-2の③X欄の金額)	(付表4-1の⑤D欄の金額)	(付表4-1の⑤E欄の金額)	(付表4-1の⑤F欄の金額)
控除対象仕入税額の計算の基礎となる消費税額（①＋②－③）	④	(付表5-2の④X欄の金額)	502,444	2,018,406	2,520,850

Ⅱ　1種類の事業の専業者の場合の控除対象仕入税額

項　　目		旧税率分小計 X	税率6.24%適用分 D	税率7.8%適用分 E	合計 F (X+D+E)
④ × みなし仕入率（90%・80%・70%・60%・50%・40%）	⑤	(付表5-2の⑤X欄の金額)　円	※付表4-1の④D欄へ　円	※付表4-1の④E欄へ　円	※付表4-1の④F欄へ　円

Ⅲ　2種類以上の事業を営む事業者の場合の控除対象仕入税額
(1)　事業区分別の課税売上高（税抜き）の明細

項　　目		旧税率分小計 X	税率6.24%適用分 D	税率7.8%適用分 E	合計 F (X+D+E)	
事業区分別の合計額	⑥	(付表5-2の⑥X欄の金額)　円	8,052,111 円	25,877,554 円	33,929,665	売上割合
第一種事業（卸売業）	⑦	(付表5-2の⑦X欄の金額)			※第一表「事業区分」欄へ	%
第二種事業（小売業等）	⑧	(付表5-2の⑧X欄の金額)			※　〃	
第三種事業（製造業等）	⑨	(付表5-2の⑨X欄の金額)	8,052,111		※　〃 8,052,111	23.7
第四種事業（その他）	⑩	(付表5-2の⑩X欄の金額)		25,877,554	※　〃 25,877,554	76.2
第五種事業（サービス業等）	⑪	(付表5-2の⑪X欄の金額)			※　〃	
第六種事業（不動産業）	⑫	(付表5-2の⑫X欄の金額)			※　〃	

(2)　(1)の事業区分別の課税売上高に係る消費税額の明細

項　　目		旧税率分小計 X	税率6.24%適用分 D	税率7.8%適用分 E	合計 F (X+D+E)
事業区分別の合計額	⑬	(付表5-2の⑬X欄の金額)　円	502,451 円	2,018,449 円	2,520,900 円
第一種事業（卸売業）	⑭	(付表5-2の⑭X欄の金額)			
第二種事業（小売業等）	⑮	(付表5-2の⑮X欄の金額)			
第三種事業（製造業等）	⑯	(付表5-2の⑯X欄の金額)	502,451		502,451
第四種事業（その他）	⑰	(付表5-2の⑰X欄の金額)		2,018,449	2,018,449
第五種事業（サービス業等）	⑱	(付表5-2の⑱X欄の金額)			
第六種事業（不動産業）	⑲	(付表5-2の⑲X欄の金額)			

(1／2)

(3) 控除対象仕入税額の計算式区分の明細

イ 原則計算を適用する場合

控 除 対 象 仕 入 税 額 の 計 算 式 区 分		旧税率分小計 X	税率6.24%適用分 D	税率7.8%適用分 E	合計 F (X＋D＋E)
④ × みなし仕入率 $\dfrac{⑭×90\%＋⑮×80\%＋⑯×70\%＋⑰×60\%＋⑱×50\%＋⑲×40\%}{⑬}$	⑳	(付表5-2の⑳X欄の金額) 円	円 351,710	円 1,211,043	円 1,562,753

ロ 特例計算を適用する場合

(イ) 1種類の事業で75％以上

控 除 対 象 仕 入 税 額 の 計 算 式 区 分		旧税率分小計 X	税率6.24%適用分 D	税率7.8%適用分 E	合計 F (X＋D＋E)
(⑦F／⑥F・⑧F／⑥F・⑨F／⑥F・⑩F／⑥F・⑪F／⑥F・⑫F／⑥F)≧75％ ④×みなし仕入率(90％・80％・70％・60％・50％・40％)	㉑	(付表5-2の㉑X欄の金額) 円	円	円	円

(ロ) 2種類の事業で75％以上

控 除 対 象 仕 入 税 額 の 計 算 式 区 分			旧税率分小計 X	税率6.24%適用分 D	税率7.8%適用分 E	合計 F (X＋D＋E)
第一種事業及び第二種事業 (⑦F＋⑧F)／⑥F≧75%	④×	$\dfrac{⑭×90\%＋(⑬−⑭)×80\%}{⑬}$	㉒	(付表5-2の㉒X欄の金額) 円	円	円	円
第一種事業及び第三種事業 (⑦F＋⑨F)／⑥F≧75%	④×	$\dfrac{⑭×90\%＋(⑬−⑭)×70\%}{⑬}$	㉓	(付表5-2の㉓X欄の金額)			
第一種事業及び第四種事業 (⑦F＋⑩F)／⑥F≧75%	④×	$\dfrac{⑭×90\%＋(⑬−⑭)×60\%}{⑬}$	㉔	(付表5-2の㉔X欄の金額)			
第一種事業及び第五種事業 (⑦F＋⑪F)／⑥F≧75%	④×	$\dfrac{⑭×90\%＋(⑬−⑭)×50\%}{⑬}$	㉕	(付表5-2の㉕X欄の金額)			
第一種事業及び第六種事業 (⑦F＋⑫F)／⑥F≧75%	④×	$\dfrac{⑭×90\%＋(⑬−⑭)×40\%}{⑬}$	㉖	(付表5-2の㉖X欄の金額)			
第二種事業及び第三種事業 (⑧F＋⑨F)／⑥F≧75%	④×	$\dfrac{⑮×80\%＋(⑬−⑮)×70\%}{⑬}$	㉗	(付表5-2の㉗X欄の金額)			
第二種事業及び第四種事業 (⑧F＋⑩F)／⑥F≧75%	④×	$\dfrac{⑮×80\%＋(⑬−⑮)×60\%}{⑬}$	㉘	(付表5-2の㉘X欄の金額)			
第二種事業及び第五種事業 (⑧F＋⑪F)／⑥F≧75%	④×	$\dfrac{⑮×80\%＋(⑬−⑮)×50\%}{⑬}$	㉙	(付表5-2の㉙X欄の金額)			
第二種事業及び第六種事業 (⑧F＋⑫F)／⑥F≧75%	④×	$\dfrac{⑮×80\%＋(⑬−⑮)×40\%}{⑬}$	㉚	(付表5-2の㉚X欄の金額)			
第三種事業及び第四種事業 (⑨F＋⑩F)／⑥F≧75%	④×	$\dfrac{⑯×70\%＋(⑬−⑯)×60\%}{⑬}$	㉛	(付表5-2の㉛X欄の金額)			
第三種事業及び第五種事業 (⑨F＋⑪F)／⑥F≧75%	④×	$\dfrac{⑯×70\%＋(⑬−⑯)×50\%}{⑬}$	㉜	(付表5-2の㉜X欄の金額)			
第三種事業及び第六種事業 (⑨F＋⑫F)／⑥F≧75%	④×	$\dfrac{⑯×70\%＋(⑬−⑯)×40\%}{⑬}$	㉝	(付表5-2の㉝X欄の金額)			
第四種事業及び第五種事業 (⑩F＋⑪F)／⑥F≧75%	④×	$\dfrac{⑰×60\%＋(⑬−⑰)×50\%}{⑬}$	㉞	(付表5-2の㉞X欄の金額)			
第四種事業及び第六種事業 (⑩F＋⑫F)／⑥F≧75%	④×	$\dfrac{⑰×60\%＋(⑬−⑰)×40\%}{⑬}$	㉟	(付表5-2の㉟X欄の金額)			
第五種事業及び第六種事業 (⑪F＋⑫F)／⑥F≧75%	④×	$\dfrac{⑱×50\%＋(⑬−⑱)×40\%}{⑬}$	㊱	(付表5-2の㊱X欄の金額)			

ハ 上記の計算式区分から選択した控除対象仕入税額

項 目		旧税率分小計 X	税率6.24%適用分 D	税率7.8%適用分 E	合計 F (X＋D＋E)
選択可能な計算式区分(⑳～㊱)の内から選択した金額	㊲	(付表5-2の㊲X欄の金額) 円	※付表4-1の④D欄へ 円 351,710	※付表4-1の④E欄へ 円 1,211,043	※付表4-1の④F欄へ 円 1,562,753

(2／2)

記入要領

第二表①より転記
（付表4-1①欄で計算）

第二表②より転記
（付表4-1②欄で計算）

付表5-1
⑳・F欄より転記

前々年の売上高
（5,000万円超のとき
簡易課税の適用不可）

$958,000 円 \times \dfrac{22}{78} = 270,205 円$
$\rightarrow 270,200 円$

令和 5 年 5 月 31 日　　　　　　　　　　**中央** 税務署長殿

収受印

※税務署処理欄　所管

納税地	大阪市中央区〇〇町2丁目13番18号
	（電話番号　　－　　－　　）
（フリガナ）	タイヨウケン
名　称 又は屋号	（有）太陽軒
個人番号 又は法人番号	↓ 個人番号の記載に当たっては、左端を空欄とし、ここから記載してください。
（フリガナ）	カンダ　ヒロシ
代表者氏名 又は氏名	神田　裕志

自 令和 **04** 年 **04** 月 **01** 日

至 令和 **05** 年 **03** 月 **31** 日

**課税期間分の消費税及び地方
消費税の（　確定　）申告書**

この申告書による消費税の税額の計算

		十兆千百十億千百十万千百十一円	
課税標準額	①	3 3 9 2 9 0 0 0	03
消費税額	②	2 5 2 0 8 5 0	06
貸倒回収に係る消費税額	③		07
控除税額 控除対象仕入税額	④	1 5 6 2 7 5 3	08
返還等対価に係る税額	⑤		09
貸倒れに係る税額	⑥		10
控除税額小計 (④+⑤+⑥)	⑦	1 5 6 2 7 5 3	11
控除不足還付税額 ((⑦-②-③)	⑧		13
差引税額 (②+③-⑦)	⑨	9 5 8 0 0 0	15
中間納付税額	⑩	4 5 9 7 0 0	16
納付税額 (⑨-⑩)	⑪	4 9 8 3 0 0	17
中間納付還付税額 (⑩-⑨)	⑫	0 0	18
この申告書が修正申告である場合 既確定税額	⑬		19
差引納付税額	⑭	0 0	20
この課税期間の課税売上高	⑮	3 3 9 2 9 6 6 5	21
基準期間の課税売上高	⑯	3 3 8 1 9 2 2 0	

この申告書による地方消費税の税額の計算

地方消費税の課税標準となる消費税額 控除不足還付税額	⑰		51
差引税額	⑱	9 5 8 0 0 0	52
譲渡割額 還付額	⑲		53
納税額	⑳	2 7 0 2 0 0	54
中間納付譲渡割額	㉑	1 2 9 6 0 0	55
納付譲渡割額 (⑳-㉑)	㉒	1 4 0 6 0 0	56
中間納付還付譲渡割額 (㉑-⑳)	㉓	0 0	57
この申告書が修正申告である場合 既確定譲渡割額	㉔		58
差引納付譲渡割額	㉕	0 0	59
消費税及び地方消費税の合計（納付又は還付）税額	㉖	6 3 8 9 0 0	60

一連番号					翌年以降送付不要	○	簡	

要否　整理番号

申告年月日　令和　　年　　月　　日

申告区分　指導等　庁指定　局指定

通信日付印　確認印　確認書類　個人番号カード　通知カード・運転免許証　その他（　　）　身元確認

年　月　日

指導　年　月　日　相談　区分1　区分2　区分3

令和

中間申告の場合の対象期間　自　平成令和　　年　　月　　日　至　令和　　年　　月　　日

法人用　第一表

令和元年十月一日以後終了課税期間分（簡易課税用）

付記事項	割賦基準の適用		有	○無	31
	延払基準等の適用		有	○無	32
	工事進行基準の適用		有	○無	33
	現金主義会計の適用		有	○無	34
参考事項	課税標準額に対する消費税額の計算の特例の適用		有	○無	35

特殊な販売契約による売上収益の計上基準

小規模個人事業者(所得300万円以下)は、現金主義で経理できる。

端数処理による積み上げ計算の特例

事業区分	区分	課税売上高（免税売上高を除く）千円	売上割合 %	
	第1種		.	36
	第2種		.	37
	第3種	8,052	23.7	38
	第4種	25,878	76.2	39
	第5種		.	42
	第6種		.	43

付表5-1⑦～⑫欄

特例計算適用（令57③）　有　○無　40

兼業の場合のみなし仕入率の特例計算

還付を受けようとする金融機関等

銀行　本店・支店　金庫・組合　出張所　農協・漁協　本所・支所

預金　口座番号

ゆうちょ銀行の貯金記号番号　－

郵便局名等

※税務署整理欄

税理士署名　（電話番号　－　－　）

○　税理士法第30条の書面提出有
○　税理士法第33条の2の書面提出有

付表5-1　控除対象仕入税額等の計算表
〔経過措置対象課税資産の譲渡等を含む課税期間用〕

簡易

| 課税期間 | 4・4・1~5・3・31 | 氏名又は名称 | ㈲太陽軒 |

Ⅰ　控除対象仕入税額の計算の基礎となる消費税額

項　目		旧税率分小計 X	税率6.24%適用分 D	税率7.8%適用分 E	合計 F (X+D+E)
課税標準額に対する消費税額	①	(付表5-2の①X欄の金額) 円	(付表4-1の②D欄の金額) 502,444	(付表4-1の②E欄の金額) 2,018,406	(付表4-1の②F欄の金額) 2,520,850
貸倒回収に係る消費税額	②	(付表5-2の②X欄の金額)	(付表4-1の③D欄の金額)	(付表4-1の③E欄の金額)	(付表4-1の③F欄の金額)
売上対価の返還等に係る消費税額	③	(付表5-2の③X欄の金額)	(付表4-1の⑤D欄の金額)	(付表4-1の⑤E欄の金額)	(付表4-1の⑤F欄の金額)
控除対象仕入税額の計算の基礎となる消費税額 （①＋②－③）	④	(付表5-2の④X欄の金額)	502,444	2,018,406	2,520,850

Ⅱ　1種類の事業の専業者の場合の控除対象仕入税額

項　目		旧税率分小計 X	税率6.24%適用分 D	税率7.8%適用分 E	合計 F (X+D+E)
④ × みなし仕入率 (90%・80%・70%・60%・50%・40%)	⑤	(付表5-2の⑤X欄の金額) 円	※付表4-1の④D欄へ 円	※付表4-1の④E欄へ 円	※付表4-1の④F欄へ 円

Ⅲ　2種類以上の事業を営む事業者の場合の控除対象仕入税額
(1)　事業区分別の課税売上高（税抜き）の明細

項　目		旧税率分小計 X	税率6.24%適用分 D	税率7.8%適用分 E	合計 F (X+D+E)	
事業区分別の合計額	⑥	(付表5-2の⑥X欄の金額) 円	8,052,111 円	25,877,554 円	33,929,665 円	売上割合
第一種事業 （卸売業）	⑦	(付表5-2の⑦X欄の金額)			※第一表「事業区分」欄へ	％
第二種事業 （小売業等）	⑧	(付表5-2の⑧X欄の金額)			※ 〃	
第三種事業 （製造業等）	⑨	(付表5-2の⑨X欄の金額)	8,052,111		8,052,111	23.7
第四種事業 （その他）	⑩	(付表5-2の⑩X欄の金額)		25,877,554	25,877,554	76.2
第五種事業 （サービス業等）	⑪	(付表5-2の⑪X欄の金額)			※ 〃	
第六種事業 （不動産業）	⑫	(付表5-2の⑫X欄の金額)			※ 〃	

(2)　(1)の事業区分別の課税売上高に係る消費税額の明細

項　目		旧税率分小計 X	税率6.24%適用分 D	税率7.8%適用分 E	合計 F (X+D+E)
事業区分別の合計額	⑬	(付表5-2の⑬X欄の金額) 円	502,451 円	2,018,449 円	2,520,900 円
第一種事業 （卸売業）	⑭	(付表5-2の⑭X欄の金額)			
第二種事業 （小売業等）	⑮	(付表5-2の⑮X欄の金額)			
第三種事業 （製造業等）	⑯	(付表5-2の⑯X欄の金額)	502,451		502,451
第四種事業 （その他）	⑰	(付表5-2の⑰X欄の金額)		2,018,449	2,018,449
第五種事業 （サービス業等）	⑱	(付表5-2の⑱X欄の金額)			
第六種事業 （不動産業）	⑲	(付表5-2の⑲X欄の金額)			

(1／2)

（課税標準額に対する消費税額）

付表4－1②欄で計算し、この欄へ転記

第二表
　②～⑥欄より転記

（課税売上高に対する消費税額）

8,052,111円×6.24％＝502,451円

25,877,554円×7.8％＝2,018,449円

(3) 控除対象仕入税額の計算式区分の明細

イ　原則計算を適用する場合

控　除　対　象　仕　入　税　額　の　計　算　式　区　分		旧税率分小計 X	税率6.24%適用分 D	税率7.8%適用分 E	合計 F (X＋D＋E)
④　×　みなし仕入率 $$\frac{⑭×90\%+⑮×80\%+⑯×70\%+⑰×60\%+⑱×50\%+⑲×40\%}{⑬}$$	⑳	(付表5-2の⑳X欄の金額)　円	円 351,710	円 1,211,043	円 1,562,753

(2/2)

$$502,444円 \atop (④) × \frac{502,451円(⑬)×70\%}{502,451円(⑬)} = 351,710円$$

$$2,018,406円 \atop (④) × \frac{2,018,449円(⑬)×60\%}{2,018,449円(⑬)} = 1,211,043円$$

兼業のときは複数の仕入率で計算	一郎	太陽軒は中華料理屋さんで、昼は持ち帰り弁当もやってるんでしたね。
	先生	うむ。業種分類が食堂は第4種だけど、持ち帰りは第3種の製造業扱いになると、前に説明したね。
	一郎	ええ、そうでした。
	先生	簡易課税で仕入税額控除をする際、兼業のときはそれぞれの業種の仕入率で計算しなきゃならない。第3種と第4種の仕入率はいくらだったかな、爽香くん。
	爽香	ええと——第3種が70％で、第4種は60％。
	先生	そうだね。付表5－1でその率を使った控除税額の計算をしている。

付表5－1の⑳欄で計算	一郎	⑳の欄ですね。
	先生	④の金額が、控除対象仕入税額計算の基になる消費税額で、この場合、申告書の②の金額と同じだね。
	一郎	違う場合もあるのですか？
	先生	売上値引きや戻り高があれば、それを引いた金額になるね。
	一郎	あ、そうですか。
	先生	太陽軒の場合、この④の金額にみなし仕入率をかけるんだけど、仕入率の計算基礎として、まず⑥から⑲までの欄を埋めなきゃならない。
	一郎	⑥から⑫が業種ごとの課税売上高ですか。
	先生	第1種から第6種まで、それぞれの税抜きの売上高をまず書く。ついで、⑬から⑲の欄にそれぞれの消費税額を記入、という順序だね。

税率ごとに消費税額を計算	一郎	先生、税率ごと別々に計算するんですね。
	先生	そうだね。軽減税率の売上げがD、標準税率はEの欄で別計算になるね。さらに、旧税率の売上げがあれば、まずは付表5－2で計算してから、この表のX欄に転記する。
	爽香	ややこしいのねえ——これが"簡易"な計算なの？
	先生	売上げの業種が1つだけなら簡易だけど、複数だと結構ややこしい計算になるね。
	爽香	簡易課税じゃなくて、こんなの複雑課税だわ。
	先生	単一税率のときはそうでもなかったんだけどねえ。
	一郎	先生、⑯や⑰の金額が、④と少し違ってますよ。どうしてなんだろう。

先生 ④は「課税標準額×税率」、⑯と⑰は「課税売上高×税率」と計算しているからだよ。

一郎 うーん、課税標準額は千円未満切捨てだからですか？

先生 そう。付表4－1を見れば、それぞれの金額が分かるね。①が課税標準額、①－1が課税売上高だね。

一郎 あ、そうか。付表5－1の⑥～⑫に書かれているのが課税売上高で……じゃあ、こういう計算ですね。

　　　＜軽減税率分＞

　　　　①：8,052,000円×6.24％＝502,444円

　　　　⑯：8,052,111円×6.24％＝502,451円

　　　＜標準税率分＞

　　　　①：25,877,000円×7.8％＝2,018,406円

　　　　⑰：25,877,554円×7.8％＝2,018,449円

先生 はい、それでOKだよ。で、その2種類の金額を使って⑳欄で、次のように控除税額を計算する。

　　　＜軽減税率分＞

$$502,444円 \times \frac{502,451円 \times 70\%}{502,451円} = 351,710円$$

　　　＜標準税率分＞

$$2,018,406円 \times \frac{2,018,449円 \times 60\%}{2,018,449円} = 1,211,043円$$

一郎 うーん、2種類の金額を使い分けるのですか。どうして、そんなにややこしいことを……。

爽香 先生、そんなややこしいこと考えなくても、もっと簡単に計算できるわよ。

　　　＜軽減税率分＞

　　　　502,444円×70％＝351,710円

　　　＜標準税率分＞

　　　　2,018,406円×60％＝1,211,043円

先生 お、爽香くん、さえてるね。その計算でもOKだよ。

一郎 あ、そうか。でも、どうしてこの付表で、そういうややこしい計算をさせるんだろう。

先生 この太陽軒のように、2種類の税率がそれぞれ1業種ずつなら、爽香くんの計算でいいんだよ。だけど、たとえば標準税率の売上げが、第4種だけでなく複数あるとき、この計算が必要になるんだよ。みなし仕入率を求めるときに、課税売上高ではなく課税標準額で計算した消費税額を使うと、答えが違ってくる。

一郎 へーえ、そうなんですか。

先生　わずかな違いだけどね、実際に計算してみれば分かるよ。

一郎　先生、そもそもどうして２種類の金額を使い分けて計算するのですか？

**同一税率が
１業種だけなら
シンプルな計算**

先生　税法の条文がそうなっていてね。簡易課税の計算を、条文どおりに書くとこうなる。

$$\underbrace{\text{課税標準額×税率}}_{\text{消費税額}} - \underbrace{\text{（課税標準額×みなし仕入率）×税率}}_{\text{控除対象仕入税額}} = \text{納付税額}$$

　　　以前、簡易課税の説明（P.68）で、「課税売上高×税率」と述べたけれど、正確にいうと課税売上高ではなくて、"課税標準額"を使って「課税標準額×税率」と計算するんだね。

一郎　はあ。

先生　で、次に"みなし仕入率"の計算に関する条文では、"課税売上高"を使うと書かれている。

$$\text{みなし仕入率} = \frac{\text{課税売上高×税率×業種割合（90％〜40％）}}{\text{課税売上高×税率}}$$

一郎　ふーん、どうして課税標準額にしないんだろう。

先生　さあ、どうしてかな。案外、深い考えもなしに、そういう条文にしてしまったのかも知れないね。

爽香　あら、いいかげんなのね。

先生　実務的には、太陽軒のように標準税率が１業種、軽減税率も１業種だけなら、爽香くんのようにシンプルに理解しておいて、いいんじゃないかな。

**75％以上の
業種の仕入率で
計算できる**

爽香　あの、付表の中で「売上割合」が書いてあるのは、何か意味があるのですか？

先生　ん、ああ⑦から⑫の金額の後ろだね。

爽香　ええ。23.7％と76.2％って書いてある……。

先生　以前に、兼業の場合の特例計算の話をしたよね。

爽香　？？

先生　伊呂波くん、覚えてる？

一郎　ええと、75％以上の場合……。

先生　そうそう。複数の事業の中に売上割合が75％以上のものがあれば、その業種の仕入率で全体を計算してもいい、という特例だね（P.70）。

一郎　あ、そうそう——加重平均の計算をしなくていい、ということでした。

特例計算が
不利な場合もある

爽香 あら、だったらこの申告書もそれで計算すれば、簡単に済むのに。

一郎 そうだなあ、第4種が75％以上なんだから……。

先生 じゃあ、それで計算すれば、第3種の控除税額はいくらになるかな、爽香くん。

爽香 第4種の仕入率60％を使うのですよね。

じゃあ、502,444円×60％＝301,466円。

先生 そうだね。それを付表5－1の㉑に記入すればいい。

(3) 控除対象仕入税額の計算式区分の明細

イ 原則計算を適用する場合

控 除 対 象 仕 入 税 額 の 計 算 式 区 分		旧税率分小計 X	税率6.24％適用分 D	税率7.8％適用分 E	合計F (X+D+E)
④ × みなし仕入率 $\dfrac{⑭×90\%+⑮×80\%+⑯×70\%+⑰×60\%+⑱×50\%+⑲×40\%}{⑬}$	⑳	(付表5-2の⑳X欄の金額) 円	円 351,710	円 1,211,043	円 1,562,753

ロ 特例計算を適用する場合

(イ) 1種類の事業で75％以上

控 除 対 象 仕 入 税 額 の 計 算 式 区 分		旧税率分小計 X	税率6.24％適用分 D	税率7.8％適用分 E	合計F (X+D+E)
(⑦F／⑥F・⑧F／⑥F・⑨F／⑥F・⑩F／⑥F・⑪F／⑥F・⑫F／⑥F)≧75％ ④×みなし仕入率(90％・80％・70％・⑥0％・50％・40％)	㉑	(付表5-2の㉑X欄の金額) 円	円 301,466	円 1,211,043	円 1,512,509

(ロ) 2種類の事業で75％以上

控 除 対 象 仕 入 税 額 の 計 算 式 区 分		旧税率分小計 X	税率6.24％適用分 D	税率7.8％適用分 E	合計F (X+D+E)
第一種事業及び第二種事業 (⑦F＋⑧F)／⑥F≧75％	④× $\dfrac{⑭×90\%+(⑬-⑭)×80\%}{⑬}$ ㉒	(付表5-2の㉒X欄の金額) 円	円	円	円
第一種事業及び第三種事業 (⑦F＋⑨F)／⑥F≧75％	④× $\dfrac{⑭×90\%+(⑬-⑭)×70\%}{⑬}$ ㉓	(付表5-2の㉓X欄の金額) 円			
及び第四種事業 ≧75％	④× $\dfrac{⑭×90}{}$				
第四種事業 (⑩F＋⑫F) ≧75％	$\dfrac{(⑬-⑰)×40\%}{⑬}$ ㉟				
第五種事業及び第六種事業 (⑪F＋⑫F)／⑥F≧75％	④× $\dfrac{⑱×50\%+(⑬-⑱)×40\%}{⑬}$ ㊱	(付表5-2の㊱X欄の金額) 円			

ハ 上記の計算式区分から選択した控除対象仕入税額

項 目		旧税率分小計 X	税率6.24％適用分 D	税率7.8％適用分 E	合計F (X+D+E)
選 択 可 能 な 計 算 式 区 分 （⑳ ～ ㊱） の 内 か ら 選 択 し た 金 額	㊲	(付表5-2の㊲X欄の金額) 円	※付表4-1の④D欄へ 円 351,710	※付表4-1の④E欄へ 円 1,211,043	※付表4-1の④F欄へ 円 1,562,753

(2／2)

一郎 あれ、最後の㊲欄が1,562,753円──そうか！ 特例計算だと損するんだ。原則計算のほうがたくさん控除できるから……。

爽香 そうね。第3種が本当は70％で計算できるのに、60％になってしまうからよ。

先生 第3種が75％以上なら有利なんだけどね。太陽軒の場合は、原則どおり加重平均しておくほうがいいみたいだね。

事例8　兼業の場合の簡易課税用の申告書（特例計算の例）

　㈲小池商店は衣類の小売りと卸売りを営み、別途、モータープールも経営しています。当課税期間（令和4年4月1日～令和5年3月31日）の課税売上高等の状況は、次のとおりです。

・課税売上高（税込み）

$\left\{\begin{array}{l}\text{卸売り（標準税率）　　20,728,490円……第1種事業} \\ \text{小売り（標準税率）　　16,170,605円……第2種事業} \\ \text{駐車場（標準税率）　　　1,663,200円……第6種事業}\end{array}\right.$

・売上戻り高（税込み）

　　450,300円……すべて卸売り分（第1種事業）

・基準期間の課税売上高　　33,219,390円

計算

(1)　消費税額の計算

（課税標準額）

　　20,728,490円 + 16,170,605円 + 1,663,200円 = 38,562,295円

　　$38,562,295円 \times \dfrac{100}{110} = 35,056,631円 \Rightarrow 35,056,000円$
　　　　　　　　　　　　　　　　　　　　（千円未満切捨て）

（消費税額）

　　35,056,000円 × 7.8% = 2,734,368円

（売上戻り高の税額控除額）

　　$450,300円 \times \dfrac{7.8}{110} = 31,930円$

（控除対象仕入税額）

　　〈計算基礎となる消費税額〉

　　　　2,734,368円 − 31,930円 = 2,702,438円

　　〈事業区分別の計算〉

　　　　第1種事業の消費税額：

　　　　　$20,728,490円 \times \dfrac{100}{110} - 450,300円 \times \dfrac{100}{110} = 18,434,718円$

　　　　　18,434,718円 × 7.8% = 1,437,908円……①

　　　　第2種事業の消費税額：

　　　　　$16,170,605円 \times \dfrac{100}{110} = 14,700,550円$

　　　　　14,700,550円 × 7.8% = 1,146,642円……②

　　　　第6種事業の消費税額：

　　　　　$1,663,200円 \times \dfrac{100}{110} = 1,512,000円$

　　　　　1,512,000円 × 7.8% = 117,936円……③

　　　　　　①＋②＋③ = 2,702,486円……④

〈原則計算〉

$$2,702,438円 \times \frac{①\times90\% + ②\times80\% + ③\times40\%}{④} = 2,258,563円 \cdots\cdots Ⓐ$$

(注) 計算のつど1円未満の端数を切り捨てるため、みなし仕入率の分子の金額は、次のように計算しています。

$$①\times90\% = 1,437,908円 \times 0.9 = 1,294,117.2円 \rightarrow 1,294,117円 \cdots\cdots ⓐ$$

$$②\times80\% = 1,146,642円 \times 0.8 = 917,313.6円 \rightarrow 917,313円 \cdots\cdots ⓑ$$

$$③\times40\% = 117,936円 \times 0.4 = 47,174.4円 \rightarrow 47,174円 \cdots\cdots ⓒ$$

$$ⓐ+ⓑ+ⓒ = 2,258,604円$$

そこで、控除税額は次のようにして算定されます。

$$2,702,438円 \times \frac{2,258,604円}{2,702,486円} = 2,258,563円$$

〈特例計算〉

第1種と第2種の合計の売上高が75%以上なので、そのうち仕入率の高い第1種にはその仕入率（90%）を適用し、低い第2種の仕入率（80%）を第6種にも適用して加重平均します。

$$2,702,438円 \times \frac{①\times90\% + （④－①）\times80\%}{④} = 2,305,738円 \cdots\cdots Ⓑ$$

Ⓐ＜Ⓑなので、控除仕入税額は2,305,738円

（納付税額）

$$2,734,368円 － （2,305,738円 + 31,930円） = 396,700円$$
（百円未満切捨て）

(2) 地方消費税の計算

（課税標準額）

差引消費税額　396,700円

（納付税額）

$$396,700円 \times \frac{22}{78} = 111,889円 \Rightarrow 111,800円$$
（百円未満切捨て）

(3) 合計納付税額

$$396,700円 + 111,800円 = 508,500円$$

記入例

令和　5年　5月　31日　　　　　　　　中央　税務署長殿

納　税　地　　大阪市中央区○○町2-1-14
（電話番号　06 - 6202 -○○○○）

（フリガナ）　コイケショウテン
名　称
又は屋号　　（有）小池商店

個人番号
又は法人番号

（フリガナ）　コイケ　アキラ
代表者氏名
又は氏名　　小池　明

自 令和 **04** 年 **04** 月 **01** 日
至 令和 **05** 年 **03** 月 **31** 日

課税期間分の消費税及び地方
消費税の（　確定　）申告書

中間申告　自 平成/令和
の場合の
対象期間 至 令和

この申告書による消費税の税額の計算		
課税標準額 ①	35056000	03
消費税額 ②	2734368	06
貸倒回収に係る消費税額 ③		07
控除対象仕入税額 ④	2305738	08
返還等対価に係る税額 ⑤	31930	09
貸倒れに係る税額 ⑥		10
控除税額小計 ⑦ (④+⑤+⑥)	2337668	11
控除不足還付税額 ⑧		13
差引税額 ⑨	396700	15
中間納付税額 ⑩	00	16
納付税額 ⑪ (⑨-⑩)	396700	17
中間納付還付税額 ⑫	00	18
既確定税額 ⑬		19
差引納付税額 ⑭	00	20
この課税期間の課税売上高 ⑮	34647268	21
基準期間の課税売上高 ⑯	33219390	

この申告書による地方消費税の税額の計算		
控除不足還付税額 ⑰		51
差引税額 ⑱	396700	52
還付額 ⑲		53
納税額 ⑳	111800	54
中間納付譲渡割額 ㉑	00	55
納付譲渡割額 ㉒ (⑳-㉑)	111800	56
中間納付還付譲渡割額 ㉓	00	57
既確定譲渡割額 ㉔		58
差引納付譲渡割額 ㉕	00	59
消費税及び地方消費税の合計（納付又は還付）税額 ㉖	508500	60

付記事項
割賦基準の適用 有○無 31
延払基準等の適用 有○無 32
工事進行基準の適用 有○無 33
現金主義会計の適用 有○無 34
課税標準額に対する消費税額の計算の特例の適用 有○無 35

区分	課税売上高	売上割合%
第1種	18,435	53.2	36
第2種	14,701	42.4	37
第3種			38
第4種			39
第5種			42
第6種	1,512	4.3	43

特例計算適用（令57③） ○有 無 40

銀行　本店・支店
金庫・組合　出張所
農協・漁協　本所・支所
預金　口座番号
ゆうちょ銀行の貯金記号番号
郵便局名等

税理士署名
（電話番号　-　-　）

税理士法第30条の書面提出有
税理士法第33条の2の書面提出有

課税標準額等の内訳書

整理番号										法人用

納 税 地	大阪市中央区○○町2-1-14 （電話番号 06 - 6202 -○○○○）	
（フリガナ）	コイケショウテン	
名　称 又は屋号	（有）小池商店	
（フリガナ）	コイケ　アキラ	
代表者氏名 又は氏名	小池　明	

改 正 法 附 則 に よ る 税 額 の 特 例 計 算			
軽 減 売 上 割 合（10営業日）	○	附則38①	51
小 売 等 軽 減 仕 入 割 合	○	附則38②	52

第二表

自 令和 **04** 年 **04** 月 **01** 日
至 令和 **05** 年 **03** 月 **31** 日

課税期間分の消費税及び地方
消費税の（　確定　）申告書

中間申告 自 令和 [　] 年 [　] 月 [　] 日
の場合の
対象期間 至 令和 [　] 年 [　] 月 [　] 日

令和四年四月一日以後終了課税期間分

課　税　標　準　額 ※申告書（第一表）の①欄へ	①	十 兆 千 百 十 億 千 百 十 万 千 百 十 一 円 　 3 5 0 5 6 0 0 0	01

課 税 資 産 の 譲 渡 等 の 対 価 の 額 の 合 計 額	3 ％ 適 用 分	②	02
	4 ％ 適 用 分	③	03
	6.3 ％ 適 用 分	④	04
	6.24 ％ 適 用 分	⑤	05
	7.8 ％ 適 用 分	⑥	3 5 0 5 6 6 3 1 　 06
		⑦	3 5 0 5 6 6 3 1 　 07
特 定 課 税 仕 入 れ に 係 る 支 払 対 価 の 額 の 合 計 額 （注1）	6.3 ％ 適 用 分	⑧	11
	7.8 ％ 適 用 分	⑨	12
		⑩	13

消　費　税　額 ※申告書（第一表）の②欄へ	⑪	2 7 3 4 3 6 8	21

⑪ の 内 訳	3 ％ 適 用 分	⑫	22
	4 ％ 適 用 分	⑬	23
	6.3 ％ 適 用 分	⑭	24
	6.24 ％ 適 用 分	⑮	25
	7.8 ％ 適 用 分	⑯	2 7 3 4 3 6 8	26

返 還 等 対 価 に 係 る 税 額 ※申告書（第一表）の⑤欄へ	⑰	3 1 9 3 0	31
⑰ の 内 訳 　 売 上 げ の 返 還 等 対 価 に 係 る 税 額	⑱	3 1 9 3 0	32
特 定 課 税 仕 入 れ の 返 還 等 対 価 に 係 る 税 額　（注1）	⑲	33

地 方 消 費 税 の 課 税 標 準 と な る 消 費 税 額 （注2）		⑳	3 9 6 7 0 0	41
	4 ％ 適 用 分	㉑	42
	6.3 ％ 適 用 分	㉒	43
	6.24%及び7.8% 適 用 分	㉓	3 9 6 7 0 0	44

記入例

付表4－1　税率別消費税額計算表　兼　地方消費税の課税標準となる消費税額計算表
　　　　　〔経過措置対象課税資産の譲渡等を含む課税期間用〕　　　　　　　　　簡　易

| 課　税　期　間 | **4・4・1～5・3・31** | 氏名又は名称 | ㈲小池商店 |

区　　　　分		旧税率分小計 X	税率6.24％適用分 D	税率7.8％適用分 E	合　計　F (X+D+E)
課　税　標　準　額	①	(付表4-2の①X欄の金額) 円 000	円 000	円 35,056,000	※第二表の①欄へ 円 35,056,000
課税資産の譲渡等の対価の額	①-1	(付表4-2の①-1X欄の金額)	※第二表の⑤欄へ	※第二表の⑥欄へ 35,056,631	※第二表の⑦欄へ 35,056,631
消　費　税　額	②	(付表4-2の②X欄の金額)	※付表5-1の①D欄へ ※第二表の⑮欄へ	※付表5-1の①E欄へ ※第二表の⑯欄へ 2,734,368	※付表5-1の①F欄へ ※第二表の⑪欄へ 2,734,368
貸倒回収に係る消費税額	③	(付表4-2の③X欄の金額)	※付表5-1の②D欄へ	※付表5-1の②E欄へ	※付表5-1の②F欄へ ※第一表の③欄へ
控除税額 控除対象仕入税額	④	(付表4-2の④X欄の金額)	(付表5-1の⑤D欄又は⑦D欄の金額)	(付表5-1の⑤E欄又は⑦E欄の金額) 2,305,738	(付表5-1の⑤F欄又は⑦F欄の金額) ※第一表の④欄へ 2,305,738
控除税額 返還等対価に係る税額	⑤	(付表4-2の⑤X欄の金額)	※付表5-1の③D欄へ	※付表5-1の③E欄へ 31,930	※付表5-1の③F欄へ ※第二表の⑰欄へ 31,930
控除税額 貸倒れに係る税額	⑥	(付表4-2の⑥X欄の金額)			※第一表の⑥欄へ
控除税額 控除税額小計 (④+⑤+⑥)	⑦	(付表4-2の⑦X欄の金額)		2,337,668	※第一表の⑦欄へ 2,337,668
控除不足還付税額 (⑦-②-③)	⑧	(付表4-2の⑧X欄の金額)	※⑪E欄へ	※⑪E欄へ	
差　引　税　額 (②+③-⑦)	⑨	(付表4-2の⑨X欄の金額)	※⑫E欄へ	※⑫E欄へ 396,700	396,700
合計差引税額 (⑨-⑧)	⑩				※マイナスの場合は第一表の⑧欄へ ※プラスの場合は第一表の⑨欄へ 396,700
控除不足還付税額	⑪	(付表4-2の⑪X欄の金額)		(⑧D欄と⑧E欄の合計金額)	
差　引　税　額	⑫	(付表4-2の⑫X欄の金額)		(⑨D欄と⑨E欄の合計金額) 396,700	396,700
合計差引地方消費税の課税標準となる消費税額 (⑫-⑪)	⑬	(付表4-2の⑬X欄の金額)		※第二表の㉓欄へ 396,700	※マイナスの場合は第一表の⑰欄へ ※プラスの場合は第一表の⑱欄へ ※第二表の㉑欄へ 396,700
譲渡割額 還付額	⑭	(付表4-2の⑭X欄の金額)		(⑪E欄×22/78)	
譲渡割額 納税額	⑮	(付表4-2の⑮X欄の金額)		(⑫E欄×22/78) 111,889	111,889
合計差引譲渡割額 (⑮-⑭)	⑯				※マイナスの場合は第一表の⑲欄へ ※プラスの場合は第一表の⑳欄へ 111,889

付表5-1　控除対象仕入税額等の計算表
〔経過措置対象課税資産の譲渡等を含む課税期間用〕

簡　易

課税期間	4・4・1～5・3・31	氏名又は名称	㈲小池商店

I　控除対象仕入税額の計算の基礎となる消費税額

項　目		旧税率分小計 X	税率6.24%適用分 D	税率7.8%適用分 E	合計 F (X+D+E)
課　税　標　準　額　に 対　す　る　消　費　税　額	①	(付表5-2の①X欄の金額)　　円	(付表4-1の②D欄の金額)　　円	(付表4-1の②E欄の金額)　　円 2,734,368	(付表4-1の②F欄の金額)　　円 2,734,368
貸　倒　回　収　に 係　る　消　費　税　額	②	(付表5-2の②X欄の金額)	(付表4-1の③D欄の金額)	(付表4-1の③E欄の金額)	(付表4-1の③F欄の金額)
売　上　対　価　の　返　還　等 に　係　る　消　費　税　額	③	(付表5-2の③X欄の金額)	(付表4-1の⑤D欄の金額)	(付表4-1の⑤E欄の金額) 31,930	(付表4-1の⑤F欄の金額) 31,930
控除対象仕入税額の計算 の　基　礎　と　な　る　消　費　税　額 (①＋②－③)	④	(付表5-2の④X欄の金額)		2,702,438	2,702,438

II　1種類の事業の専業者の場合の控除対象仕入税額

項　目		旧税率分小計 X	税率6.24%適用分 D	税率7.8%適用分 E	合計 F (X+D+E)
④　×　みなし仕入率 (90%・80%・70%・60%・50%・40%)	⑤	(付表5-2の⑤X欄の金額)　円	※付表4-1の④D欄へ　円	※付表4-1の④E欄へ　円	※付表4-1の④F欄へ　円

III　2種類以上の事業を営む事業者の場合の控除対象仕入税額

(1)　事業区分別の課税売上高（税抜き）の明細

項　目		旧税率分小計 X	税率6.24%適用分 D	税率7.8%適用分 E	合計 F (X+D+E)	売上割合
事　業　区　分　別　の　合　計　額	⑥	(付表5-2の⑥X欄の金額)　円	円	円 34,647,268	円 34,647,268	
第　一　種　事　業 （　卸　売　業　）	⑦	(付表5-2の⑦X欄の金額)		18,434,718	※第一表「事業区分」欄へ 18,434,718	％ 53.2
第　二　種　事　業 （　小　売　業　等　）	⑧	(付表5-2の⑧X欄の金額)		14,700,550	※　〃 14,700,550	42.4
第　三　種　事　業 （　製　造　業　等　）	⑨	(付表5-2の⑨X欄の金額)			※　〃	
第　四　種　事　業 （　そ　の　他　）	⑩	(付表5-2の⑩X欄の金額)			※　〃	
第　五　種　事　業 （　サ　ー　ビ　ス　業　等　）	⑪	(付表5-2の⑪X欄の金額)			※　〃	
第　六　種　事　業 （　不　動　産　業　）	⑫	(付表5-2の⑫X欄の金額)		1,512,000	※　〃 1,512,000	4.3

(2)　(1)の事業区分別の課税売上高に係る消費税額の明細

項　目		旧税率分小計 X	税率6.24%適用分 D	税率7.8%適用分 E	合計 F (X+D+E)
事　業　区　分　別　の　合　計　額	⑬	(付表5-2の⑬X欄の金額)　円	円	円 2,702,486	円 2,702,486
第　一　種　事　業 （　卸　売　業　）	⑭	(付表5-2の⑭X欄の金額)		1,437,908	1,437,908
第　二　種　事　業 （　小　売　業　等　）	⑮	(付表5-2の⑮X欄の金額)		1,146,642	1,146,642
第　三　種　事　業 （　製　造　業　等　）	⑯	(付表5-2の⑯X欄の金額)			
第　四　種　事　業 （　そ　の　他　）	⑰	(付表5-2の⑰X欄の金額)			
第　五　種　事　業 （　サ　ー　ビ　ス　業　等　）	⑱	(付表5-2の⑱X欄の金額)			
第　六　種　事　業 （　不　動　産　業　）	⑲	(付表5-2の⑲X欄の金額)		117,936	117,936

(3) 控除対象仕入税額の計算式区分の明細

イ　原則計算を適用する場合

控　除　対　象　仕　入　税　額　の　計　算　式　区　分		旧税率分小計 X	税率6.24%適用分 D	税率7.8%適用分 E	合計 F (X+D+E)
④ × みなし仕入率 $\dfrac{⑭×90\%+⑮×80\%+⑯×70\%+⑰×60\%+⑱×50\%+⑲×40\%}{⑬}$	⑳	(付表5-2の㉑X欄の金額) 円	円	円 2,258,563	円 2,258,563

ロ　特例計算を適用する場合

(イ)　1種類の事業で75%以上

控　除　対　象　仕　入　税　額　の　計　算　式　区　分		旧税率分小計 X	税率6.24%適用分 D	税率7.8%適用分 E	合計 F (X+D+E)
(⑦F／⑥F・⑧F／⑥F・⑨F／⑥F・⑩F／⑥F・⑪F／⑥F・⑫F／⑥F)≧75% ④×みなし仕入率(90%・80%・70%・60%・50%・40%)	㉑	(付表5-2の㉑X欄の金額) 円	円	円	円

(ロ)　2種類の事業で75%以上

控　除　対　象　仕　入　税　額　の　計　算　式　区　分		旧税率分小計 X	税率6.24%適用分 D	税率7.8%適用分 E	合計 F (X+D+E)
第一種事業及び第二種事業 (⑦F+⑧F)／⑥F≧75% ④× $\dfrac{⑭×90\%+(⑬-⑭)×80\%}{⑬}$	㉒	(付表5-2の㉒X欄の金額) 円	円	円 2,305,738	円 2,305,738
第一種事業及び第三種事業 (⑦F+⑨F)／⑥F≧75% ④× $\dfrac{⑭×90\%+(⑬-⑭)×70\%}{⑬}$	㉓	(付表5-2の㉓X欄の金額)			
第一種事業及び第四種事業 (⑦F+⑩F)／⑥F≧75% ④× $\dfrac{⑭×90\%+(⑬-⑭)×60\%}{⑬}$	㉔	(付表5-2の㉔X欄の金額)			
第一種事業及び第五種事業 (⑦F+⑪F)／⑥F≧75% ④× $\dfrac{⑭×90\%+(⑬-⑭)×50\%}{⑬}$	㉕	(付表5-2の㉕X欄の金額)			
第一種事業及び第六種事業 (⑦F+⑫F)／⑥F≧75% ④× $\dfrac{⑭×90\%+(⑬-⑭)×40\%}{⑬}$	㉖	(付表5-2の㉖X欄の金額)			
第二種事業及び第三種事業 (⑧F+⑨F)／⑥F≧75% ④× $\dfrac{⑮×80\%+(⑬-⑮)×70\%}{⑬}$	㉗	(付表5-2の㉗X欄の金額)			
第二種事業及び第四種事業 (⑧F+⑩F)／⑥F≧75% ④× $\dfrac{⑮×80\%+(⑬-⑮)×60\%}{⑬}$	㉘	(付表5-2の㉘X欄の金額)			
第二種事業及び第五種事業 (⑧F+⑪F)／⑥F≧75% ④× $\dfrac{⑮×80\%+(⑬-⑮)×50\%}{⑬}$	㉙	(付表5-2の㉙X欄の金額)			
第二種事業及び第六種事業 (⑧F+⑫F)／⑥F≧75% ④× $\dfrac{⑮×80\%+(⑬-⑮)×40\%}{⑬}$	㉚	(付表5-2の㉚X欄の金額)			
第三種事業及び第四種事業 (⑨F+⑩F)／⑥F≧75% ④× $\dfrac{⑯×70\%+(⑬-⑯)×60\%}{⑬}$	㉛	(付表5-2の㉛X欄の金額)			
第三種事業及び第五種事業 (⑨F+⑪F)／⑥F≧75% ④× $\dfrac{⑯×70\%+(⑬-⑯)×50\%}{⑬}$	㉜	(付表5-2の㉜X欄の金額)			
第三種事業及び第六種事業 (⑨F+⑫F)／⑥F≧75% ④× $\dfrac{⑯×70\%+(⑬-⑯)×40\%}{⑬}$	㉝	(付表5-2の㉝X欄の金額)			
第四種事業及び第五種事業 (⑩F+⑪F)／⑥F≧75% ④× $\dfrac{⑰×60\%+(⑬-⑰)×50\%}{⑬}$	㉞	(付表5-2の㉞X欄の金額)			
第四種事業及び第六種事業 (⑩F+⑫F)／⑥F≧75% ④× $\dfrac{⑰×60\%+(⑬-⑰)×40\%}{⑬}$	㉟	(付表5-2の㉟X欄の金額)			
第五種事業及び第六種事業 (⑪F+⑫F)／⑥F≧75% ④× $\dfrac{⑱×50\%+(⑬-⑱)×40\%}{⑬}$	㊱	(付表5-2の㊱X欄の金額)			

ハ　上記の計算式区分から選択した控除対象仕入税額

項　　　　目		旧税率分小計 X	税率6.24%適用分 D	税率7.8%適用分 E	合計 F (X+D+E)
選 択 可 能 な 計 算 式 区 分 (⑳ ～ ㊱) の 内 か ら 選 択 し た 金 額	㊲	(付表5-2の㊲X欄の金額) 円	※付表4-1の④D欄へ 円	※付表4-1の④E欄へ 円 2,305,738	※付表4-1の④F欄へ 円 2,305,738

(2／2)

令和 5 年 5 月 31 日　　　　　中央 税務署長殿　※税務署処理欄所管

納 税 地	大阪市中央区○○町2-1-14
（電話番号	06 - 6202 -○○○○）

（フリガナ）　コイケショウテン
名 称 又は屋号　**（有）小池商店**

個人番号 又は法人番号　↓個人番号の記載に当たっては、左端を空欄とし、ここから記載してください。

（フリガナ）　コイケ　アキラ
代表者氏名 又は氏名　**小池　明**

自 令和 **04** 年 **04** 月 **01** 日
至 令和 **05** 年 **03** 月 **31** 日

課税期間分の消費税及び地方消費税の（　確定　）申告書

卸 売 り　20,728,490円
小 売 り　16,170,605円
駐 車 場　1,663,200円
計　38,562,295円

$$38,562,295円 \times \frac{100}{110} = 35,056,631円 \rightarrow 35,056,000円$$

$$35,056千円 \times 7.8\% = 2,734,368円$$

付表5-1㊲欄より転記

売上戻り高
$$450,300円 \times \frac{7.8}{110} = 31,930円$$

付表5-1⑥欄より転記

前々年の売上高（5,000万円超のとき簡易課税の適用不可）

$$396,700円 \times \frac{22}{78} = 111,889円 \rightarrow 111,800円$$

この申告書による消費税の税額の計算

		円	
課 税 標 準 額	①	35 056 000	03
消 費 税 額	②	2 734 368	06
貸倒回収に係る消費税額	③		07
控除 控除対象仕入税額	④	2 305 738	08
返還等対価に係る税額	⑤	31 930	09
税 貸倒れに係る税額	⑥		10
額 控除税額小計(④+⑤+⑥)	⑦	2 337 668	
控除不足還付税額(⑦-②-③)	⑧		13
差 引 税 額(②+③-⑦)	⑨	396 700	15
中 間 納 付 税 額	⑩	0 0	
納 付 税 額(⑨-⑩)	⑪	396 700	17
中間納付還付税額(⑩-⑨)	⑫	0 0	18
この申告書が修正申告 既確定税額	⑬		19
である場合 差引納付税額	⑭	0 0	20
この課税期間の課税売上高	⑮	34 647 268	21
基準期間の課税売上高	⑯	33 219 390	

この申告書による地方消費税の税額の計算

		円	
地方消費税の課税標準となる消費税額 控除不足還付税額	⑰		51
差 引 税 額	⑱	396 700	52
譲渡割額 還 付 額	⑲		53
納 税 額	⑳	111 800	54
中間納付譲渡割額	㉑	0 0	55
納付譲渡割額(⑳-㉑)	㉒	111 800	56
中間納付還付譲渡割額(㉑-⑳)	㉓	0 0	57
この申告書が修正申告 既確定譲渡割額	㉔		58
である場合 差引納付譲渡割額	㉕	0 0	59
消費税及び地方消費税の合計(納付又は還付)税額	㉖	508 500	60

254

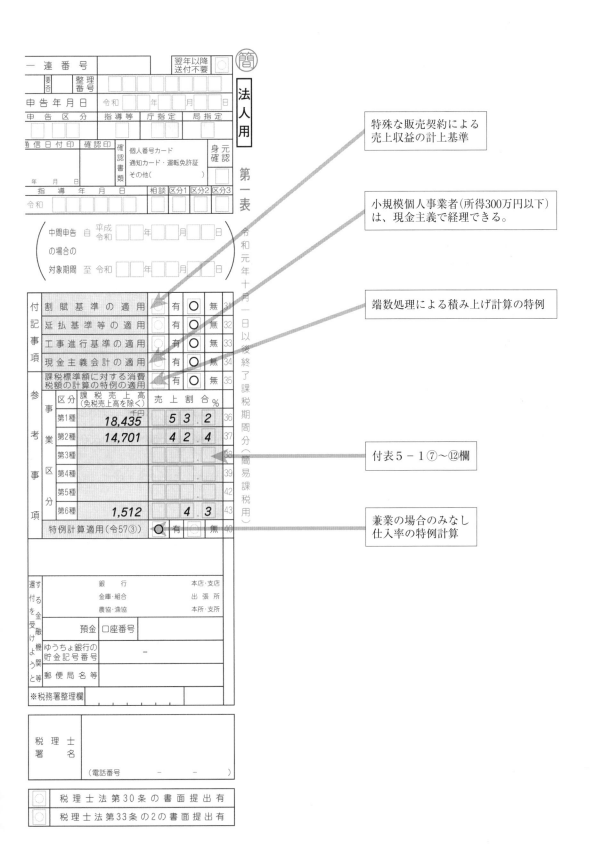

特殊な販売契約による
売上収益の計上基準

小規模個人事業者（所得300万円以下）
は、現金主義で経理できる。

端数処理による積み上げ計算の特例

付表5－1⑦〜⑫欄

兼業の場合のみなし
仕入率の特例計算

付表5-1　控除対象仕入税額等の計算表
〔経過措置対象課税資産の譲渡等を含む課税期間用〕

	簡 易

課税期間	4・4・1～5・3・31	氏名又は名称	㈲小池商店

Ⅰ　控除対象仕入税額の計算の基礎となる消費税額

項　目		旧税率分小計 X	税率6.24%適用分 D	税率7.8%適用分 E	合計 F (X+D+E)
課税標準額に対する消費税額	①	(付表5-2の①X欄の金額)　円	(付表4-1の②D欄の金額)　円	(付表4-1の②E欄の金額)　円 2,734,368	(付表4-1の②F欄の金額)　円 2,734,368
貸倒回収に係る消費税額	②	(付表5-2の②X欄の金額)	(付表4-1の③D欄の金額)	(付表4-1の③E欄の金額)	(付表4-1の③F欄の金額)
売上対価の返還等に係る消費税額	③	(付表5-2の③X欄の金額)	(付表4-1の⑤D欄の金額)	(付表4-1の⑤E欄の金額) 31,930	(付表4-1の⑤F欄の金額) 31,930
控除対象仕入税額の計算の基礎となる消費税額 (①+②-③)	④	(付表5-2の④X欄の金額)		2,702,438	2,702,438

Ⅱ　1種類の事業の専業者の場合の控除対象仕入税額

項　目		旧税率分小計 X	税率6.24%適用分 D	税率7.8%適用分 E	合計 F (X+D+E)
④ × みなし仕入率 (90%・80%・70%・60%・50%・40%)	⑤	(付表5-2の⑤X欄の金額)　円	※付表4-1の④D欄へ　円	※付表4-1の④E欄へ　円	※付表4-1の④F欄へ　円

Ⅲ　2種類以上の事業を営む事業者の場合の控除対象仕入税額

(1) 事業区分別の課税売上高(税抜き)の明細

項　目		旧税率分小計 X	税率6.24%適用分 D	税率7.8%適用分 E	合計 F (X+D+E)	売上割合
事業区分別の合計額	⑥	(付表5-2の⑥X欄の金額)　円	円	円 34,647,268	円 34,647,268	
第一種事業 (卸売業)	⑦	(付表5-2の⑦X欄の金額)		18,434,718	※第一表「事業区分」欄へ 18,434,718	53.2 %
第二種事業 (小売業等)	⑧	(付表5-2の⑧X欄の金額)		14,700,550	※ 〃 14,700,550	42.4
第三種事業 (製造業等)	⑨	(付表5-2の⑨X欄の金額)			※ 〃	
第四種事業 (その他)	⑩	(付表5-2の⑩X欄の金額)			※ 〃	
第五種事業 (サービス業等)	⑪	(付表5-2の⑪X欄の金額)			※ 〃	
第六種事業 (不動産業)	⑫	(付表5-2の⑫X欄の金額)		1,512,000	※ 〃 1,512,000	4.3

(2) (1)の事業区分別の課税売上高に係る消費税額の明細

項　目		旧税率分小計 X	税率6.24%適用分 D	税率7.8%適用分 E	合計 F (X+D+E)
事業区分別の合計額	⑬	(付表5-2の⑬X欄の金額)　円	円	円 2,702,486	円 2,702,486
第一種事業 (卸売業)	⑭	(付表5-2の⑭X欄の金額)		1,437,908	1,437,908
第二種事業 (小売業等)	⑮	(付表5-2の⑮X欄の金額)		1,146,642	1,146,642
第三種事業 (製造業等)	⑯	(付表5-2の⑯X欄の金額)			
第四種事業 (その他)	⑰	(付表5-2の⑰X欄の金額)			
第五種事業 (サービス業等)	⑱	(付表5-2の⑱X欄の金額)			
第六種事業 (不動産業)	⑲	(付表5-2の⑲X欄の金額)		117,936	117,936

(1／2)

（課税標準額に対する消費税額）

付表4－1②欄で計算し、この欄へ転記

（課税売上高（税抜き）の計算）

$20,728,490円 \times \dfrac{100}{110} - 450,300円 \times \dfrac{100}{110} = 18,434,718円$

$16,170,605円 \times \dfrac{100}{110} = 14,700,550円$

$1,663,200円 \times \dfrac{100}{110} = 1,512,000円$

（課税売上高に対する消費税額）

$18,434,718円 \times 7.8\% = 1,437,908円$

$14,700,550円 \times 7.8\% = 1,146,642円$

$1,512,000円 \times 7.8\% = 117,936円$

(3) 控除対象仕入税額の計算式区分の明細

イ 原則計算を適用する場合

控除対象仕入税額の計算式区分		旧税率分小計 X	税率6.24%適用分 D	税率7.8%適用分 E	合計 F (X+D+E)
④ × みなし仕入率 $\dfrac{⑭×90\%+⑮×80\%+⑯×70\%+⑰×60\%+⑱×50\%+⑲×40\%}{⑬}$	⑳	(付表5-2の㉑X欄の金額) 円	円	円 2,258,563	円 2,258,563

ロ 特例計算を適用する場合

(イ) 1種類の事業で75%以上

控除対象仕入税額の計算式区分		旧税率分小計 X	税率6.24%適用分 D	税率7.8%適用分 E	合計 F (X+D+E)
(⑦F／⑥F・⑧F／⑥F・⑨F／⑥F・⑩F／⑥F・⑪F／⑥F・⑫F／⑥F)≧75% ④×みなし仕入率(90%・80%・70%・60%・50%・40%)	㉑	(付表5-2の㉑X欄の金額) 円	円	円	円

(ロ) 2種類の事業で75%以上

控除対象仕入税額の計算式区分		旧税率分小計 X	税率6.24%適用分 D	税率7.8%適用分 E	合計 F (X+D+E)
第一種事業及び第二種事業 (⑦F+⑧F)／⑥F≧75% ④× $\dfrac{⑭×90\%+(⑬-⑭)×80\%}{⑬}$	㉒	(付表5-2の㉒X欄の金額) 円	円	円 2,305,738	円 2,305,738
第一種事業及び第三種事業 (⑦F+⑨F)／⑥F≧75% ④× $\dfrac{⑭×90\%+(⑬-⑭)×70\%}{⑬}$	㉓	(付表5-2の㉓X欄の金額) 円	円	円	円
第一種事業及び第四種事業 (⑦F+⑪F)／⑥F≧75% ④× $\dfrac{⑭×90\%+(⑬-⑭)×60\%}{⑬}$	㉔	(付表5-2の㉔X欄の金額) 円	円	円	円
～第五種事業 (⑩F+～)／⑥F≧75% ④× $\dfrac{⑭×9\%}{⑬}$		(付表5-2の㉕X欄の金額) 円	円	円	円
第四種事業及び第～ (⑩F+⑫F)／⑥F≧75% ④× $\dfrac{×60\%+(⑬-⑰)×40\%}{⑬}$	㉟	(付～			
第五種事業及び第六種事業 (⑪F+⑫F)／⑥F≧75% ④× $\dfrac{⑱×50\%+(⑬-⑱)×40\%}{⑬}$	㊱	(付表5-2の㊱X欄の金額) 円	円	円	円

ハ 上記の計算式区分から選択した控除対象仕入税額

項 目		旧税率分小計 X	税率6.24%適用分 D	税率7.8%適用分 E	合計 F (X+D+E)
選択可能な計算式区分(⑳～㊱)の内から選択した金額	㊲	(付表5-2の㊲X欄の金額) 円	※付表4-1の④D欄へ 円	※付表4-1の④E欄へ 円 2,305,738	※付表4-1の④F欄へ 円 2,305,738

(2/2)

$$2{,}702{,}438\text{円} \times \frac{⑭×90\%+⑮×80\%+⑲×40\%}{⑬} = 2{,}258{,}563\text{円}$$
(④)

$$2{,}702{,}438\text{円} \times \frac{⑭×90\%+(⑬-⑭)×80\%}{⑬} = 2{,}305{,}738\text{円}$$

課税標準と
課税売上高が
食い違う

先生　小池商店の申告書第一表で特徴的なのは、①と⑮の金額が違っている点だね。

一郎　あ、ほんとだ。課税標準額＝課税売上高のはずなのに、どうして違うんだろう？

爽香　税込みと税抜きの違いかしら。

先生　いや、そうじゃない。小池商店には売上戻り高があるからだよ。①はグロスの売上高で、⑮は戻り高を控除した純売上高なんだね。

一郎　ふーん、だけどそれだと、戻り高を引く前の金額で消費税を納めることになる……。

先生　いやいや、そうじゃないよ。②でいったんグロスの消費税を計算するけど、その後⑤の欄で戻り高に見合う消費税は控除するからね。

一郎　あ、そうか。あとでマイナスしてるんだ。

課税売上高は
戻り高控除後の
金額

先生　課税売上高というのは、あくまで純売上げの金額なんだよ。

一郎　戻り高とかあると、課税標準と課税売上高が食い違うのですね。

先生　うーん、正確にいえばそうでもないね。

一郎　え？　どういうことですか。

先生　小池商店は戻り高を売上高から控除せず、経費に計上する処理をしてるから、こういう記入になるんだよ。

一郎　といいますと？

先生　もし売上控除の処理をしてるなら、①の金額は⑮と一致するよ。

一郎　ふーん、そうなんですか。

先生　その場合、申告書は次のような記入になるね。

一郎　納付税額の合計は508,500円で変わりませんね。

自 令和	0 4 年 0 4 月 0 1 日	課税期間分の消費税及び地方	中間申告 自 平成 令和	令和元年十月一日以後終了課税期間分（簡易課税用）
至 令和	0 5 年 0 3 月 3 1 日	消費税の（ 確定 ）申告書	の場合の 対象期間 至 令和　　年　　月　　日	

この申告書による消費税の税額の計算		
課税標準額 ①	3 4 6 4 7 0 0 0	03
消費税額 ②	2 7 0 2 4 6 6	06
貸倒回収に係る消費税額 ③		07
控除税額 控除対象仕入税額 ④	2 3 0 5 7 6 1	08
返還等対価に係る税額 ⑤		09
貸倒れに係る税額 ⑥		10
控除税額小計（④+⑤+⑥）⑦	2 3 0 5 7 6 1	
控除不足還付税額（⑦-②-③）⑧		13
差引税額（②+③-⑦）⑨	3 9 6 7 0 0	15
中間納付税額 ⑩	0 0	16
納付税額（⑨-⑩）⑪	3 9 6 7 0 0	17
中間納付還付税額（⑩-⑨）⑫	0 0	18
この申告書が修正申告である場合 既確定税額 ⑬		19
差引納付税額 ⑭	0 0	20
この課税期間の課税売上高 ⑮	3 4 6 4 7 2 6 8	21
基準期間の課税売上高 ⑯	3 3 2 1 9 3 9 0	
この申告書による地方消費税の税額の計算		
地方消費税の課税標準 控除不足還付税額 ⑰		51

付記事項

割賦基準の適用	有	○無	31
延払基準等の適用	有	○無	32
工事進行基準の適用	有	○無	33
現金主義会計の適用	有	○無	34
課税標準額に対する消費税額の計算の特例の適用	有	○無	35

参考事項 事業区分

区分	課税売上高（免税売上高を除く） 千円	売上割合 ％	
第1種	18,435	5 3 . 2	36
第2種	14,701	4 2 . 4	37
第3種			38
第4種			39
第5種			42
第6種	1,512	4 . 3	43
特例計算適用（令57③）	○有　　無		40

還付を受けようとする金融機関等	銀行 金庫・組合 農協・漁協	本店・支店 出張所 本所・支所
	預金　口座番号	
	ゆうちょ銀行の	

付表でも
売上戻り高を
別途計上

先生 じゃあ次に、付表5－1を順番に見ていこうか。まず③に入ってる数字、これは何だろうね。

一郎 ええと、売上対価の返還等に係る……だから、売上値引きや返品高のことですね。

先生 そう。小池商店の場合、卸売りで450,300円の返品があったんだね。これは税込みの金額だから、その中に含まれる消費税の金額は、$450{,}300円 \times \dfrac{7.8}{110} = 31{,}930円$——これが③の金額だね。

爽香 "$\dfrac{7.8}{110}$"って、どういうこと？

先生 分母の110は地方税も含んだ税込み金額で、分子の7.8は国税のみの金額だね。税込みの売上高にその割合をかければ、国税の消費税の金額が求まるよね。

爽香 あ、そうか。

業種ごとに 税抜きの 課税売上高を 計算	**先生**　①から③を引いた④が、純売上高に対する消費税の金額だね。それから、⑥から⑲までの欄は、事例7 の太陽軒と同じように、業種ごとの売上高と消費税の計算だね。
	一郎　小池商店は3つの業種を兼ねてるから複雑ですね。
	先生　そうだね。第1種、第2種、第6種とそれぞれ税抜きの売上高を求め、さらに7.8％をかけて消費税額を計算しているね。
	一郎　第1種の卸売業は、売上戻り高を引いた金額なんですね。
	先生　うむ。仕入税額控除を計算する際、⑬から⑲までの金額に基づいてみなし仕入率を出して、その割合を④にかけるんだね。だから、④と⑬の金額は一致させておかなきゃ。
戻り高控除後の 金額で みなし仕入率を 計算	**一郎**　④と⑬の金額、少し違いますけど……。
	先生　端数処理するかしないかの違いだよ。⑬は円単位の売上高で計算した金額だけど、①は千円未満を切り捨てた金額に7.8％かけてるね。だから、④の金額もその分小さくなってるんだよ。
	一郎　ふーん、それでも構わないんですか。
	先生　そのぐらいの誤差はどうってことないよ。でも、⑬から⑲までが戻り高を差し引く前のグロスの金額だと、答えがかなり違ってくるからね。
	一郎　なるほど、そうですね。
この場合は 特例計算が 有利	**先生**　さて、⑬から⑲まで計算できたら、その数字を使ってみなし仕入率の計算だね。
	一郎　⑳で原則計算、㉒が特例計算ですね。
	先生　⑳は 事例7 の太陽軒と同じ計算だね。特例計算のほうは、第1種と第2種の合計75％以上になるから、㉒の欄で計算することになるね。
	一郎　㉒の方が大きいからその金額が仕入税額控除になって、申告書の④欄に転記されるんですね。

各種届出書の書き方

1 届出書の種類

節税のため
特例を
上手に利用

先生 消費税にはいろんな特例が設けられていて、節税するにはそれら
を上手に利用することだね。

一郎 課税事業者の選択や簡易課税制度など……ですね。

先生 うむ。選択や取下げをいつするかで、納税額がうんと違ってくる
こともある。

一郎 届出の時期が難しいんですよね。

先生 そうだね。出すべき時期に出さなければ、権利放棄になるからね。
主な届出制度には、こういうのがあるよ。

	届 出 内 容	届 出 書	提 出 期 限
①	新たに課税事業者となったとき	消費税課税事業者届出書（第3－(1)号様式）	期限なし（すみやかに）
②	課税事業者でなくなったとき	消費税の納税義務者でなくなった旨の届出書（第5号様式）	期限なし（すみやかに）
③	資本金1,000万円以上の法人を設立した場合	消費税の新設法人に該当する旨の届出書（第10－(2)号様式）	期限なし（すみやかに）
④	免税事業者が課税事業者を選択するとき	消費税課税事業者選択届出書（第1号様式）	前期末
⑤	課税事業者の選択を取り下げるとき	消費税課税事業者選択不適用届出書（第2号様式）	前期末（2年間は取下げ不可）
⑥	簡易課税制度を選択するとき	消費税簡易課税制度選択届出書（第24号様式）	前期末
⑦	簡易課税制度の選択を取り下げるとき	消費税簡易課税制度選択不適用届出書（第25号様式）	前期末（2年間は取下げ不可）
⑧	課税期間を短縮するとき	消費税課税期間特例選択届出書（第13号様式）	短縮期間の前期末
⑨	課税期間の短縮を取りやめるとき	消費税課税期間特例選択不適用届出書（第14号様式）	前期末（2年間は取りやめ不可）

（注1）開業初年度は次のように取り扱われます。

    (1) ④・⑥は、初年度の期末までに提出すれば初年度から適用されます。

    (2) ⑧は、届出書を提出したその短縮期間から適用されます。

（注2）①については、前年上半期の課税売上高が1,000万円超で課税事業者となる

場合の届出書が、別途用意されています（第3－(2)号様式）。

（注3）③については、法人設立届出書に所定の記載をしたときは、提出不要です。

前期末までに提出	**一郎**　消費税関係の届出書って、前期末までに提出というのが多いですね。 **先生**　そうだね。法人税や所得税関係の届出は、申告期限までにというのが多いんだけど、消費税はそうはいかない。 **一郎**　課税事業者の選択や簡易課税の採用も、前期末までに決断して届出をしておかなきゃなりませんね。 **先生**　うむ。届出制度って厳格だからね。1日でも遅れたら取り合ってもらえない。 **一郎**　郵送するときなんて気をつけなきゃ。消印の日付けが問題になりますからねえ。 **先生**　おっと伊呂波くん、それは違うよ。 **一郎**　え？
届出日付けは到着主義	**先生**　申告書と違って届出書や申請書などは"到着主義"——期日までに税務署に到着していなければならない。 **一郎**　おや、発信主義じゃないんですか。 **先生**　違うね。消印の日付けでなく、実際いつ到着したかが問題になるから気をつけて。 **一郎**　そうか。郵送のときは余裕を持って出さなきゃ。 **先生**　それと後日のトラブルを避けるために、届出書の控えに受付印をもらっておくのがいいね。郵送するときは、切手を貼った返信用封筒を同封すること。
似たような形式のものが多い	**先生**　具体的な届出書の書き方は、次のようになるよ。 **一郎**　似たようなものが多いから、間違えないように気をつけなきゃ。

2　届出書の記入例

消費税課税事業者届出書

収受印			
令和 **5** 年 **3** 月 **20** 日	届 出 者	（フリガナ） 納税地	オオサカシ キタク ○○チョウ （〒 **530** － ○○○○） **大阪市北区○○町3-7-9** （電話番号　**06** － **6225** － ○○○○）
		（フリガナ） 住所又は居所 （法人の場合） 本 店 又 は 主 た る 事 務 所 の 所 在 地	（〒　　　－　　　） **同　上** （電話番号　　　－　　　－　　　）
		（フリガナ） 名称（屋号）	オオキタショウテン **大北商店**
		個 人 番 号 又 は 法 人 番 号	↓ 個人番号の記載に当たっては、左端を空欄とし、ここから記載してください。
		（フリガナ） 氏 名 （法人の場合） 代 表 者 氏 名	オオキタ　ハルヒコ **大北　治彦**
＿＿北＿＿税務署長殿		（フリガナ） （法人の場合） 代 表 者 住 所	（電話番号　　　－　　　－　　　）

下記のとおり、基準期間における課税売上高が1,000万円を超えることとなったので、消費税法第57条第1項第1号の規定により届出します。

適用開始課税期間	自 　令和 **5** 年 **1** 月 **1** 日 　　　　至 　令和 **5** 年 **12** 月 **31** 日		
上記期間の	自 令和 **3** 年 **1** 月 **1** 日	左記期間の 総 売 上 高	**16,883,451** 円
基 準 期 間	至 令和 **3** 年 **12** 月 **31** 日	左記期間の 課税売上高	**16,790,451** 円
事 業 内 容 等	生年月日（個人）又は設立年月日（法人）	1明治・2大正・③昭和・4平成・5令和 **43** 年 **1** 月 **28** 日	法人 のみ 記載	事 業 年 度	自 　月 　日至 　月 　日	資 本 金	円
	事 業 内 容	**雑貨小売**	届出区分	相続・合併・分割等・㊡その他		
参考事項		税理士 署 名	（電話番号　　　－　　　－　　　）

※ 税 務 署 処 理 欄	整理番号		部門番号		
	届出年月日	年 　月 　日	入力処理	年 　月 　日	台帳整理	年 　月 　日
	番号 確認	身元 確認	□ 済 □ 未済	確認 書類	個人番号カード／通知カード・運転免許証 その他（　　　　　　）	

注意　1．裏面の記載要領等に留意の上、記載してください。
　　　2．税務署処理欄は、記載しないでください。

266

消費税の納税義務者でなくなった旨の届出書

令和 **5** 年 **3** 月 **25** 日	届出者	（フリガナ）	オオサカシ キタク ○○チョウ
収受印		納税地	（〒 **530** －○○○○） **大阪市北区○○町3-7-9** （電話番号　06－ 6225－○○○○）
		（フリガナ）	オオキタショウテン オオキタ　ハルヒコ
		氏名又は 名称及び 代表者氏名	**大北商店** **大北　治彦**
北　税務署長殿		個人番号 又は 法人番号	↓ 個人番号の記載に当たっては、左端を空欄とし、ここから記載してください。

　下記のとおり、納税義務がなくなりましたので、消費税法第57条第1項第2号の規定により届出します。

①	この届出の適用 開始課税期間	自 令和 **5** 年 **1** 月 **1** 日　　至 令和 **5** 年 **12** 月 **31** 日
②	①の基準期間	自 令和 **3** 年 **1** 月 **1** 日　　至 令和 **3** 年 **12** 月 **31** 日
③	②の課税売上高	**9,160,350** 円

※1　この届出書を提出した場合であっても、特定期間（原則として、①の課税期間の前年の1月1日（法人の場合は前事業年度開始の日）から
　　6か月間）の課税売上高が1千万円を超える場合には、①の課税期間の納税義務は免除されないこととなります。
　2　高額特定資産の仕入れ等を行った場合に、消費税法第12条の4第1項の適用がある課税期間については、当該課税期間の基準期間の課税売
　　上高が1千万円以下となった場合であっても、その課税期間の納税義務は免除されないこととなります。
　　　　　　　　　　　　　　　　（詳しくは、裏面をご覧ください。）

納税義務者 となった日	令和 **4** 年 **1** 月　　**1** 日
参　考　事　項	
税理士署名	（電話番号　　　－　　　－　　　）

※ 税務署処理欄	整理番号			部門番号				
	届出年月日	年　　月　　日		入力処理	年　　月　　日		台帳整理	年　　月　　日
	番号 確認		身元 確認	□ 済 □ 未済	確認 書類	個人番号カード／通知カード・運転免許証 その他（　　　　　　　　）		

注意　1．裏面の記載要領等に留意の上、記載してください。
　　　2．税務署処理欄は、記載しないでください。

消費税の新設法人に該当する旨の届出書

令和 **5** 年 **6** 月 **15**日	届 出 者	（フリガナ） 納 税 地	オオサカシ ニシク ○○チョウ （〒 550 － 8580 ） **大阪市西区○○町4-1-13** （電話番号 06 － 6580 －○○○○）
		（フリガナ） 本 店 又 は 主たる事務所 の 所 在 地	（〒 － ） **同 上** （電話番号 － － ）
		（フリガナ） 名 称	オオサカコウギョウ カブシキガイシャ **大阪工業株式会社**
		法 人 番 号	
		（フリガナ） 代表者氏名	ヤマモト シンイチ **山本 慎一**
西　　税務署長殿		（フリガナ） 代表者住所	トヨナカシシンセンリミナミマチ **豊中市新千里南町1-1-8** （電話番号 06 － 6284 －○○○○）

　　下記のとおり、消費税法第12条の2第1項の規定による新設法人に該当することとなったので、
　消費税法第57条第2項の規定により届出します。

消費税の新設法人に該当する こととなった事業年度開始の日	令和 **5**年 **6**月 **8**日	
上記の日における資本金の額又は出資の金額	**10,000,000** 円	

事業内容等	設立年月日	令和 **5** 年 **6** 月 **8** 日
	事業年度	自 **4** 月 **1** 日 至 **3** 月 **31** 日
	事業内容	**電子部品製造業**

参 考 事 項	「消費税課税期間特例選択・変更届出書」の提出の有無【有 （ ・ ・ ） ・ 無】
税 理 士 署 名	（電話番号 － － ）

注意　1．裏面の記載要領等に留意の上、記載してください。
　　　2．税務署処理欄は、記載しないでください。

消費税課税事業者選択届出書

収受印			
令和 4 年 12 月 20 日	届出者	（フリガナ） 納税地	オオサカシ ニシク ○○チョウ （〒 550 －○○○○） **大阪市西区○○町5-3-68** （電話番号　06 － 6583 －○○○○）
		（フリガナ） 住所又は居所 （法人の場合） 本店又は 主たる事務所 の 所 在 地	（〒 － ） **同 上** （電話番号 － － ）
		（フリガナ） 名称（屋号）	
		個 人 番 号 又 は 法 人 番 号	↓ 個人番号の記載に当たっては、左端を空欄とし、ここから記載してください。
		（フリガナ） 氏 名 （法人の場合） 代 表 者 氏 名	タケダ　　シンイチ **竹田　信一**
＿＿＿西＿＿＿税務署長殿		（フリガナ） （法人の場合） 代表者住所	（電話番号 － － ）

　下記のとおり、納税義務の免除の規定の適用を受けないことについて、消費税法第9条第4項の規定により届出します。

適用開始課税期間	自　令和 **5** 年 **1** 月 **1** 日　　至　令和 **5** 年 **12** 月 **31** 日	
上 記 期 間 の	自　令和 **3** 年 **1** 月 **1** 日	左記期間の 総売上高　　**8,769,600** 円
基 準 期 間	至　令和 **3** 年 **12** 月 **31** 日	左記期間の 課税売上高　**8,663,600** 円

事業内容等	生年月日（個人）又は設立年月日（法人）	1明治・2大正・③昭和・4平成・5令和 **50** 年 **1** 月 **20** 日	法人のみ記載	事 業 年 度	自 月 日 至 月 日
				資 本 金	円
	事 業 内 容	**不動産賃貸**	届出区分	事業開始・設立・相続・合併・分割・特別会計・㉗その他	
参考事項			税理士署名	（電話番号 － － ）	

※税務署処理欄	整理番号		部門番号				
	届出年月日	年 月 日	入力処理	年 月 日	台帳整理	年 月 日	
	通信日付印 年 月 日	確認印	番号確認		身元確認	□ 済 □ 未済	確認書類 個人番号カード／通知カード・運転免許証 その他（ ）

注意　1．裏面の記載要領等に留意の上、記載してください。
　　　2．税務署処理欄は、記載しないでください。

消費税課税事業者選択不適用届出書

令和 **5** 年 **12** 月 **18** 日	届出者	（フリガナ）	オオサカシ ニシク ○○チョウ
		納 税 地	（〒 550 － ○○○○） **大阪市西区○○町5-3-68** （電話番号 **06** － **6583** －○○○○）
		（フリガナ）	タケダ　　シンイチ
___西___税務署長殿		氏 名 又 は 名 称 及 び 代 表 者 氏 名	**竹田　信一**
		個 人 番 号 又 は 法 人 番 号	↓ 個人番号の記載に当たっては、左端を空欄とし、ここから記載してください。

　下記のとおり、課税事業者を選択することをやめたいので、消費税法第9条第5項の規定により届出します。

①	この届出の適用 開始課税期間	自 令和 **6** 年 **1** 月 **1** 日　　　至 令和 **6** 年 **12** 月 **31** 日
②	①の基準期間	自 令和 **4** 年 **1** 月 **1** 日　　　至 令和 **4** 年 **12** 月 **31** 日
③	②の課税売上高	**7,891,600** 円

※　この届出書を提出した場合であっても、特定期間（原則として、①の課税期間の前年の1月1日（法人の場合は前事業年度開始の日）から6か月間）の課税売上高が1千万円を超える場合には、①の課税期間の納税義務は免除されないこととなります。詳しくは、裏面をご覧ください。

課 税 事 業 者 と な っ た 日	令和　　　**4** 年　　　**1** 月　　　**1** 日
事 業 を 廃 止 し た 場合の廃止した日	平成　　　　　年　　　　　月　　　　　日
提 出 要 件 の 確 認	課税事業者となった日から2年を経過する日までの間に開始した各課税期間中に調整対象固定資産の課税仕入れ等を行っていない。　　　はい　☑ ※　この届出書を提出した課税期間が、課税事業者となった日から2年を経過する日までに開始した各課税期間である場合、この届出書提出後、届出を行った課税期間中に調整対象固定資産の課税仕入れ等を行うと、原則としてこの届出書の提出はなかったものとみなされます。詳しくは、裏面をご確認ください。
参 考 事 項	
税 理 士 署 名	（電話番号　　　　－　　　　－　　　　）

※税務署処理欄	整理番号			部門番号					
	届出年月日	年　　月　　日		入力処理	年　月　日		台帳整理	年　月　日	
	通信日付印 年　月　日	確認印	番号確認		身元確認	□ 済 □ 未済	確認書類	個人番号カード／通知カード・運転免許証 その他（　　　　　　　）	

注意　1．裏面の記載要領等に留意の上、記載してください。
　　　2．税務署処理欄は、記載しないでください。

消費税簡易課税制度選択届出書

令和 5 年 12月 20日 収受印	届出者	（フリガナ）	オオサカシ キタク ○○チョウ
		納税地	（〒 530 －○○○○） 大阪市北区○○町3-7-9 （電話番号 06 － 6225 －○○○○）
		（フリガナ）	オオキタショウテン オオキタ ハルヒコ
		氏名又は 名称及び 代表者氏名	大北商店 大北 治彦
北 税務署長殿		法人番号	※個人の方は個人番号の記載は不要です。

下記のとおり、消費税法第37条第1項に規定する簡易課税制度の適用を受けたいので、届出します。
　□ 所得税法等の一部を改正する法律（平成28年法律第15号）附則第40条第1項の規定により
　　消費税法第37条第1項に規定する簡易課税制度の適用を受けたいので、届出します。

①	適用開始課税期間	自 令和 **6** 年 **1** 月 **1** 日　至 令和 **6** 年 **12** 月 **31** 日
②	①の基準期間	自 令和 **4** 年 **1** 月 **1** 日　至 令和 **4** 年 **12** 月 **31** 日
③	②の課税売上高	**16,790,451** 円

事業内容等	（事業の内容）　**雑貨小売**	（事業区分） 第 **2** 種事業

提出要件の確認	次のイ、ロ又はハの場合に該当する （「はい」の場合のみ、イ、ロ又はハの項目を記載してください。）		はい □　いいえ ✓
	イ	消費税法第9条第4項の規定により課税事業者を選択している場合	課税事業者となった日　平成・令和　年　月　日
			課税事業者となった日から2年を経過する日までの間に開始した各課税期間中に調整対象固定資産の課税仕入れ等を行っていない　はい □
	ロ	消費税法第12条の2第1項に規定する「新設法人」又は同法第12条の3第1項に規定する「特定新規設立法人」に該当する（該当していた）場合	設立年月日　平成・令和　年　月　日
			基準期間がない事業年度に含まれる各課税期間中に調整対象固定資産の課税仕入れ等を行っていない　はい □
	ハ	消費税法第12条の4第1項に規定する「高額特定資産の仕入れ等」を行っている場合（同条第2項の規定の適用を受ける場合） 仕入れ等を行った資産が高額特定資産に該当する場合はAの欄を、自己建設高額特定資産に該当する場合は、Bの欄をそれぞれ記載してください。	A　仕入れ等を行った課税期間の初日　平成・令和　年　月　日
			A　この届出による①の「適用開始課税期間」は、高額特定資産の仕入れ等を行った課税期間の初日から、同日以後3年を経過する日の属する課税期間までの各課税期間に該当しない　はい □
			B　仕入れ等を行った課税期間の初日　平成・令和　年　月　日
			B　建設等が完了した課税期間の初日　平成・令和　年　月　日
			B　この届出による①の「適用開始課税期間」は、自己建設高額特定資産の建設等に要した仕入れ等に係る支払対価の額の累計額が1千万円以上となった課税期間の初日から、自己建設高額特定資産の建設等が完了した課税期間の初日以後3年を経過する日の属する課税期間までの各課税期間に該当しない　はい □
	※ 消費税法第12条の4第2項の規定による場合は、ハの項目を次のとおり記載してください。 1 「自己建設高額特定資産」を「調整対象自己建設高額資産」と読み替える。 2 「仕入れ等を行った」は、「消費税法第36条第1項又は第3項の規定の適用を受けた」と、「自己建設高額特定資産の建設等に要した仕入れ等に係る支払対価の額の累計額が1千万円以上となった」は、「調整対象自己建設高額資産について消費税法第36条第1項又は第3項の規定の適用を受けた」と読み替える。		
	※ この届出書を提出した課税期間が、上記イ、ロ又はハに記載の各課税期間である場合、この届出書提出後、届出を行った課税期間中に調整対象固定資産の課税仕入れ又は高額特定資産の仕入れ等を行うと、原則としてこの届出書の提出はなかったものとみなされます。詳しくは、裏面をご確認ください。		

所得税法等の一部を改正する法律（平成28年法律第15号） （平成28年改正法）附則第40条第1項の規定による場合	次のニ又はホのうち、いずれか該当する項目を記載してください。	
	ニ	平成28年改正法附則第40条第1項に規定する「困難な事情のある事業者」に該当する （ただし、上記イ又はロに記載の各課税期間中に調整対象固定資産の課税仕入れ等を行っている場合又はこの届出書を提出した日を含む課税期間がハに記載の各課税期間に該当する場合には、次の「ホ」により判定する。）　はい □
	ホ	平成28年改正法附則第40条第2項に規定する「著しく困難な事情があるとき」に該当する （該当する場合は、以下に「著しく困難な事情」を記載してください。）　はい □

参考事項	
税理士署名	（電話番号 － － ）

※税務署処理欄	整理番号		部門番号			
	届出年月日	年 月 日	入力処理	年 月 日	台帳整理	年 月 日
	通信日付印　年 月 日	確認印	番号確認			

注意　1．裏面の記載要領等に留意の上、記載してください。
　　　2．税務署処理欄は、記載しないでください。

消費税簡易課税制度選択不適用届出書

収受印		（フリガナ）	オオサカシ チュウオウク ○○チョウ
令和 5年 3月20日	届 出 者	納 税 地	（〒 540 － ○○○○） **大阪市中央区○○町3-7-9** <div align="right">（電話番号　06 － 6942 －○○○○）</div>
		（フリガナ）	カブシキガイシャ　　　　　サナダ　　　コウジ
		氏 名 又 は 名 称 及 び 代 表 者 氏 名	**株式会社モードミセス** **真田　幸治**
中央 税務署長殿		法 人 番 号	※ 個人の方は個人番号の記載は不要です。

下記のとおり、簡易課税制度をやめたいので、消費税法第37条第5項の規定により届出します。

①	この届出の適用 開始課税期間	自 令和 **5** 年 **4** 月 **1** 日　　　至 令和 **6** 年 **3** 月 **31** 日
②	①の基準期間	自 令和 **3** 年 **4** 月 **1** 日　　　至 令和 **4** 年 **3** 月 **31** 日
③	②の課税売上高	<div align="right">**38,143,316** 円</div>

簡 易 課 税 制 度 の 適 用 開 始 日	平成 **21** 年 **4** 月 **1** 日
事 業 を 廃 止 し た 場 合 の 廃 止 し た 日	平成　　　年　　　月　　　日

	個 人 番 号 ※ 事業を廃止した場合には記載 してください。	

参 考 事 項	
税 理 士 署 名	（電話番号　　　－　　　－　　　）

※ 税 務 署 処 理 欄	整理番号		部門番号				
	届出年月日	年　月　日	入力処理	年　月　日	台帳整理	年　月　日	
	通信日付印 年　月　日	確認印	番号確認	身元確認 ☐ 済 ☐ 未済	確認書類	個人番号カード／通知カード・運転免許証 その他（　　　　　）	

注意　1. 裏面の記載要領等に留意の上、記載してください。
　　　2. 税務署処理欄は、記載しないでください。

選択

消費税課税期間特例　　　届出書

変　更

		(フリガナ)	オオサカシ　ヨドガワク　○○チョウ
令和 **4** 年 **12** 月 **20** 日	届	納 税 地	(〒 **532** －○○○○) **大阪市淀川区○○町3-2-22** (電話番号　**06** － **6303** －○○○○)
	出	(フリガナ)	ヨドガワサンギョウカブシキガイシャ　オオノ　　マコト
	者	氏 名 又 は 名 称 及 び 代 表 者 氏 名	**淀川産業株式会社** **大野　誠**
淀川　税務署長殿		法 人 番 号	※ 個人の方は個人番号の記載は不要です。

収受印

　下記のとおり、消費税法第19条第1項第3号、第3号の2、第4号又は第4号の2に規定する
課税期間に短縮又は変更したいので、届出します。

事 業 年 度	自 **4** 月 **1** 日　　　　至 **3** 月 **31** 日		
適 用 開 始 日 又 は 変 更 日	令和 **5** 年 **1** 月 **1** 日		

	三月ごとの期間に短縮する場合	一月ごとの期間に短縮する場合	
適 用 又 は 変 更 後 の 課 税 期 間	**4**月 **1**日 から **6**月**30**日 まで	月　日 から 月　日 まで 月　日 から 月　日 まで 月　日 から 月　日 まで
	7月 **1**日 から **9**月**30**日 まで	月　日 から 月　日 まで 月　日 から 月　日 まで 月　日 から 月　日 まで
	10月 **1**日 から **12**月**31**日 まで	月　日 から 月　日 まで 月　日 から 月　日 まで 月　日 から 月　日 まで
	1月 **1**日 から **3**月**31**日 まで	月　日 から 月　日 まで 月　日 から 月　日 まで 月　日 から 月　日 まで
変更前の課税期間特例 選択・変更届出書の提出日	平成　　　　年　　　　月　　　　日		
変 更 前 の 課 税 期 間 特 例 の 適 用 開 始 日	平成　　　　年　　　　月　　　　日		
参 　 考 　 事 　 項			
税 理 士 署 名	(電話番号　　　－　　　－　　　)		

※ 税 務 署 処 理 欄	整理番号		部門番号		番号確認		
	届出年月日	年　月　日	入力処理	年　月　日	台帳整理	年　月　日	
	通信日付印	年　月　日	確認印				

注意　1.　裏面の記載要領等に留意の上、記載してください。
　　　2.　税務署処理欄は、記載しないでください。

消費税課税期間特例選択不適用届出書

令和 6 年 3 月 20 日	（フリガナ）	オオサカシ ヨドガワク ○○チョウ
	納 税 地	（〒 532 －○○○○） 大阪市淀川区○○町3-2-22 （電話番号 06 － 6303 －○○○○）
届出者	（フリガナ）	ヨドガワサンギョウカブシキガイシャ オオノ マコト
	氏 名 又 は 名 称 及 び 代 表 者 氏 名	淀川産業株式会社 大野 誠
淀川 税務署長殿	法 人 番 号	※ 個人の方は個人番号の記載は不要です。

下記のとおり、課税期間の短縮の適用をやめたいので、消費税法第19条第3項の規定により届出します。

事 業 年 度	自 4 月 1 日 至 3 月 31 日
特 例 選 択 不 適 用 の 開 始 日	令和 6 年 4 月 1 日

	三月ごとの期間に短縮していた場合	一月ごとの期間に短縮していた場合	
短縮の適用を受けていた課税期間	4 月 1 日 から 6 月 30 日 まで	月 日 から 月 日 まで	
		月 日 から 月 日 まで	
		月 日 から 月 日 まで	
	7 月 1 日 から 9 月 30 日 まで	月 日 から 月 日 まで	
		月 日 から 月 日 まで	
		月 日 から 月 日 まで	
	10 月 1 日 から 12 月 31 日 まで	月 日 から 月 日 まで	
		月 日 から 月 日 まで	
		月 日 から 月 日 まで	
	1 月 1 日 から 3 月 31 日 まで	月 日 から 月 日 まで	
		月 日 から 月 日 まで	

選択・変更届出書の提出日	令和 4 年 12 月 20 日
課税期間短縮・変更 の 適 用 開 始 日	令和 5 年 1 月 1 日
事 業 を 廃 止 し た 場 合 の 廃 止 し た 日	令和 年 月 日
	個 人 番 号 ※ 事業を廃止した場合には記載してください。	
参 考 事 項	
税 理 士 署 名	（電話番号 － － ）

※税務署処理欄	整理番号		部門番号		
	届出年月日	年 月 日	入力処理	年 月 日	台帳整理 年 月 日
	通信日付印 年 月 日	確認印	番号確認	身元確認 □ 済 □ 未済	確認書類 個人番号カード／通知カード・運転免許証 その他（ ）

注意 1．裏面の記載要領等に留意の上、記載してください。
2．税務署処理欄は、記載しないでください。

274

第1-(1)号様式

国内事業者用

適格請求書発行事業者の登録申請書

【1/2】

収受印

令和 5 年 1 月 20 日

申請者	（ フ リ ガ ナ ）	（〒 540 －○○○○） ◎ (法人の場合のみ公表されます) **大阪市中央区○○町1-16-13** （電話番号 06 － 3504 －○○○○）
	住 所 又 は 居 所 （ 法 人 の 場 合 ） 本 店 又 は 主 た る 事 務 所 の 所 在 地	
	（ フ リ ガ ナ ）	（〒 － ） **同 上** （電話番号 － － ）
	納 税 地	
	（ フ リ ガ ナ ）	◎ キノシタ カズオ **木下 和雄**
	氏 名 又 は 名 称	
	（ フ リ ガ ナ ）	
	（ 法 人 の 場 合 ） 代 表 者 氏 名	
中央 税務署長殿	法 人 番 号	

この申請書に記載した次の事項（◎印欄）は、適格請求書発行事業者登録簿に登載されるとともに、国税庁ホームページで公表されます。
1 申請者の氏名又は名称
2 法人（人格のない社団等を除く。）にあっては、本店又は主たる事務所の所在地
　なお、上記1及び2のほか、登録番号及び登録年月日が公表されます。
　また、常用漢字等を使用して公表しますので、申請書に記載した文字と公表される文字とが異なる場合があります。

　下記のとおり、適格請求書発行事業者としての登録を受けたいので、所得税法等の一部を改正する法律（平成28年法律第15号）第5条の規定による改正後の消費税法第57条の2第2項の規定により申請します。
　※ 当該申請書は、所得税法等の一部を改正する法律（平成28年法律第15号）附則第44条第1項の規定により令和5年9月30日以前に提出するものです。

　令和5年3月31日（特定期間の判定により課税事業者となる場合は令和5年6月30日）までにこの申請書を提出した場合は、原則として令和5年10月1日に登録されます。

事 業 者 区 分	この申請書を提出する時点において、該当する事業者の区分に応じ、□にレ印を付してください。 ☑ 課税事業者　　　　　□ 免税事業者 ※ 次葉「登録要件の確認」欄を記載してください。また、免税事業者に該当する場合には、次葉「免税事業者の確認」欄も記載してください（詳しくは記載要領等をご確認ください。）。
令和5年3月31日（特定期間の判定により課税事業者となる場合は令和5年6月30日）までにこの申請書を提出することができなかったことにつき困難な事情がある場合は、その困難な事情	
税 理 士 署 名	（電話番号 － － ）

※税務署処理欄	整理番号		部門番号		申請年月日	年 月 日	通信日付印 年 月 日	確認	
	入力処理	年 月 日	番号確認		身元確認	□ 済 □ 未済	確認書類	個人番号カード／通知カード・運転免許証 その他 （ ）	
	登録番号	T							

注意　1　記載要領等に留意の上、記載してください。
　　　2　税務署処理欄は、記載しないでください。
　　　3　この申請書を提出するときは、「適格請求書発行事業者の登録申請書（次葉）」を併せて提出してください。

国内事業者用

適格請求書発行事業者の登録申請書（次葉）

【2／2】

氏名又は名称	木下　和雄

該当する事業者の区分に応じ、□にレ印を付し記載してください。

免税事業者の確認		

□　令和5年10月1日から令和11年9月30日までの日の属する課税期間中に登録を受け、所得税法等の一部を改正する法律（平成28年法律第15号）附則第44条第4項の規定の適用を受けようとする事業者
※　登録開始日から納税義務の免除の規定の適用を受けないこととなります。

事業者内容等	個 人 番 号		法人のみ記載		
	生年月日（個人）又は設立年月日（法人）	○明治 ○大正 ○昭和 ○平成 ○令和 　　年　　月　　日		事 業 年 度	自　　月　　日 / 至　　月　　日
				資 本 金	円
	事 業 内 容			登録希望日	（令和5年10月1日を希望する場合、記載不要）令和　年　月　日

□　消費税課税事業者（選択）届出書を提出し、納税義務の免除の規定の適用を受けないこととなる課税期間の初日から登録を受けようとする事業者

課 税 期 間 の 初 日
※　令和5年10月1日から令和6年3月31日までの間のいずれかの日
令和　　年　　月　　日

登録要件の確認			
課税事業者です。 ※　この申請書を提出する時点において、免税事業者であっても、「免税事業者の確認」欄のいずれかの事業者に該当する場合は、「はい」を選択してください。	☑ はい	□ いいえ	
納税管理人を定める必要のない事業者です。 （「いいえ」の場合は、次の質問にも答えてください。）	☑ はい	□ いいえ	

納税管理人を定めなければならない場合（国税通則法第117条第1項）
【個人事業者】　国内に住所及び居所（事務所及び事業所を除く。）を有せず、又は有しないこととなる場合
【法人】　国内に本店又は主たる事務所を有しない法人で、国内にその事務所及び事業所を有せず、又は有しないこととなる場合

納税管理人の届出をしています。 「はい」の場合は、消費税納税管理人届出書の提出日を記載してください。 消費税納税管理人届出書　（提出日：令和　　年　　月　　日）	□ はい	□ いいえ
消費税法に違反して罰金以上の刑に処せられたことはありません。 （「いいえ」の場合は、次の質問にも答えてください。）	☑ はい	□ いいえ
その執行を終わり、又は執行を受けることがなくなった日から2年を経過しています。	□ はい	□ いいえ

参 考 事 項	

276

〈著者紹介〉

鈴木　基史
<ruby>鈴木<rt>すずき</rt></ruby>　<ruby>基史<rt>もとふみ</rt></ruby>

公認会計士・税理士

　昭和48年　神戸大学経営学部卒業
　平成15〜17年　税理士試験委員
　平成21〜24年　公認会計士試験委員（租税法）
　著　書　「対話式　法人税申告書作成ゼミナール」「法人税
　　　　　申告書別表4・5ゼミナール」「法人税申告の実務」
　　　　　「根拠法令から見た法人税申告書」「役員給与をめぐ
　　　　　る税務と会計」（以上　清文社）、「最新法人税法」
　　　　　「条文で学ぶ法人税申告書の書き方」（以上　中央経
　　　　　済社）、「やさしい法人税」（税務経理協会）他
　事務所　大阪市北区中之島5-3-68
　　　　　リーガロイヤルホテル1453号室
　　　　　電話　06-6225-9420

令和4年12月改訂

＝対話式＝ 消費税申告書作成ゼミナール

2022年12月28日　発行

著　者　　鈴木 基史 Ⓒ

発行者　　小泉 定裕

発行所　　株式会社 清文社

東京都文京区小石川1丁目3−25（小石川大国ビル）
〒112-0002　電話 03（4332）1375　FAX 03（4332）1376
大阪市北区天神橋2丁目北2−6（大和南森町ビル）
〒530-0041　電話 06（6135）4050　FAX 06（6135）4059
URL https://www.skattsei.co.jp/

印刷：㈱広済堂ネクスト

ISBN978-4-433-71692-9